Brian Tracy
Frank M. Scheelen

Der neue Verkaufsmanager

Brian Tracy
Frank M. Scheelen

Der neue Verkaufsmanager

Wie Sie mit Ihrem Team den
Durchbruch zur Spitze schaffen

mvg

Die Deutsche Bibliothek – CIP-Einheitsaufnahme

Tracy, Brian:
Der neue Verkaufsmanager : wie Sie mit Ihrem Team den Durchbruch zur Spitze schaffen / Brian Tracy / Frank M. Scheelen. - Landsberg am Lech : mvg, 2001
(Business Training)
ISBN 3-478-81243-7

Umschlaggestaltung: Felix Weinold, Schwabmünchen
Druck- und Bindearbeiten: Presse-Druck Augsburg
Printed in Germany 81243/201302
ISBN 3-478-81243-7

Inhaltsverzeichnis

Vorwort

In Deutschland haben Unternehmen zwar viel Geld in die Fach- und Verkaufsausbildung Ihrer Vertriebsmitarbeiter investiert, die Weiterbildung von Führungskräften im Vertrieb jedoch sträflich vernachlässigt. Das Ergebnis: Leistungsabbau im Vertrieb, Frust bei Mitarbeitern, Auflösung ganzer Vertriebsgruppen.

Viele Verkaufsmanager kommen aus dem Verkauf, und weil Sie dort erfolgreich waren, wurden Sie ins Verkaufsmanagement befördert. Das heißt, viele umsatzstarke Einzelkämpfer wurden zum Teamleader benannt, dadurch verloren viele Unternehmen einen guten Verkäufer und gewannen einen schlechten Manager hinzu.

Die 1996 von der Tracy College AG geführte Umfrage bei führenden Vertriebsunternehmen ergab eindeutige Führungsdefizite im Verkaufsmanagement. Brian Tracy, der diesen Bedarf international erkannte, entwickelte daraufhin das Trainingssystem „Superior Sales Management". Da dieses Seminarprogramm schon beim Erscheinen in Deutschland 1996 zum Bestseller wurde, entschlossen wir uns, das Know-how auch als praxisnahen Ratgeber für Verkaufsmanager in Buchform herauszugeben.

In diesem Buch haben wir alle erstklassigen, hilfreichen und praktisch bewährten Ideen und Werkzeuge zusammengetragen, die Ihnen helfen werden, Ihren vielfältigen Aufgaben im Verkaufsmanagement gerecht zu werden und sich in Ihrem Beruf zur Spitze hochzuarbeiten.

Somit heißen wir Sie Willkommen bei dem vielleicht umfassendsten Buch über Verkaufsmanagement, das je veröffentlicht wurde. Was Sie hier lernen, wird Ihre Tätigkeit als Manager und Ihr Leben drastisch verändern. Was Sie hier lernen werden, beruht auf über 50 Jahren umfassenden Untersuchungen, zahlreichen Studien, Interviews mit Tausenden von Verkaufsmanagern und der Analyse ihrer Arbeit in Deutschland, in der Schweiz, in Österreich, Polen, Frankreich und in den USA.

Sie sollen nicht einer der vielen Verkaufsmanager sein, die scheitern oder „Burnout" erleiden, Ihre Arbeit hinwerfen, die Branche verlassen oder sogar wieder Verkäufer werden, weil Sie den Übergang nicht schaffen. Wir helfen Ihnen, die Kernkompetenzen eines Verkaufsmanagers kennenzulernen und auszufüllen, damit Sie zur neuen Generation von Verkaufsmanagern gehören und mit Ihrem Team den Durchbruch zur Spitze schaffen.

Viel Erfolg

Ihr
FRANK M. SCHEELEN

Waldshut-Tiengen,
im September 1997

1 Die Schlüsselqualifikation

Überblick

Der Erfolg eines Unternehmens basiert auf vielen Faktoren, aber es gibt keine wichtigere Aufgabe als die des Verkaufsmanagers. Dies ist die Schlüsselposition in jedem Unternehmen, die Position, mit der alles steht und fällt.

Management ist keine exakte Wissenschaft, und es gibt kein Patentrezept, das den Erfolg sicherstellt. Aber es gibt über längere Zeit bewährte Fähigkeiten und Fertigkeiten, die erfolgreichen Verkaufsmanagern gemeinsam sind. Dieses umfassende Buch wird Sie mit den Methoden, Prozessen und Fähigkeiten vertraut machen, die sich als erfolgreich erwiesen haben.

Ihre Aufgabe ist es, diese Informationen aufzunehmen und in Ihrer Arbeitsumgebung umzusetzen. Wenn Sie tun, was andere erfolgreiche Verkaufsmanager getan haben, werden Sie dieselben Ergebnisse erzielen: Erfolg, Anerkennung und Zufriedenheit.

Ziele

Bis zum Ende dieses Kapitels werden Sie folgendes lernen:

- Die entscheidenden Unterschiede zwischen Verkaufen und Verkaufsmanagement.
- Die sieben Rollen des Verkaufsmanagers.
- Die Unterschiede beim Verkaufen gestern und heute.
- Drei Schlüsselprinzipien, um an die Spitze zu kommen.

Der erste entscheidende Unterschied zwischen einem Verkäufer und einem Verkaufsmanager ist, daß Verkäufer die Aufgabe haben, Umsätze zu entwickeln. Sie besuchen Kunden und verhandeln mit ihnen. Ganz einfach. Aber als Verkaufsmanager ist die Entwicklung von Mitarbeitern Ihr Job. Das ist der Kern Ihrer Tätigkeit. Mitarbeiter coachen, beraten, auswählen, trainieren, rekrutieren, einarbeiten, aufbauen. Sie sind jetzt ein Mitarbeiter-Entwickler. Und Ihre Mitarbeiter sind es, die die Umsätze machen.

Der zweite Unterschied ist folgender: Als Verkäufer arbeiten Sie allein. Im Grunde ist ein Verkäufer ganz allein da draußen, wie ein Guerillakämpfer. Als Verkaufsmanager dagegen arbeiten Sie mit anderen zusammen. Sie sind Teil eines größeren Ganzen. Sie sind Teil der Firma, Teil eines Teams. Also sind Sie kein einsamer Wolf mehr und können nicht mehr so entscheiden oder handeln, wie Sie es als Verkäufer konnten.

Als Verkäufer waren Sie ein Spieler. Wie ein Fußball-, Hockey- oder Basketballspieler sind Verkäufer auf sich gestellt. Heute sind Sie ein Coach. Sie machen nicht die Arbeit, Sie stehen an den Seitenlinien und unterstützen, ermutigen, leiten und trainieren diejenigen, die sich auf dem Spielfeld befinden. Einer der größten Fehler, den Verkaufsmanager machen, ist, hinaus aufs Spielfeld zu rennen und mitzuspielen, indem sie Kunden besuchen und verkaufen. Verkaufsmanager verschwenden 51 Prozent ihrer Zeit mit Dingen, die nichts mit Management zu tun haben.

Früher waren Sie ein Teil der Verkaufsmannschaft. Sie waren einer von den Jungs oder eine von den Damen da draußen. Jetzt sind Sie ein Teil des Managements. Sie sind nicht mehr einer von ihnen, sondern gehören jetzt zum Offizierskorps. Sie sind ein Vertreter des Managements gegenüber Ihren Verkäufern.

Im Grunde hatten Sie bisher einen einfachen Job. Sie gingen hinaus, machten Termine, besuchten Leute und verkauften. Jetzt haben Sie einen komplexen Job. Sie haben andere Verantwortlichkeiten. Sie sind viel mehr Leuten Rechenschaft schuldig, Sie werden beobachtet, und das Wichtigste, der Schlüssel, ist: Sie müssen eine Paradigmenverschiebung vornehmen. Natürlich können Sie Ihre Leistung durch Training und Lernen steigern. Aber einen wirklichen Durchbruch in Ihrem Beruf können Sie nur durch eine Paradigmenverschiebung erreichen. Was bedeutet das?

Stellen Sie sich vor, Sie schauen durch ein Kaleidoskop. Die Glasstücke in dem Kaleidoskop fallen so, daß Sie ein Bild sehen. Um eine Paradigmenverschiebung zu erreichen, müssen Sie alle Glasstücke umdrehen, so daß sie alle anders fallen und das Bild, das Sie sehen, sich verändert. Das heißt: Sie sind immer noch dieselbe Person mit demselben Hintergrund und denselben Bedürfnissen, Wünschen und Hoffnungen. Aber Sie müssen Ihre Paradigmen verändern, damit Sie sich selbst und Ihre Beziehung zu Ihrem Leben und Ihrer Arbeit anders sehen. Das ist der Schlüssel zu Ihrem Erfolg. Was also ist die Rolle eines Verkaufsmanagers? Es gibt im wesentlichen sieben Schlüssel:

1. Es ist Ihr Job, *Ziele und Vorgaben* zu setzen. Bisher war es Ihr Job, Ziele zu erreichen. Jetzt müssen Sie sie setzen.

2. Es ist Ihr Job, *Aktionspläne* für Ihren gesamten Verantwortungsbereich aufzustellen. Bisher haben Sie sich entweder Ihre eigenen Pläne gemacht oder Pläne übernommen, die Ihnen von oben vorgegeben wurden. Für Ihren Erfolg ist die Fähigkeit, gut planen zu können, wichtiger als fast alles andere.

3. Sie müssen die *Arbeit organisieren.* Organisieren heißt, Sie müssen sich den Plan vornehmen und analysieren, was im einzelnen zu tun ist, die Aufgaben verteilen, die zu erzielenden Umsätze festlegen.

4. Sie müssen die *Ergebnisse messen* und immer im Auge behalten. Denken Sie an die Regel: Was gemessen wird, wird erledigt. Und wenn Sie Ergebnisse messen, müssen Sie darüber Ihren Vorgesetzten berichten, die ja wissen wollen, was vor sich geht. Und auch Ihren Mitarbeitern müssen Sie Feedback geben, damit auch die beurteilen können, wie gut ihre Leistungen sind.

5. Sie müssen *kommunizieren und motivieren.* Wie erfolgreich Sie kommunizieren und motivieren, mit Verkäufern arbeiten, sie aufbauen, sie auf dem laufenden halten, wirkt sich unmittelbar auf Ihren Erfolg im Verkaufsmanagement aus.

6. Sie müssen Verkäufer *rekrutieren und managen.* Entweder Sie müssen Ihre eigene Verkaufsmannschaft aufbauen, oder Sie wird Ihnen zugeteilt. Ihr Job besteht nicht mehr darin, etwas zu tun, sondern darin, zu managen.

7. Sie müssen *sich selbst managen.* Das ist schwer. Aber Sie müssen sich selbst so managen, daß Sie Höchstleistung erbringen.

Nun kommt zu alledem hinzu, daß sich das Verkaufen auf dem heutigen Markt verändert hat. Es ist nicht mehr so leicht, wie es einmal war. Sie kennen sicher den alten Spruch, daß nichts passiert, solange kein Verkauf stattfindet. Da die meisten von Ihnen selbst aus dem Außendienst kommen, wissen Sie eine Menge übers Verkaufen, aber ich möchte Ihnen die entscheidenden Veränderungen nennen, die sich in den vergangenen Jahren auf dem Gebiet des Verkaufens ergeben haben. Und wo sich das Verkaufen verändert, verändern sich auch Rekrutierung, Training, Management und Motivation.

Verkaufen ist heute schwieriger als jemals zuvor. Aufgrund von Veränderungen in der Wirtschaft und aufgrund des technischen Fortschritts, ist es viel schwieriger und herausfordernder geworden, als es je war. Damit ist der Job des Verkäufers noch härter geworden. Und deshalb dauert ein Verkauf heute auch länger. Früher hat man einen Kunden ein- oder zweimal besucht und kam zum Abschluß. Heute kann man Monate dazu benötigen.

Die meisten Firmen beginnen mit der Suche nach einem Produkt oder einer Dienstleistung schon etliche Monate, bevor sie zum Kauf bereit sind. Wie hält man Leute motiviert, wie hält man sie optimistisch, wenn sie mit einem langen Kaufzyklus rechnen müssen? Darauf werden wir noch näher eingehen.

Verkäufer müssen den Kunden immer wieder aufsuchen, um Stück für Stück den Verkauf aufzubauen. Als Verkaufsmanager müssen Sie Ihren Mitarbeitern helfen zu lernen, was sie in den einzelnen Stadien zu tun haben.

Kunden kennen sich heute besser aus. Sie sind intelligenter als je zuvor. Sie wissen mehr über unser Produkt, sie kennen ihre Bedürfnisse, sie wissen mehr über das Angebot der Konkurrenz, sie kennen die Preise.

Üblicherweise gibt es in Unternehmen mehrere Entscheidungsträger. Die unterschiedlichen Einflüsse und die Zahl der Beteiligten erfordert qualifizierte Hilfestellung von Ihnen. Die meisten Verkäufer kommen mit der Person, die den Scheck unterzeichnet, gar nicht in Berührung.

Die Konkurrenz ist härter geworden. Sie ist entschlossener, sie versucht, Ihnen Geschäfte abzujagen, indem sie Ihre wunden Punkte ausnutzt, niedrigere Preise anbietet, mehr Kundendienst bietet und bei Ihren potentiellen Kunden die Glaubwürdigkeit Ihrer Verkäufer unterminiert. Dies alles müssen Sie bedenken.

Auch Verkäufer sind heute individualistischer, schwieriger im Umgang, exzentrischer. Gute Verkäufer sind das seltenste Gut von allen. Gute Verkäufer anzuziehen und zu halten ist der entscheidende Faktor für Ihren Erfolg. Doch je besser sie sind, desto schwieriger ist es, mit ihnen zurechtzukommen. Wie suchen Sie sie aus? Wie motivieren Sie sie? Wie managen Sie sie? Wie gehen Sie mit ihnen um, wenn Sie Probleme haben? All diese Fähigkeiten sind die Schlüssel zum Aufbau und Erhalt einer überlegenen Verkaufsmannschaft.

Nun, die Herausforderungen sind heute größer, und die Möglichkeiten auch. Was heißt das? Im Klartext: je härter es ist, desto mehr Möglichkeiten haben Sie, bis ganz an die Spitze zu kommen. Vorausgesetzt, Sie akzeptieren drei Prinzipien.

1. *Sie sind verantwortlich.* Das ist das Kennzeichen des überlegenen Verkaufsmanagers. Das heißt, es gibt keine Ausreden. Als Verkäufer konnten Sie sich mit dem Markt oder den Kunden herausreden.

2. *Sie haben die Kontrolle und die Autorität.* Sie haben den Schwarzen Peter in der Hand. Wenn Sie nicht zufrieden damit sind, wie die Dinge laufen, keine Klagen! – Weder über Mitarbeiter, über den Markt, oder irgend etwas. Sie haben den Job, und Sie führen ihn konsequent und mit voller Verantwortung aus.

3. *Sie erreichen alles, was Sie sich vornehmen.* Was andere geschafft haben, können Sie auch.

Dies sind die entscheidenden Unterschiede zwischen Verkäufern und Verkaufsmanagern. Und Ihr Erfolg oder Mißerfolg hängt direkt davon ab, ob Sie dies verstehen und in Ihrer Arbeit umsetzen. Lernen Sie nun in den folgenden Kapiteln, wie es funktioniert.

ÜBUNG

1. Stellen Sie eine Liste der Dinge auf, die Sie in diesem Buch lernen möchten, und notieren Sie, welche Schlüsselqualifikationen Sie als erstes umsetzen wollen.

2 Managen und Führen

Überblick

Ihr Job als Verkaufsmanager ist es, gewöhnliche Mitarbeiter zu außergewöhnlichen Resultaten anzuspornen. Sie müssen ein Manager und Leader sein, Sie müssen Visionen aufzeigen und Emotionen wecken.

Um das effektiv tun zu können, müssen Sie auch das Selbstbild eines Managers haben, nicht das eines Spitzenverkäufers. Sie müssen von nun an neue Fähigkeiten erlernen. Die Werkzeuge, die Sie in Zukunft anwenden werden, um erfolgreich zu sein, sind andere als die eines Verkäufers.

Dieses Kapitel befaßt sich mit entscheidenden Faktoren für den Erfolg und den Kernkompetenzen, die erforderlich sind, um ein Top-Verkaufsmanager zu sein.

Ziele

Bis zum Ende dieses Kapitels werden Sie folgendes lernen:

- Sieben Veränderungen, die Sie an Ihrem Selbstbild vornehmen müssen.
- Sieben Management-Tools.
- Zentrale Management-Aufgaben.
- Drei Voraussetzungen, um Ihre Möglichkeiten und Ihr Potential auszuschöpfen.

Der Übergang vom Verkäufer zum Verkaufsmanager ist einer der schwersten, den Sie je machen werden. Sie werden von einem Mannschaftsgrad zu einem Mitglied des Offizierskorps. Am schwierigsten ist es, Ihr Selbstbild entsprechend zu verändern.

Sie wissen, daß Sie immer nach außen die Leistung erbringen, die Ihrem inneren Bild von sich selbst entspricht. Und wenn Sie dieses Bild nicht verändern, zieht es Sie unwiderstehlich zurück in Ihre Komfortzone, wo Sie dasselbe machen, was Sie als Verkäufer gemacht haben, anstatt in die Rolle des Verkaufsmanagers hineinzuwachsen.

Es gibt sieben entscheidende Veränderungen, die Sie an Ihrem Selbstbild vornehmen müssen.

1. Sie sind jetzt verantwortlich für den Erfolg Ihres Unternehmens, Ihr Verkaufsgebiet und Ihre Umsatzquote – Ihr Verantwortungsbereich ist wie ein eigenes Unternehmen. Wenn Sie sich als Unternehmer sehen, als Chef Ihrer eigenen Firma, der die volle Verantwortung für den Erfolg dieser Firma trägt, haben Sie mit der dramatischen Veränderung Ihres Selbstbildes und Ihrer Persönlichkeit begonnen. Sie können nicht mehr wie ein Angestellter denken, Sie sind jetzt ein Mitglied des Managements.

2. Denken Sie daran, daß Sie eine Schlüsselposition einnehmen. Das bedeutet, daß alle Verkaufserfolge von Ihnen abhängen und daß jede Verbesserung, die Sie bei sich erreichen, sich erheblich auf die Resultate Ihrer gesamten Verkaufsorganisation auswirken wird.

3. Sie erzielen Resultate durch andere. Sie erbringen die Resultate nicht mehr direkt selbst. Man könnte fast sagen, Verkaufsmanagement ist ein indirekter Beruf. Als Verkäufer haben Sie Ihre Resultate direkt erbracht.

4. Ein Leader zu sein bedeutet, daß man fähig ist, gewöhnlichen Menschen außergewöhnliche Leistungen zu entlocken. Eines der Dinge, die wir in der Verkaufsbranche bedenken müssen, ist dies: Sie können sich noch so sehr anstrengen, die richtigen Menschen auszuwählen, aber es werden immer noch gewöhnliche Leute sein, und von Ihnen als Leader, der an die Spitze will, erfordert dies, daß Sie in der Lage sind, Mitarbeiter zu außergewöhnlichen Leistungen anzuspornen, sie zu begeistern und zu Spitzenverkäufern zu machen.

5. Management und Leadership befinden sich im selben Kontinuum. Management ist eine Vorstufe von Leadership. Je besser Sie als Manager werden, desto mehr werden Sie zu einem Leader. Man könnte fast sagen, Sie fangen als Verkäufer an, und wenn Sie als Verkäufer die Spitze erreicht haben, werden Sie Manager. Wenn Sie als Manager die Spitze erreicht haben, werden Sie Leader. Der Ausgangspunkt dabei ist, daß Sie sich selbst als Leader betrachten.

6. Sie verfügen über ein hohes Maß an Bedachtsamkeit. Leadership ist die außerordentliche Fähigkeit, Resultate und Spitzenleistungen zu erzielen. Und um das zu erreichen, brauchen Sie die wichtigste aller Qualitäten für Erfolg im Management und im Leben. Nach allen Untersuchungen – und ich habe mich 25 bis 30 Jahre lang damit befaßt – ist dies die Qualität der Bedachtsamkeit. Alle erfolgreichen Persönlichkeiten sind äußerst bedachtsam. Sie denken, bevor sie handeln. Sie treffen bessere Entscheidungen, sie lösen Probleme effektiver. Sie kommen in der kürzesten möglichen Zeit von A nach B, weil sie denken und planen, bevor sie handeln. Wir sagen, daß Handeln ohne Planen oder Denken die Ursache allen Scheiterns ist. Umgekehrt bedeutet dies, daß Handeln dem Denken, Planen und der Strategie vorausgeht, die Ursache allen Erfolgs ist.

Nun möchte ich Sie mit den entscheidenden Management-Tools vertraut machen, die Werkzeuge, die Sie brauchen, um der Beste zu sein. Ich möchte Sie bitten, sich selbst eine Note von 1 bis 10 in bezug auf jedes dieser Tools zu geben. Wie gut sind Sie in jedem dieser sieben?

1. *Vision und Werte.* Das ist eines der wichtigsten Tools. Die hervorragendsten Manager und Leader haben eine ganz klare Vision, wofür sie stehen, wohin sie gehen, was sie erreichen wollen. Ihre Vision ist natürlich, ihr Team zu einer außergewöhnlichen Verkaufsorganisation zu machen, und ihre Werte sind Qualität, Ethos, außergewöhnliches Verhalten, Einstellung, Leistung und Dienst am Kunden. Sie werden feststellen, daß die allerbesten Verkaufsmanager geradezu besessen vom Kunden-Dienst sind. Also, wofür stehen Sie? Und wissen alle in Ihrer Umgebung, wofür Sie stehen? Warum stehen Sie morgens auf? Warum machen Sie Ihren Job? Warum tun Sie das, was Sie tun? Versteht jeder, der Ihnen gegenüber verantwortlich ist, Ihre Visionen und Werte? Denn je höher Sie Ihre Visionen und Werte ansetzen, desto motivierter und einsatzfreudiger werden Ihre Leute sein, sie zu verwirklichen.

2. *Schlüssel-Bereiche:* Sie bilden die Grundlage des Managements. Das heißt einfach, daß die 80/20-Regel (Pareto-Prinzip) im Management genauso funktioniert. 20 Prozent dessen, was Sie tun, bewirken 80 Prozent Ihrer Ergebnisse, und Ihre entscheidenden Schlüsselbereiche beziehen sich immer auf die Resultate, die zu erreichen Sie eingestellt wurden. Wofür werden Sie bezahlt? Wozu konkret hat man Sie angestellt? Entscheidende Ergebnis-Bereiche beziehen sich auf Resultate, nicht auf Aktivitäten und Verhaltensweisen. Es ist klar, welche Resultate man von Ihnen erwartet, und ebenso von denen, die Ihnen als Helfer zur Seite gestellt sind.

3. *Leistungsstandards:* Mit anderen Worten, wie überprüfen Sie, ob Sie die Resultate erzielt haben, für die man Sie eingestellt hat? Wie messen Sie? Was sind Ihre Leistungsstandards? Sie müssen so formuliert sein, daß ein objektiver Dritter beurteilen kann, ob Sie erfüllt wurden oder nicht.

4. *Entscheidende Erfolgsfaktoren:* In jedem Geschäft gibt es eine Reihe solcher Faktoren. Selten sind es mehr als fünf bis sieben, und diese Faktoren bestimmen Erfolg oder Scheitern des Unternehmens. Ein entscheidender Erfolgsfaktor ist zum Beispiel etwas, das Ihnen den Erfolg bringt, wenn Sie es haben und gut darin sind. Wenn Sie es aus irgendeinem Grund nicht haben, werden Sie scheitern. Wir kennen lebenswichtige Funktionen im menschlichen Körper, zum Beispiel den Herzschlag. Wenn er fehlt, sind Sie klinisch tot. Genauso ist es in Ihrer Arbeit. Wenn Sie in jedem der entscheidenden Faktoren gut sind, dann werden Sie außerordentlich viel erreichen, aber wenn Sie nur in einem davon schwach sind, wird dieser eine Sie zurückhalten und manchmal tödlich für Sie sein. Im Verkauf sind die entscheidenden Erfolgsfaktoren Kundenwerbung, Termine machen, Sympathie aufbauen, Probleme aufdecken, Lösungen wirkungsvoll präsentieren, Bedenken und Einwände überwinden und den Auftrag einholen.

5. *Das Konzept der größten Hürde* ist das geistige Werkzeug, um die Produktivität zu steigern. In jedem Prozeß gibt es zwischen Ihrem Standort und Ihrem Ziel eine Hürde, die das Tempo bestimmt, mit dem Sie dorthin gelangen. Wir nennen es manchmal auch Flaschenhals. Was ist Ihre größte Hürde? Welcher Teil Ihrer Tätigkeit, welcher Faktor bestimmt, wie schnell Sie von Ihrem augenblicklichen Standort zu Ihrem Ziel gelangen? Was bestimmt, wie schnell Sie Ihre

Umsatzziele erreichen? Was bestimmt, wie schnell Sie Ihre Quoten erreichen? Analysieren Sie ständig die größten Hürden bei sich selbst und Ihrem Team.

6. Über welche *Kernkompetenzen* verfügen Sie? Mit dieser Frage sind die ein oder zwei Dinge gemeint, die Sie und Ihre Firma tun und die Ihren Wettbewerbsvorteil ausmachen. Man hat festgestellt, daß es nur einige wenige bestimmte Dinge sind, die einzelne und Firmen tun, die ihren Vorsprung auf dem Markt ausmachen. Also, was war bisher der Grund für Ihren beruflichen Erfolg? Was war der Grund für den Erfolg Ihrer Firma? Was war der Grund für den Erfolg Ihrer Verkaufsorganisation? Ihre Firma? Ihre Organisation? Oder welche sollte sie haben, die Sie entwickeln könnten? Dies sind die Schlüssel dazu, Vorsprung vor der Konkurrenz zu gewinnen.

7. *Das Konzept der „Winning Edge"* besagt, daß erfolgreiche Leute ihren Erfolg nicht großen Unterschieden verdanken, sondern kleinen Randunterschieden. Sie sind nur ein kleines bißchen besser. Die Daumenregel sagt, etwa drei Prozent besser. Nur ein kleines bißchen über dem Durchschnitt in den Schlüsselbereichen des Erfolgs als Verkäufer und Manager. Also, die Winning Edge zu entwickeln, nur ein kleines bißchen besser zu werden, bedeutet nicht, daß sie völlig anders werden müssen, sondern nur in den Schlüsselbereichen, auf die es ankommt.

Neben den sieben Tools gibt es sieben Bereiche, von denen Ihr Scheitern oder Ihr Erfolg abhängen, egal, in was für einer Art von Management Sie tätig sind. All Ihre Probleme, all Ihre Hürden, all Ihre Schwierigkeiten rühren aus einem Zusammenbruch oder einer Schwäche in einem dieser sieben Bereiche.

1. *Planung* ist eine Schlüsselfunktion des Managements, besonders Zukunftsplanung. Das Schlüsselwort in bezug auf Planung ist Klarheit. Klarheit bedeutet: Weiß jeder genau, was er zu tun hat und wann er es zu tun hat? Könnten Sie jeden Ihre Leute um drei Uhr morgens aus dem Bett werfen und fragen: „Bitte erklären Sie mir genau die entscheidenden Output-Verantwortungen Ihres Jobs und wie sie zu messen sind?" Jeder muß das wissen, und Sie ebenso.

2. *Organisation* heißt, die Ressourcen zusammenzustellen, die nötig sind, um Ihre Aufgabe zu erfüllen. Was müssen Sie tun, und was brauchen Sie, um es zu tun?

3. *Mitarbeiterrekrutierung:* Sobald Sie entschieden haben, was Ihre Ziele und Vorgaben sind, sobald Sie wissen, welche Ressourcen Sie benötigen, müssen Sie die richtigen Leute auswählen, managen und motivieren. Davon hängen 95 Prozent Ihres Erfolgs ab.

4. *Delegieren* ist eine Kernkompetenz im Management, denn durch Delegieren gewinnen Sie Hebelwirkung. Den meisten ist nicht klar, daß die Fähigkeit, effektiv zu delegieren, ein ganz entscheidender Faktor für alles ist, was sie im Management zustande bringen.

5. *Beaufsichtigung (Supervising):* Wenn Sie delegiert haben, müssen Sie beaufsichtigen. Die Grundregel heißt: Inspizieren Sie, was Sie erwarten. Sobald Sie Autorität und Verantwortung klar delegiert haben, müssen Sie die Sache im Auge behalten, denn wenn Sie nicht regelmäßig inspizieren, werden die Leute denken, daß Sie es nicht ernst meinen.

6. *Controlling* geschieht persönlich durch Einsatz von Checklisten, durch Feedback von Ihren und an Ihre Mitarbeiter, aber besonders durch Leistungsmessung, damit helfen Sie Ihren Verkäufern, in den entscheidenden Ergebnisbereichen die vorgegebenen Leistungsstandards zu erreichen.

7. *Berichten:* Dabei geht es vor allem um Berichte nach oben, aber auch nach unten. Nach oben heißt, daß Sie Ihren Vorgesetzten genau berichten, was warum vor sich geht. Mir ist beim Verkaufsmanagement aufgefallen, daß die meisten unserer Probleme dann anfangen, wenn wir mit unseren Vorgesetzten aneinandergeraten. Das geschieht meistens dann, wenn sie nicht genau wissen, was wir tun, warum wir es nicht tun, wie wir es tun oder was auch immer.

Die sieben Management-Werkzeuge, die sieben Management-Aufgaben sind die Grundlagen allen Erfolgs im Management. Wie können Sie feststellen, ob Sie in einem dieser Bereiche schwach sind? Nun, daran, daß Sie Probleme, Frust, Streß und Angst erleben. Sie fühlen sich angespannt und besorgt. Das ist ein Signal, innezuhalten und nachzudenken. Üben Sie Bedachtsamkeit. Denken Sie. Schauen Sie sich diese Werkzeuge an, fragen Sie sich, wo Ihre Schwächen liegen, und machen Sie sich klar, daß diese schwachen Bereiche Sie behindern.

Wichtig ist, daß Sie ständig analysieren. Halten Sie diese Werkzeuge hoch wie ein Gerüst, und betrachten Sie Ihre Arbeit im Hinblick auf Schlüsselbereiche, Leistungsstandards, Planung, Organisation, Delegieren, Winning Edge, „Limiting Step", Dinge, die Sie aufhalten. Wägen Sie ab, fragen Sie andere um Rat, Leute auf Ihrer Ebene und Leute auf höherer Ebene. Sie müssen nicht alles wissen, um Manager zu sein, Sie müssen nur offen sein für Input von anderen, und Sie werden ihn bekommen. Und bedenken Sie, daß Geduld eine der höchsten Qualitäten eines Leaders ist, also versuchen Sie nicht, gleich die ganze Welt zu verändern. Nehmen Sie eine Sache nach der anderen in Angriff. Ein Werkzeug, eine Aufgabe, eine Fähigkeit nach der anderen, und nach einer Weile werden Sie staunen, was für einen Unterschied das ausmacht.

Um Ihr Potential als Verkaufsmanager zu erfüllen, müssen Sie ständig in jedem Bereich besser werden. Schauen Sie sich die Bereiche an, die Sie behindern oder Ihnen die meisten Schwierigkeiten und den meisten Streß verursachen, und arbeiten Sie an diesen Bereichen. Denken Sie an Kaizen, das japanische Wort für ständige Verbesserung. Das ist Ihr Schlüssel zu großen Erfolgen und Leistungen, denn Ihr Leben wird nur besser, wenn Sie besser werden. Wenn Sie wollen, daß Ihre äußere Welt sich verbessert, dann wird sich auch Ihre innere Welt verbessern, und zwar genau in dem Maße, in dem Sie die Werkzeuge und Aufgaben des Managements kennenlernen und anwenden.

ÜBUNGEN

1. Was ist Ihre Vision für Ihr Verkaufsteam?

____

____

____

2. Was sind Ihre Werte, wofür stehen Sie, und wofür stehen Sie nicht?

____

____

____

3. Betrachten Sie die sieben Management-Werkzeuge. Bewerten Sie sich selbst auf einer Skala von 1 bis 10 (1 – niedrig, 10 – hoch). In welchen Bereichen sollten Sie sich verbessern?

1. Vision und Werte

1 2 3 4 5 6 7 8 9 10

Verbesserungsfähige Bereiche

____

____

____

2. Schlüssel-Bereiche

1 2 3 4 5 6 7 8 9 10

Verbesserungsfähige Bereiche

____

____

____

3. Leistungsstandards

1 2 3 4 5 6 7 8 9 10

Verbesserungsfähige Bereiche

4. Entscheidende Erfolgsfaktoren

1 2 3 4 5 6 7 8 9 10

Verbesserungsfähige Bereiche

5. Limiting Steps

1 2 3 4 5 6 7 8 9 10

Verbesserungsfähige Bereiche

6. Kernkompetenzen

1 2 3 4 5 6 7 8 9 10

Verbesserungsfähige Bereiche

3 Erfolgsplanung

Überblick

Der Hauptjob des Managers ist zu planen, was zu tun ist. Ein Schlüssel zum Erfolg in allen Bereichen des Lebens ist die Fähigkeit, einen Plan zu entwickeln und sich daran zu halten.

Ein gut strukturierter Plan befähigt Sie, den Job durch andere erledigen zu lassen. Er befähigt Sie, auf organisierte und vorhersagbare Weise zu Ergebnissen zu kommen. Ihre Fähigkeit, Ihre Arbeit zu planen, Ihren Plan abzuarbeiten und Ihre Mitarbeiter dazu zu bringen, Ihrem Plan wie ein gut dirigiertes Orchester zu folgen, ist wesentlich für überlegenes Verkaufsmanagement.

Ziele

Bis zum Ende dieses Kapitels werden Sie folgendes lernen:

- Drei Schritte zur Planung.
- Vier Wege, um Umsatzprognosen aufzustellen.
- Wie Sie Ihren Markt analysieren.
- Acht Schlüssel für die Planung zum Erfolg.

Der Hauptjob des Verkaufsmanagers ist es, zu planen, was zu tun ist. Die Fähigkeit, Pläne aufzustellen und diese Pläne durchzuführen, ist die wichtigste Qualität erfolgreicher Männer und Frauen in allen Bereichen des Lebens. Wir haben bereits gesagt, daß Bedachtsamkeit die Schlüsselqualität für erfolgreiches Management ist. Und Bedachtsamkeit zeigt sich in Ihrer Fähigkeit, gut zu planen.

Durch gutes Planen kommen Sie vom Operieren zum Kontrollieren, von dem, was Sie tun können, zu dem, was Sie durch andere kontrollieren können. Außerdem befähigt es Sie, Dinge durch andere erledigen zu lassen.

Planung befähigt Sie, ganz genau zu bestimmen, was zu tun ist, so daß Sie all die anderen Entscheidungen treffen können, die daraus folgen. Ihre Fähigkeit, Ihre Vorgaben zu erfüllen, bestimmt Ihren ganzen Erfolg im Management. Das ist das Allerwichtigste; und Ihre Fähigkeit, Ihre Vorgaben zu erfüllen, Ihre Fähigkeit, effektiv zu planen und dann Ihren Plan zu erfüllen, ist eine Demonstration all Ihres Könnens als Manager. Alles, was Sie in Ihrem ganzen Leben je gelernt haben, zeigt sich anderen Leuten durch Ihre Fähigkeit, Ihre Arbeit zu planen und nach Ihrem Plan zu arbeiten.

Zum Planen gehören drei Schritte: Feststellen, was zu tun ist, Aktionspläne aufstellen und Zeitvorgaben setzen. Also was, wie und wann. Wie gesagt, je klarer Sie das sagen, desto wahrscheinlicher ist es, daß Sie im Verkaufsmanagement oder in irgendeiner anderen Art von Management erfolgreich sein werden.

Der entscheidende Teil der Planung beginnt mit den Umsatzprognosen. Planung und Verkaufsmanagement bedeuten, daß Sie die Umsätze planen, die Sie innerhalb einer bestimmten Zeitspanne erwarten. Es gibt verschiedene Möglichkeiten, wie Sie zu Ihrer Umsatzprognose kommen können.

Sie können die historische Basis nutzen. Wie hoch waren die Umsätze in der Vergangenheit? Daran können wir die Prognose für zukünftige Umsätze orientieren. Der Vorteil der historischen Methode ist, daß Sie eine Menge Daten haben. Die Schwäche ist, daß der Markt oder die wirtschaftliche Situation sich verändert haben könnten; wichtige Kunden oder wichtige Verkäufer könnten gekommen oder gegangen sein. Deshalb kann die Vorgeschichte eine gültige Basis für realistische Umsatzprognosen sein oder auch nicht.

Eine andere Möglichkeit, zu Ihrer Umsatzprognose zu kommen, ist natürlich, daß sie Ihnen einfach von Ihrem Chef vorgegeben wird und besagt, wieviel Sie in einem bestimmten Zeitraum verkaufen sollen. Bevor Sie einen solchen Auftrag annehmen, müssen Sie sich fragen, ob die Vorgabe realistisch ist. Hier kommt es darauf an, nachzudenken und alle Faktoren zu bedenken, bevor man sich auf eine bestimmte Zahl festlegen läßt.

Ein weiterer Weg ist von unten nach oben. Prognose von unten nach oben heißt, Sie fragen alle Ihre Verkäufer, was sie meinen, in einem bestimmten Zeitraum verkaufen zu können. Das kann akkurat oder zu optimistisch oder zu pessimistisch sein, aber es sind äußerst brauchbare Daten. Manche Ihrer Leute werden in ihren Prognosen sehr akkurat sein, andere weniger.

Noch eine andere Methode ist eigene Analyse und Schlußfolgerungen. Sie schauen sich alles an, was es über Ihren Markt zu wissen gibt, und stellen Ihre eigene Umsatzprognose auf. Das ist ein sehr wichtiger Punkt. Ihre Fähigkeit, Ihre Umsatzzahlen akkurat vorauszusagen und dann ihre Voraussage zu erfüllen, ist ein entscheidendes Kriterium für Ihre Kompetenz als Manager. Hier sind ein paar Dinge, die Sie tun können, um zu eigenen Prognosen zu kommen.

Als erstes natürlich müssen Sie die historischen Daten, die Vorgaben Ihres Chefs und die Erwartungen Ihrer Verkäufer in Betracht ziehen, aber hier sind die Dinge, die Sie tun müssen, um Ihren Markt zu analysieren und zu immer akkurateren Ergebnissen zu kommen. Erste Frage: Schauen Sie sich das gesamte Marktpotential an. Das heißt, fragen Sie sich, welche Gesamtumsätze auf dem Markt möglich sind, für den Sie verantwortlich sind, und dann fragen Sie sich, welchen Prozentanteil von diesem Markt Sie sich erhoffen können.

Die zweite Überlegung für eine akkurate Umsatzprognose betrifft Ihre gegenwärtigen Umsätze. Wie hoch sind sie heute? Wie hoch waren sie letzte Woche, letzten Monat, letztes Jahr, und welche Umsätze wünschen Sie sich für die Zukunft? Wächst der Markt? Können Sie mit höheren Umsätzen rechnen, oder schrumpft der Markt? Wollen Sie einen größeren Anteil an einem wachsenden Kuchen, oder müssen Sie einem anderen Marktanteile oder Umsätze wegnehmen? Das sind entscheidende Fragen.

Der dritte Schlüssel sind die derzeitigen Kunden. Wer sind Ihre derzeitigen Kunden, und welche zusätzlichen Geschäfte können Sie von ihnen erwarten? Wenn Sie große Kunden haben, müssen Sie gründlich darüber nachdenken, was sie wahrscheinlich kaufen werden und wie ihre Bedingungen sein werden. Welches Umsatzwachstum können Sie von Ihren gegenwärtigen Kunden erwarten? Diese Informationen können Sie intern und auch von den Verkäufern bekommen, die sie bedienen.

Eine vierte Schlüsselkomponente für akkurate Prognosen sind Ihre bestehenden Produkte oder Dienstleistungen. Wie viele Ihrer Produkte oder Dienstleistungen wollen Sie in der nächsten Zeitspanne verkaufen? Im nächsten Vierteljahr, Halbjahr und so weiter. Was sind Ihre Umsatzziele für jedes ihrer Produkte und Dienstleistungen? Dies können Sie als Grundlage für eine Prognose verwenden.

Ihr gesamtes Marktpotential und der Anteil, den Sie davon wollen, Ihre derzeitigen und gewünschten Umsätze, Ihre derzeitigen Kunden und die Umsätze, die Sie sich von ihnen erwarten, und Ihre bestehenden Produkte und Dienstleistungen und wieviel Sie davon verkaufen wollen, führen zu einer hohen, niedrigen und mittleren Umsatzprognose. Mit anderen Worten: Was ist das Mindeste und was ist das Höchste, das Sie erwarten, und was wäre die Mitte zwischen beiden?

Bei der Planung für den Umsatzerfolg gibt es acht Schlüsselfaktoren:

1. Wenn Sie die Zahlen haben, müssen Sie sich fragen, wie viele Abschlüsse zu machen sind, damit Sie dieses Ziel erreichen. Ein Beispiel: Sagen wir, ein durchschnittlicher Abschluß bringt 100 Mark, und Ihre Prognose für den nächsten Zeitabschnitt ist 100 000 Mark. Das bedeutet, daß Sie 1 000 Abschlüsse machen müssen. Sind 1 000 Abschlüsse im Schnitt ein realistisches Ziel für den kommenden Zeitraum? Auf dieser Grundlage gehen wir weiter zu Punkt zwei.

2. Wenn Sie Ihren Verantwortungsbereich betrachten, wie ist der durchschnittliche Umfang jedes Abschlusses? Läßt sich dieser durchschnittliche Umfang steigern? Wenn der durchschnittliche Umfang konstant bleibt, dann wissen Sie, wie viele Abschlüsse Sie innerhalb dieses Zeitraums machen müssen.

3. Sie können keine Umsatzprognose aufstellen, ohne die Leute zu berücksichtigen, die die Abschlüsse machen sollen. Der Punkt ist, daß Abschlüsse einer nach dem anderen gemacht werden. Demnach

wird Ihr Ergebnis um so genauer, je mehr Sie es auf die kleinste mögliche Komponente umlegen. Wie ist die durchschnittliche Anzahl von Verkäufen pro Person?

4. Welche Anzahl von Abschlüssen pro Person ist erforderlich? Wenn ein Verkäufer gegenwärtig 35 Abschlüsse pro Monat macht und Ihre Prognose für ihn 45 oder 50 vorsieht, dann müssen Sie darüber nachdenken. Wenn Sie Ihre früheren Umsatzerfahrungen betrachten, bekommen Sie eine sehr gute Vorstellung, was an Umsätzen möglich ist.

5. Wie hoch ist die durchschnittliche Anzahl der Besuche und die Dauer des Verkaufsprozesses pro Kunde? Wie viele Stunden, wie viele Tage, wie viele Monate – wie lange dauert es, einen Abschluß zu machen? Ihre Verkäufer können nur eine bestimmte Stundenzahl und eine bestimmte Zahl von Tagen im Monat arbeiten. Danach können Sie sich ausrechnen, wie viele Verkäufer Sie bei einer durchschnittlichen Anzahl von Abschlüssen von durchschnittlichem Umfang brauchen, um Ihre Umsatzziele zu erreichen.

6. Wie viele Verkäufer brauchen Sie? Brauchen Sie mehr Verkäufer, oder müssen Ihre vorhandenen Verkäufer effektiver arbeiten? Wie lange werden Ihre Verkäufer brauchen, um das Ziel zu erreichen? Müssen sie ihre Zeit besser einsetzen? Manchmal können Sie die Effizienz Ihrer Verkaufsmannschaft beträchtlich steigern, indem Sie die Gebiete umverteilen, indem Sie Mitarbeiter von wenig ergiebigen Kunden abziehen und sich auf ergiebigere Kunden konzentrieren lassen. Manchmal können Sie Ihre höheren Umsatzziele mit derselben oder gar einer geringeren Zahl von Leuten erreichen.

7. Wie hoch sind Ihre Kosten? Das verweist natürlich auf Ihre Budgets, die wir uns gleich noch näher ansehen werden. Was werden Sie an Gehältern, Provisionen und Beteiligungen zahlen müssen? Welche Spesen werden anfallen? Gehen Sie Ihre Werbekosten, Ihre Materialkosten und so weiter durch.

8. Zerlegen Sie all Ihre Umsatzprognosen in die kleinsten Komponenten. Und dann setzen Sie die Komponenten wieder zu einem vollständigen Umsatzplan zusammen. Je weiter Sie sie in kleine Komponenten zerlegen, desto genauer werden Ihre Umsatzprognosen, und Genauigkeit ist unglaublich wichtig. Richtige Analyse führt zu Genauigkeit, und Genauigkeit ist Ihr Ziel. Denn letzten Endes

kommt es den Leuten nicht so sehr darauf an, welche Zahl Sie ihnen nennen, sondern wie genau Ihre Prognose ist. Sie sollten sich den Ruf erwerben, jemand zu sein, der weiß, was er tut, und genaue Prognosen gibt. Das ist ein Schlüssel zu Ihrem Vorwärtskommen. Genauigkeit verschafft Ihnen eine genaue Budgetberechnung. Sie werden exakt ausrechnen können, was es kosten wird, diese Prognosen zu erfüllen. Darüber hinaus kommen Sie zu genauen Umsatzplänen, und die sind, wie wir noch sehen werden, auf jeden der Verkäufer, die für Sie arbeiten, zugeschnitten. Denn wenn Sie Mitarbeitern Umsatzpläne geben, die sie über- oder unterfordern, dann wird sie das demotivieren. Sie werden in der Lage sein, den genauen Personalbedarf zu berechnen. Wenn Sie das getan haben, können Sie auch einen genauen Trainingsbedarf voraussagen. Denken Sie daran, daß Ihre Mitarbeiter nicht viel besser arbeiten können als bisher, wenn Sie ihnen nicht auch entsprechend mehr Training geben.

Sie wissen, ein guter Verkaufssupervisor kann nur eine bestimmte Zahl von Leuten beaufsichtigen. Wenn Sie Ihren Personalbedarf prognostizieren, müssen Sie auch sagen, wer mit diesen Leuten arbeiten wird.

Die Prognose bietet Ihnen außerdem den Vorteil, daß Sie wissen werden, welche Ressourcen Sie brauchen. Alle Ihre Aussagen werden genauer sein, und Sie werden dastehen wie ein Held.

Nun einige Schlußfolgerungen zum Thema Planung und Prognosen.

1. Planung ist die Schlüsselfunktion des Managers. Die Hauptverantwortung des Managers ist es, Pläne und Prognosen aufzustellen, die klar vorhersagen, was Sie erreichen wollen.

2. Dies ist der Ausgangspunkt und die Grundlage des ganzen Verkaufsplans. Der Ausgangspunkt Ihrer gesamten Tätigkeit ist die Fähigkeit, Ihre Umsätze akkurat vorauszusagen.

3. Es ist ein Maßstab für Ihr Können. Durch Ihre Fähigkeit, Ihre Umsätze vorauszusagen, demonstrieren Sie anderen, wie gut Sie sind.

4. Ihre Fähigkeit, diese Zahlen zu erfüllen, ist ein Maßstab für Ihre Kompetenz. Ihre Fähigkeit, Ihren Plan zu erfüllen, verrät mehr als alles andere Ihre Kompetenz; sie sagt allen, wie gut Sie wirklich sind.

5. Denken Sie daran, daß dies eine andauernde und dynamische Aufgabe ist. Was heißt das? Es heißt, daß sie nicht in Stein gegraben ist, sondern sich verändert, wenn wichtige Kunden wechseln, wenn der Markt sich verändert, wenn Konkurrenten ihre Taktik ändern, wenn die Wirtschaft boomt oder Flaute hat, wenn Verkäufer durchstarten oder aufgeben und so weiter. Wenn Sie also einen Plan haben, seien Sie bereit, zurückzugehen und die ständigen Veränderungen auf dem Markt zu berücksichtigen.

6. Streben Sie nach Genauigkeit. Das kann nicht genug betont werden. Genauigkeit ist das Kennzeichen eines Profis. Profis nehmen sich viel Zeit, Dinge zu durchdenken und zu überprüfen, so daß sie, wenn sie sie niederschreiben, genau wissen, daß sie auch zu verwirklichen sind.

7. Wir haben schon gesagt, daß Einsatz das Kennzeichen einer überlegenen Person ist. Wie gesagt: Planen Sie Ihre Arbeit, und arbeiten Sie Ihren Plan ab. Denn wenn Sie Ihren Plan erfüllen, dann erfüllen Sie auch Ihre Zahlen, und wenn Sie Ihre Zahlen erfüllen, dann liegt Ihre ganze Zukunft offen vor Ihnen, und Sie sind auf dem besten Wege, einer der besten Verkaufsmanager in Ihrer Branche zu werden.

ÜBUNGEN

1. Die drei Schritte zur Planung sind was, wie und wann. Nehmen Sie zwei Beispiele für Dinge, die getan werden müssen (was), und vervollständigen Sie den Prozeß (wie und wann). Machen Sie dies zu einer nützlichen Übung, indem Sie sie auf Ihren gegenwärtigen Job anwenden.

	Was	Wie	Wann
A)	______	______	______
	______	______	______
	______	______	______
B)	______	______	______

2. Wie Sie Ihren Markt analysieren.

A) Was ist das Gesamtpotential auf Ihrem Markt?

______

______

______

B) Wieviel Prozent dieses Marktes können Sie für sich erwarten?

______

______

______

C) Welches Wachstum können Sie von Ihren derzeitigen Kunden erwarten?

______

______

______

D) Wird es bei Ihrer derzeitigen Kundenbasis zu einer Umsatzreduktion kommen? Wer verkleinert? Wer gibt sein Geschäft auf? Wen werden Sie an die Konkurrenz verlieren?

E) Entwickeln Sie eine Hoch-mittel-niedrig-Prognose für jede Ihrer Produktlinien. Denken Sie an den Zeitrahmen: Quartal, Halbjahr, Jahr.

3. Wie ist der durchschnittliche Umfang jedes Abschlusses?

Wie viele Abschlüsse müssen Sie machen, um Ihr Ziel zu erreichen?

Wie viele Abschlüsse muß jeder Verkäufer im Schnitt machen?

Wie viele Besuche erfordert es, einen Abschluß zu machen?

Wie viele Besuche muß jeder Verkäufer machen? In welchem Zeitraum?

Führen die Antworten auf die obigen Fragen zu einer logischen und erreichbaren Schlußfolgerung? Wenn nicht, was werden Sie ändern?

4. Brauchen Sie mehr Ressourcen? Wenn ja, welche?

4 Verkaufsplanung

Überblick

Als Verkaufsmanager müssen Sie Ihren Verantwortungsbereich betrachten, als wäre er Ihr eigenes Unternehmen und Sie der Geschäftsführer. Es ist wesentlich, daß Sie jedem Mitglied des Teams akkurate und angemessene Umsatzquoten zuweisen. Denken Sie daran, daß Ihre Umsatzprognose eine Zusammenfassung jedes Verkaufsgebiets und jeder Aufgabe ist.

Umsatzquoten sind eine Ihrer größten Verantwortungen. Sie sind die Standards, nach denen Sie und Ihre Mitarbeiter beurteilt werden. Sie können Ihre Verkäufer motivieren, sich nach höheren Zielen und Leistungen auszustrecken oder sie demoralisieren. Unangemessene Zuweisung von Umsatzquoten kann zu Problemen, Frustration und vergeudeter Energie führen. Richtig gehandhabte Umsatzquoten können Spitzenleistung und hochmotivierte Verkäufer bedeuten.

Ziele

Bis zum Ende dieses Kapitels werden Sie folgendes lernen:

- Vier Maßeinheiten für ROTI (Return on Time Invested).
- Die wichtigsten Methoden, um Umsatzziele zu setzen.
- Sieben Punkte, die Sie berücksichtigen müssen, wenn Sie Verkaufspläne aufstellen.
- Wie Sie Verkaufsleistungen messen.

Wenn Sie Ihr Verkaufsterritorium oder Ihren gesamten Verantwortungsbereich als Ihr Unternehmen und sich selbst als Chef dieses Unternehmens betrachten, dann ist Ihre Umsatzprognose, ob sie Ihnen nun von oben vorgegeben wird oder Sie durch Analyse oder Ableitung selbst dazu gekommen sind, Ihr allgemeiner Schlachtplan, so als wären Sie kommandierender General einer Armee und Ihr Verkaufsgebiet Ihr Schlachtfeld.

Aus diesem allgemeinen Schlachtplan leitet sich der Umsatzplan ab. Der Umsatzplan ist individuell auf jede Person und jedes Gebiet zugeschnitten. Ihre Gesamtumsatzprognose ist eigentlich die Summe aller individuellen Umsatzpläne. Wenn jede einzelne Person ihr Ziel erreicht, dann werden Sie auch Ihr Gesamtziel erreichen. Und das Wichtigste bei Umsatzprognosen und Umsatzplänen, besonders bei den Mitarbeitern, die Ihnen Rechenschaft ablegen, ist der Ertrag der investierten Zeit (ROTI). Das ist der entscheidende Maßstab dafür, ob Mitarbeiter ihre Zeit richtig einsetzen oder nicht, und es ist Ihre Aufgabe, ihnen zu helfen, ihre Zeit, ihre Gebiete und Ihre Verantwortungsbereiche zu organisieren. Dafür gibt es vier Maßeinheiten.

1. *Das höchste Umsatzvolumen.* Das ist wahrscheinlich das wichtigste Maß dafür, wie gut eine Person ihre Zeit in ihrem Territorium einsetzt. Und es ist Ihr Job, Mitarbeitern zu helfen, sich so zu organisieren, daß sie es erreichen.

2. *Die höchste Gewinnspanne.* Das ist der entscheidende Gesichtspunkt, der die Firma als Ganzes betrifft. Manche Produkte und Dienstleistungen bringen der Firma viel höhere Gewinne ein als andere. Es geht also auch darum, Ihren Mitarbeitern zu helfen, das höchste Volumen an besonders gewinnbringenden Umsätzen zu erzielen.

3. *Die effektive Abdeckung des Verkaufsgebiets.* Auf das Gebiets-Management aus Ihrer Sicht werden wir später noch zu sprechen kommen, aber Abdeckung des Verkaufsgebiets bedeutet, daß Ihre Leute in der vorgegebenen Zeit das größtmögliche, ertragreichste Gebiet abdecken und die wichtigsten Kunden aufsuchen.

4. *Der effektivste Umgang mit der Zeit generell.* Manchmal können ganz kleine Umstellungen in der Zeitplanung der Mitarbeiter zu dramatischen Umsatzsteigerungen führen.

Individuelle Umsatzziele lassen sich auf verschiedene Weise setzen. Und davon, wie Sie die Ziele setzen, ist in hohem Maß abhängig, ob und wie leicht Sie diese Ziele erreichen, wie motiviert und kooperativ Ihre Mannschaft ist und wie gut Sie sich selbst als Verkaufsmanager ins Licht setzen. Es gibt verschiedene Methoden, für jeden einzelnen Verkäufer individuelle Umsatzziele zu setzen.

Die verbreitetste Methode von allen ist die Vorgabe, bei der Sie einfach sagen, was Sie an Umsätzen in den nächsten 30, 60, 90 Tagen erwarten. Vorgaben werden von oben nach unten gereicht. Und sie erzeugen nur sehr wenig Einsatzfreude auf seiten der Verkäufer. Vielleicht bekommen Sie Ihre Ziele vorgegeben, aber selbst wenn Sie genau wissen, welche Umsätze Sie von Ihren Verkäufern erwarten, ist es wahrscheinlich nicht der beste Weg, ihnen das einfach vorzugeben.

Sie können individuelle Umsatzziele auch durch Analyse setzen. Analyse heißt, Sie analysieren das Umsatzpotential oder die Anteile, die Sie aus einem bestimmten Marktbereich in der gegebenen Zeit herausholen wollen, und Sie lassen den Verkäufer die Verantwortung dafür übernehmen, diese Umsatzanteile aus dem Gesamtpotential zu erzielen.

Eine weitere Methode, individuelle Umsatzziele zu setzen, ist aufgrund der Vorgeschichte. Anhand der Vorgeschichte des Verkäufers, des Verkaufsgebiets und der Umsätze können Sie aus der Vergangenheit auf die Zukunft schließen. Sie müssen nur darauf achten, daß Ihre Schlußfolgerungen auch Hand und Fuß haben.

Sie können Ziele auch durch Verhandeln setzen. Verhandeln ist sehr nützlich, wie Sie gleich noch sehen werden. Sie fragen den Verkäufer, was er aufgrund seiner Analyse und Vorgeschichte an Umsätzen für diesen Zeitraum für möglich hält. Verhandeln führt einer weiteren Methode, nämlich durch Konsens.

Sie setzen Umsatzziele aufgrund eines Konsenses zwischen Ihnen, Ihrer Firma und besonders dem Verkäufer, so daß der Verkäufer Gelegenheit hat, das Ziel, das er erreichen soll, mit Ihnen zu erörtern und ihm zuzustimmen oder auch nicht.

Die allerwichtigste Regel beim Umgang mit Verkäufern ist, daß der Einsatz proportional zur Diskussion ist. Ein psychologisches Prinzip besagt, daß Menschen sich nicht gerne belehren, bevormunden oder kommandieren lassen, und je mehr Gelegenheit ein Verkäufer hat, seine Umsatzziele zu diskutieren, mit desto mehr Einsatz wird er sie zu erreichen versuchen. Nehmen Sie sich also die Zeit, auch wenn Ihnen die Hände gebunden sind und Sie nicht sehr flexibel sein können, denn je mehr Gelegenheit Sie Ihren Mitarbeitern geben, das Umsatzziel zu diskutieren, desto größer wird ihre Einsatzbereitschaft sein, dieses Ziel zu erreichen. Ihr Umsatzplan für den einzelnen Verkäufer sollte sieben Punkte berücksichtigen.

1. Er muß den *Gesamtumsatz* enthalten, der von diesem Verkäufer oder diesem Territorium verlangt wird. Dies ist, wie Sie wissen, Teil des Gesamtumsatzes für Ihren Verantwortungsbereich.

2. Wenn Sie die *Umsatzziele pro Person* festlegen, müssen Sie Verkäufe je Produkt oder Service bedenken. Wieviel von jedem Produkt, wieviel von jedem Service soll diese Person innerhalb des vorgegebenen Zeitraumes verkaufen?

3. *Der Umsatz pro Kunde.* In jedem Verkaufsterritorium gibt es drei Kundentypen. Es gibt A-Kunden, B-Kunden und C-Kunden. Ihre A-Kunden sind Ihre Key Accounts. Das sind meistens die 20 Prozent der Kunden, die 80 Prozent Ihrer Umsätze ausmachen. B-Kunden sind gute Kunden, und C-Kunden sind kleine Kunden, und deshalb müssen Sie mit Ihren Verkäufern eine Strategie zur Entwicklung Ihrer Schlüsselkunden haben. Darauf kommen wir in einem späteren Kapitel ausführlich zurück.

4. *Die Umsätze pro potentiellem Kunde.* In jedem Marktbereich gibt es auch potentielle A-, B- und C-Kunden. Die Zukunft der Firma liegt ja in der Entwicklung neuer Geschäftskontakte. Darum müssen Sie mit Ihren Verkäufern herausfinden, wer die potentiellen Schlüsselkunden sind, und Pläne machen, wie Sie an diese potentiellen Kunden herankommen. Auch darüber werden wir später ausführlicher sprechen.

5. *Die Umsätze je Anzahl von Besuchen bis zum Abschluß.* Manche Kunden sind vielleicht nur B-Kunden oder potentielle B-Kunden, aber sie erfordern nur wenige Besuche bis zum Abschluß. Bei anderen hingegen brauchen Sie viele Besuche bis zum Abschluß. Mit anderen Worten, sie sind noch weit von einem Kauf entfernt, und auch davon hängt der Ertrag Ihrer investierten Zeit ab.

6. *Welche Kunden werden wie häufig besucht?* Ist es sinnvoll, die erforderliche Anzahl von Besuchen zu machen, um einen potentiellen Kunden in einen Kunden oder einen kleineren Kunden in einen

größeren Kunden zu verwandeln? Darüber müssen Sie nachdenken, weil viele Verkäufer dazu neigen, viel Zeit mit Kunden und potentiellen Kunden zu verbringen, die nur C-Priorität haben, nur weil man sich mit ihnen nett unterhalten kann und es Spaß macht, sie zu besuchen. Auch den durchschnittlichen Umfang der Abschlüsse müssen Sie bedenken. Ist es möglich, diesen Durchschnitt zu steigern, indem Sie sich stärker auf wertvollere Kunden und potentielle Kunden konzentrieren?

7. *Die täglich, wöchentlich erforderlichen und erwarteten Aktivitäten.* Umsätze beruhen in hohem Maße auf Durchschnittswerten. Das heißt, wenn Verkäufer bestimmte, meßbare und kontrollierbare Aktivitäten durchführen, dann werden Sie im Laufe der Zeit eine bestimmte Durchschnittsverteilung von A-, B- und C-Kunden entwickeln. Wenn Sie also mit dem zu erzielenden Gesamtumsatz anfangen, kommen Sie schließlich zu der Frage, was der Verkäufer denn nun zu tun hat. Welche konkreten Schritte muß der Verkäufer unternehmen, die Sie messen, kontrollieren, beobachten können, um das Ziel zu erreichen?

Das bringt uns zur individuellen Umsatzleistung. Und da geht es ans Eingemachte. Zunächst einmal gibt es einen Unterschied zwischen dem, was wir Effizienz nennen, und Effektivität. Sie sind nicht dasselbe, und sie sind auch bei verschiedenen Arten von Verkäufen unterschiedlich. Wenn Sie zum Beispiel ein kleines Produkt verkaufen, wollen Sie viel Effizienz; Sie wollen, daß Ihre Verkäufer mit der größtmöglichen Zahl potentieller Kunden zusammenkommen. Effizienz ist die Häufigkeit und die Anzahl der Besuche, die man in einem gegebenen Zeitraum machen kann. Effektivität beschreibt, wie wirksam der Verkäufer den Abschluß erzielt, wenn er einmal beim Kunden ist, und dies steht mehr im Mittelpunkt, wenn Sie an großen Verkäufen arbeiten, die mehrere Besuche bei mehreren Entscheidungsträgern erfordern. Und die Formel für den Erfolg ist E (Effektivität) x Effizienz = R oder Effizienz x Effektivität = R, also Resultate.

Um die Umsatz-Effektivität Ihrer Mitarbeiter aufzubauen, sind die bereits erwähnten entscheidenden Erfolgsfaktoren von zentraler Bedeutung. Es gibt eine Reihe von Dingen, die Menschen tun oder nicht tun, die für ihren gesamten Erfolg oder ihr Scheitern verantwortlich sind. Sie müssen die entscheidenden Erfolgsfaktoren nach dem „Winning-Edge“-Prinzip jedes Ihrer Verkäufer herausfinden, und vor allem müssen Sie herausfinden, was die größte Hürde ist. Ein Verkäufer kann in allen bis auf einen einzigen Faktor hervorragend sein, und dieser eine wird ihn behindern und die Höhe seiner Umsatzerfolge bestimmen. Wie finden Sie das heraus? Sie können den Verkäufer beispielsweise fragen, wo er seine Schwächen sieht. Sie können auch Kunden anrufen, die Sie sehr gut kennen, und sie nach ihren Beobachtungen über Ihre Verkäufer fragen. Oder Sie können mit zu Besuchen gehen, still dabeisitzen und Ihren Verkäufer beobachten, um selbst herauszufinden, wo seine Stärken und Schwächen liegen.

Schließlich müssen Sie entscheiden, welches zusätzliche Training der Verkäufer braucht, um die Umsatzziele zu erreichen, die Sie gemeinsam gesetzt haben. Denken Sie daran, die besten Verkaufsorganisationen haben die besten Leute, und die besten Leute sind die am besten trainierten Leute. Sie können nur in dem Maße mehr verkaufen, wie Sie ihnen zusätzliches Training geben.

Entscheidend ist auch, welche Unterstützung des Managements dem Verkäufer zur Verfügung steht. Wenn Sie über Umsatzziele sprechen, müssen Sie klar sagen, welche Unterstützung Sie ihm geben können. Werden Sie mit ihm hinausgehen? Werden Sie Anrufe machen? Werden Sie ihm Türen öffnen? Werden Sie ihn durch Werbemaßnahmen unterstützen? Werden Sie ihn bei Kunden einführen? Auf welche Unterstützung von Ihnen kann er zählen? Und auf welche zusätzlichen Ressourcen, Werbung, Broschüren etc. von der Firma, von der Kundendienstabteilung, vom Vertrieb, der Finanzabteilung, der Buchhaltung kann er rechnen? Was kann er von der Firma bekommen, um seine Ziele zu erreichen?

Wenn Sie diesen Punkt erreicht haben, können Sie auf den individuellen Umsatzplan zurückkommen, und der Schlüssel hier heißt Klarheit. Klarheit ist entscheidend. Fast alle Probleme in der Kommunikation und beim Verkaufen entstehen durch Mangel an Klarheit. Und zur Klarheit führen die folgenden Schritte:

1. *Ausführliche Erörterung.* Gehen Sie nach einer Liste vor, und erörtern Sie jeden einzelnen Aspekt dessen, was von dem Verkäufer erwartet wird, was seine Ziele sind und was seine Quoten sind, so daß zwischen Ihnen alles vollkommen klar ist.

2. *Völlige Übereinstimmung.* Sie beide müssen sich einig sein, was genau zu tun ist, bis wann, in welchem Maße, für welche Produkte und Dienstleistungen.

3. *Volle Verbindlichkeit.* Sie können nach Herzenslust diskutieren und unterschiedlicher Meinung sein und über Zahlen und dergleichen debattieren, aber sobald Sie sich einig sind, besiegeln Sie mit einem Händedruck die 100prozentige Verbindlichkeit, daß dieser Verkäufer tut, was von ihm erwartet wird, denn davon hängt Ihre Karriere ab.

Dazu ein Vorschlag. Viele Firmen haben einen Verkäufervertrag. Nachdem sie über einen Umsatzplan für den einzelnen Verkäufer verhandelt, diskutiert und sich geeinigt haben, setzen sie einen Vertrag auf, in dem alles festgehalten wird. Beide unterschreiben ihn, und er wird mit der Zeit zur Arbeitsgrundlage zwischen den beiden.

Was nun ist Ihre Hauptaufgabe? Zunächst ist es Ihr Job, dem Verkäufer zu helfen, seinen Job zu machen. Sie sollen ihn nicht selbst machen, sondern durch den Verkäufer, das ist Ihre Hauptaufgabe. Dazu müssen Sie inspizieren, was Sie erwarten. Wenn Sie regelmäßig inspizieren, was einer Person aufgetragen ist und wofür sie verantwortlich ist, und sich regelmäßig auf dem laufenden halten, machen Sie deutlich, wie wichtig es Ihnen und der Firma ist.

Was gemessen wird, wird erledigt. Wenn Sie also regelmäßig Aktivitäten messen und kontrollieren, ist es erheblich wahrscheinlicher, daß der Job erledigt wird.

Akzeptieren Sie nur die 100prozentige Verantwortung. Wenn Sie einem Verkäufer ein individuelles Umsatzziel zuweisen, haben Sie damit nicht abgedankt. Sie haben immer noch die totale Verantwortung für den Job. Sie haben ihm das Ziel zugewiesen, Sie haben es delegiert, Sie haben ihm die Vollmacht und die Verantwortung übertragen, aber unter dem Strich halten Sie immer noch den Schwarzen Peter in der Hand. Also bieten Sie ihm Hilfe und Unterstützung von seiten der Firma an. Vor allem bieten Sie ihm nötigenfalls an, mit hinauszugehen und ihm zu helfen, sein Ziel zu erreichen. Ihre Fähigkeit, Ihre Mitarbeiter dazu zu bringen, ihre individuellen Ziele zu erreichen, ist der Garant dafür, daß Sie Ihr Gesamtziel erreichen, und das bringt Sie auf die Überholspur im Verkaufsmanagement.

ÜBUNGEN

1. Wie setzen Sie Ihre Umsatzquoten? Stehen Ihre Verkäufer hinter Ihrer gegenwärtigen Methode?

____

____

____

2. Wie können Sie mehr Einsatzbereitschaft erzielen?

____

____

____

3. Was sind die entscheidenden Erfolgsfaktoren in Ihrer Verkaufsumgebung? Listen Sie mindestens fünf auf.

A) ______________ D) ______________

B) ______________ E) ______________

C) ______________

Listen Sie Ihre Teammitglieder auf, und setzen Sie deren schwächsten entscheidenden Erfolgsfaktor neben ihren Namen.

Teammitglied	**Schwächster EEF**
______________	______________
______________	______________
______________	______________
______________	______________
______________	______________
______________	______________

5 Verkäufer rekrutieren

Überblick

Eine Ihrer wichtigsten Aufgaben ist die Rekrutierung von Mitarbeitern. Eine entscheidende Begabung ist die Fähigkeit, ein Team aus effektiven, kompetenten Mitarbeitern zu rekrutieren und aufzubauen. Ihre Leute, Ihr Team, das sind die Menschen, die Ihrem Unternehmen ihre Gewinne verschaffen. Die besten Verkaufsmanager haben die besten Mitarbeiterstäbe. Die besten Mitarbeiterstäbe sind ein Ergebnis hervorragender Rekrutierungsfähigkeiten.

Denken Sie daran: Sie arbeiten und bewältigen Aufgaben durch andere. Die Qualitäten dieser anderen haben unmittelbare Auswirkungen auf die Qualität der Arbeit, die Sie hervorbringen, und auf die Meinung, die andere von Ihnen haben.

Ziele

Bis zum Ende dieses Kapitels werden Sie folgendes lernen:

- Wie Sie „Zero based thinking“ einsetzen.
- Wie Sie das Profil des idealen Verkäuferkandidaten entwerfen.
- Wie Sie eine klare Aufgabenbeschreibung erstellen.
- Einige hervorragende Quellen für Verkäuferrekrutierung.

Eine der sieben lebenswichtigen Aufgaben des Verkaufsmanagements ist die Auswahl der Mitarbeiter, die die Umsätze machen werden, und die Sie wie einen Helden dastehen lassen. Sie müssen lernen, richtig zu rekrutieren, denn die besten Verkaufsmanager sind auch die besten Rekrutierer.

Sie kennen ja das 80/20-Prinzip (Pareto-Prinzip) in bezug auf Verkäufer, das besagt, daß 20 Prozent Ihrer Verkäufer 80 Prozent Ihrer Resultate liefern. Tatsächlich ist die Verteilung eher 70/30. 70 Prozent Ihrer Umsätze kommen von 30 Prozent Ihrer Mitarbeiter. Die andere Statistik sagt, daß 20 Prozent Ihrer Leute ungefähr 80 Prozent der neuen Konten eröffnen. Diese könnte man die „Hunter" nennen, im Gegensatz zu den „Farmern". Ihr Job ist es, sich so zu organisieren, daß Sie mehr von den 30 Prozent bekommen und weniger von den 70. Wie also verteilen Sie Tag für Tag Ihre Zeit auf Ihre Arbeit? Nun, ich schlage vor, Sie richten sich nach der 60/20/20-Regel. Das heißt, Sie verbringen 60 Prozent Ihrer Zeit mit den 30 Prozent Ihrer Verkäufer, die 70 Prozent Ihrer Resultate einfahren. Verbringen Sie 20 Prozent Ihrer Zeit mit den anderen 70 Prozent Ihrer Verkäufer, die nur 30 Prozent Ihrer Resultate bringen, und die restlichen 20 Prozent damit, neue Mitarbeiter zu rekrutieren. Denn Sie müssen ständig rekrutieren.

Verbringen Sie Zeit in der Gruppe oder im Zweiergespräch mit den 70 Prozent Ihrer Mitarbeiter, die 30 Prozent der Resultate bringen. Verbringen Sie einzeln Zeit mit den 30 Prozent Ihrer Leute, die 70 Prozent der Resultate produzieren. Gruppenzeit mit denen, die wenig leisten, Einzelzeit mit denen, die viel leisten. Und dann verbringen Sie die anderen 20 Prozent Ihrer Zeit damit, neue Leute zu rekrutieren.

Der Schlüssel zum Rekrutieren ist ein weiteres lebenswichtiges Management-Tool, eines der wichtigsten, die ich kenne, und es nennt sich „Zero-based-thinking" und bedeutet übersetzt, bei Null anfangen. Zero-based-thinking ist ein Werkzeug, das Sie jeden Tag anwenden können. Zero-based-thinking geht von der Frage aus: „Wenn ich dies noch einmal machen müßte und wüßte, was ich jetzt weiß, würde ich es wieder so machen?" Stellen Sie sich vor, Sie könnten Ihre Verkäufermannschaft von Null auf neu aufbauen. Stellen Sie sich vor, von vorne anzufangen, ohne irgendwelche Beschränkungen. Was würden Sie anders machen? Fragen Sie sich in bezug auf jeden einzelnen Ihrer Verkäufer: „Nach dem, was ich jetzt weiß, würde ich diese Person wieder einstellen und ihr dieses Gebiet zuweisen? Nach dem, was ich jetzt weiß, gibt es irgend etwas, das ich nicht wieder so machen würde?" Und so unterziehen Sie jeden einzelnen Aspekt Ihrer Organisation, jede einzelne Person dem Zero-based-thinking und stellen sich diese beiden Fragen immer wieder.

Dann fragen Sie: „Wie würde eine ideale Verkäufermannschaft aussehen?" Stellen Sie sich einfach vor, Ihr Gebäude wäre niedergebrannt oder Ihre ganze Mannschaft hätte gekündigt oder wäre umgezogen, oder stellen Sie sich vor, Sie gehen zur Konkurrenz und bauen eine neue Verkäufermannschaft auf. Wie viele Ihrer gegenwärtigen Mitarbeiter würden Sie mit zur Konkurrenz nehmen? Dadurch bekommen Sie eine klare Vorstellung, wer Ihre guten Leute sind, wer die schwachen sind, wer ersetzt und wer gestärkt werden muß.

Das bringt uns zum Startpunkt des Rekrutierens, dem objektiven Profil des Verkäufers, den Sie haben wollen. Das heißt, Sie durchdenken die Anforderungen des Jobs im Hinblick auf das, was Sie wem verkaufen, und fragen sich: „Wie würde der ideale Verkäufer aussehen?" In der Psychologie stellen wir fest, daß Zielesetzung, Strategie und alles andere, was mit persönlichem und beruflichem Vorwärtskommen zu tun hat, damit anfängt, daß Sie Ihr Ideal definieren. Fangen Sie an, indem Sie sagen: „Wenn ich überall hinkommen könnte, wohin ich wollte, wie würde das aussehen?" „Wenn ich einstellen könnte, wen ich wollte, wer wäre die beste Person für diesen Job?" Wichtig dabei ist, daß Sie sich an Ihren soliden Umsatzmachern orientieren. Orientieren Sie sich nicht an Ihren Superstars, denn Superstars sind sehr schwer zu finden und zu duplizieren, also orientieren Sie sich nicht an den obersten zehn oder 20 Prozent, sondern an den nächsten 20 Prozent. Schauen Sie sich diese Leute an, und fragen Sie: „Welche Qualitäten haben diese Leute, die sie zu guten, soliden, gleichmäßigen Umsatzmachern machen?"

Die zweite Frage ist: Was ist ihr Hintergrund? Welche Ausbildung haben sie? Was ist der Stand ihrer Fähigkeiten? Wieviel Erfahrung haben sie? Was befähigt sie zu guten, gleichmäßigen Leistungen? Manchmal finden Sie vielleicht heraus, daß sie ganz gewöhnliche Merkmale haben, daß es alles Abiturienten sind. Eine Firma stellte fest, daß die meisten ihrer soliden Umsatzmacher ein geisteswissenschaftliches Universitätsstudium absolviert hatten, während eine andere Firma feststellte, daß die meisten ihrer besten Verkäufer Leute waren, die zwar gut in der Schule gewesen waren, aber nicht studiert hatten.

Und die dritte Komponente in Ihrer Definition des idealen Verkäufers ist Leistung. Welche Leistung hat er in der Vergangenheit erbracht? Welche Stellungen hatte er bisher? Was hat er schon gemacht, das ihm Erfahrung verschafft hat? Manchmal machen Leute, die bisher gar nicht verkauft haben, die besten Umsätze. Manchmal stellen wir fest, daß auf einem Gebiet Techniker die allerbesten Verkäufer sind, die stetige Umsätze machen. Was für Arbeitsgewohnheiten haben sie? Welche Resultate haben Sie in der Vergangenheit erzielt?

Und der vierte Punkt: Welche Art von Persönlichkeit oder Eignung haben sie? Was sind es für Leute? Welchen Persönlichkeitsstil haben sie? Sind sie extrovertiert oder introvertiert? Sind sie offen? Wie verhalten sie sich? Sind sie empathisch? Sind sie sehr aggressiv? Sind sie sehr ergebnisorientiert?

Wichtig ist außerdem, welche Art von Training Ihr idealer Verkäufer absolviert hat. Was soll er an Training aus seiner früheren Firma mitbringen? In welcher Weise hat er sich selbst trainiert? Eine der Fragen, die Sie Leuten stellen sollten, ist, welche Bücher Sie lesen oder welche Kassetten Sie sich anhören. Zu welchen Seminaren über persönliche und berufliche Entwicklung gehen Sie aus eigenem Antrieb? Denn es zeigt sich, daß Menschen, die nicht an ihrer eigenen Weiterentwicklung arbeiten, auch keine Verbindlichkeit zeigen, wenn sie erst auf einer Gehaltsliste stehen. Darüber hinaus gibt es noch das On-the-job-Training. Welche Art von On-the-job-Training hat Ihr idealer Verkäufer hinter sich?

Und der letzte Punkt in der Definition Ihres objektiven Ideals: Mit welchem Gehalt wäre er zufrieden? Es hat keinen Sinn, sich eine Beschreibung von jemandem auszudenken, der viel mehr Geld will, als Sie ihm bezahlen können. Denken Sie also darüber nach, wieviel Sie bezahlen können und mit welcher Bezahlung Sie Ihren Verkäufer bekommen können.

Wenn Sie das getan haben, machen Sie eine Jobbeschreibung. Die Jobbeschreibung legt die Aufgaben fest. Was soll die Person Tag für Tag tun? Dazu gehören vier Elemente:

1. Machen Sie die Beschreibung spezifisch; wir nennen das Management by specifics; sagen Sie ganz konkret, was von der Person erwartet wird.

2. Machen Sie die Jobbeschreibung meßbar. Wie können Sie sie messen? Wir nennen das Leistungsmaßstäbe.

3. Was erwarten Sie von der Person, und insbesondere, welches Umsatzvolumen erwarten Sie von dieser Person in Ihrer idealen Beschreibung?
4. Wie soll die Person regelmäßig schriftlich oder mündlich Bericht erstatten?

Die ideale Jobbeschreibung umfaßt auch den Persönlichkeitstyp, der Ihnen am liebsten wäre. Das wird immer wichtiger, denn es zeigt sich, daß die Arbeit mit einer Person, die die richtige Einstellung und Persönlichkeit hat, gut klappen wird. Beginnen Sie also mit dem Profil Ihres idealen Kandidaten. Schauen Sie sich in der Firma um, und finden Sie heraus, wer die besten Leute sind und was für Leute es sind. Was für eine Einstellung und Persönlichkeit haben sie? Denken Sie darüber nach, und Sie werden Hinweise finden. Erfolg hinterläßt Spuren, sagt man. Und was sind der Hintergrund und die Fähigkeiten Ihrer besten Leute?

Mit diesen Elementen kommen Sie zu einem Profil. Zur objektiven Erfassung empfehlen wir Ihnen die INSIGHTS Potential-Analyse in Verbindung mit der Jobbeschreibung, um das Soll-Profil festzulegen. Und ganz wichtig: Die besten Firmen und die besten Manager rekrutieren die besten Leute.

Betrachten wir nun einige Quellen für Verkäuferkandidaten. Wo genau können Sie sie finden? Hier sind die Quellen, und vergessen Sie nicht, daß das Rekrutieren eine ständige Aufgabe ist.

1. *Rekrutieren ist ein ständiger Job.* Das heißt, selbst wenn Sie keine offenen Stellen haben, verbringen Sie ständig 20 Prozent Ihrer Zeit, also etwa einen Tag pro Woche, damit, nach neuen Leuten zu suchen.
2. *Eine wichtige Quelle für gute Leute sind andere Verkäufer.* Andere Verkäufer in Ihrer Organisation, andere Verkäufer, die Ihre Organisation besuchen. Es muß sich herumsprechen. Lassen Sie es andere Leute wissen; sagen Sie auch Ihren Mitarbeitern, daß Sie zusätzliche Verkäufer suchen. Geben Sie ihnen die Jobbeschreibung, die Sie formuliert haben. Viele Firmen haben Ihre Rekrutierungskosten drastisch reduziert und die Qualität gesteigert, indem Sie jeden in ihrer Firma wissen ließen, daß sie Mitarbeiter suchten, und alle Ausschau halten ließen. Freunde, die den Job wechseln, Verwandte, Leute, die mit ihrer gegenwärtigen Stellung unzufrieden sind. Lassen

Sie sich also von jedem in Ihrer Firma bei der Suche nach Mitarbeitern helfen.

3. *Eine andere Quelle guter Kandidaten sind Ihre Kunden.* Wenn Sie Ihre Kunden gelegentlich fragen, wie es läuft, fragen Sie sie auch: Wer sind die besten Verkäufer, die Ihnen Produkte und Dienstleistungen außer den unseren anbieten? Lassen Sie sich ihre Namen und die Namen ihrer Firmen geben. Ich kenne viele Leute, die von Firmen und Verkaufsmanagern angestellt wurden, die es genau so gemacht hatten. Sie hatten sich einfach erkundigt, wer aus der Sicht ihrer Kunden die Spitzenverkäufer waren.

4. *Denken Sie auch an Ihre Lieferanten.* Manchmal können Sie Vertreter Ihrer Lieferanten rekrutieren. Manchmal werden diese Leute durch Mund-zu-Mund-Werbung darauf aufmerksam, wer auf dem Markt ist. Also fragen Sie sie, geben Sie ihnen die Jobbeschreibung, sagen Sie: „Übrigens, nach so jemandem suchen wir", und lassen Sie sie mitsuchen.

5. *Nicht vergessen sollten Sie Ihre Konkurrenten.* Natürlich ist dabei ein wenig Vorsicht angebracht. Wenn Sie Mitarbeiter von Ihren Konkurrenten abwerben, dann tun Sie es bloß nicht, um an Firmengeheimnisse heranzukommen. Viele Firmen sind jedoch grundsätzlich hinter den besten Verkäufern Ihrer Konkurrenten her, weil diese über Branchen- und Kundenkenntnis, Service, Hintergründe und dergleichen verfügen. Also lassen Sie gelegentlich durch Dritte durchsickern, daß Sie Leute suchen.

6. *Eine andere Möglichkeit sind Abendschulen, Fernkursanbieter und Akademien.* Leute, die Abendschulen besuchen, sind meist ehrgeizig, sie wollen Karriere machen, sie haben nicht viel Schulbildung, aber sie arbeiten an sich. Nehmen Sie Kontakt zu Ihren örtlichen Abendschulen auf, lassen Sie sich Praktikanten vermitteln, geben Sie ihnen die Jobbeschreibung, sagen Sie Ihnen, daß Sie Leute suchen, und lassen Sie sie ein wenig vorsortieren.

7. *Die siebte Quelle sind die Universitäten.* Oft haben Studienabgänger keine Aussicht auf eine bezahlte Stellung in ihrem Fach, und das sind ideale Kandidaten für Sie. Gehen Sie besonders zu den Wirtschaftsfakultäten, und sagen Sie, daß Sie nach Absolventen suchen, nach Studenten, die als Teilzeitkräfte oder Werkstudenten arbeiten wollen.

8. *Nicht zu unterschätzen ist immer noch der persönliche Kontakt.* Halten Sie überall die Augen offen, denn vielleicht finden Sie Leute an der Tankstelle, im Kaufhaus, bei Besuchen, auf einer Party; halten Sie die Augen auf, und laden Sie die Leute zu einem Gespräch ein.

9. *Zeitungen* erwähne ich ganz zum Schluß, weil Sie diese Quelle nur nutzen, wenn Sie dringend jemanden brauchen. Der Grund ist, daß aufgrund einer Anzeige außerordentlich viele Kontakt mit Ihnen aufnehmen werden, und nur eine sehr kleine Zahl davon wird geeignet sein. Ein Freund von mir suchte per Anzeige nach einem Verkäufer und bekam 135 Bewerbungen, aber er hat niemanden eingestellt, weil sie alle nichts taugten. Trotzdem sind Zeitungen gute Quellen; 85 Prozent der Arbeitgeber nutzen sie, wenn sie dringend jemanden brauchen.

Gutes Rekrutieren ist eine der wichtigsten Fähigkeiten, die Sie entwikkeln können, denn Verkäufer rekrutieren ist ein entscheidender Ergebnisbereich. Es hat ein konkretes Ergebnis und ist unerläßlich für Ihren Erfolg.

Gutes Rekrutieren ist auch einer der entscheidenden Erfolgsfaktoren. Wenn Sie es gut machen, werden Sie als Verkaufsmanager erfolgreich sein. Wenn nicht, wird es Sie behindern und Ihrem Erfolg im Wege stehen. Machen Sie es sich zur Pflicht, Rekrutieren zu lernen und sehr gut darin zu werden.

Ihre Fähigkeit, gute Verkäufer zu rekrutieren, kann Ihnen die „Winning Edge“ verschaffen. Sie kann den kleinen Vorsprung vor anderen Verkaufsmanagern ausmachen, sowohl innerhalb als auch außerhalb Ihrer Organisation. Nicht vergessen: Ihr Job ist es, Dinge durch andere zu tun, und wenn Sie gute Mitarbeiter rekrutieren können, wird Ihre Zukunft keine Grenzen haben.

ÜBUNGEN

1. Machen Sie sich eine Liste der Mitarbeiter in Ihrem Verkaufsteam. Entscheiden Sie durch „Zero-based-thinking", ob Sie sie nach dem, was Sie heute wissen, wieder einstellen würden.

Verkaufsteam	**Wiedereinstellen Ja/Nein**	**Wenn nein, warum nicht**

Anmerkung: Ein „Nein" bedeutet noch keine sofortige Entlassung. Jeder hat eine Chance verdient, sich zu verbessern und den Erwartungen zu entsprechen. Coaching und Beratungsbemühungen sind Ihre ersten Schritte.

2. Bilden Sie sich ein Profil des idealen Verkaufskandidaten. Schließen Sie Fähigkeiten und Charakterzüge ein. Ziehen Sie die Informationen aus diesem Kapitel zu Rate. Seien Sie konkret und vollständig.

Idealer Kandidat

Fähigkeiten

a) ______________________________

b) ______________________________

c) ______________________________

d) ______________________________

e) ______________________________

Charakterzüge

a) ______________________________

b) ______________________________

c) ______________________________

d) ______________________________

e) ______________________________

Andere Eigenschaften

a) ______________________________

b) ______________________________

c) ______________________________

d) ______________________________

e) ______________________________

Idealer INSIGHTS-Persönlichkeitstypus

____

3. Formulieren Sie eine vollständige Jobbeschreibung für Ihre Verkäuferstellung. Seien Sie auch hier wieder konkret, und gehen Sie die gesamten Informationen aus diesem Kapitel nötigenfalls noch einmal durch.

6 Bewerberinterviews und Auswahlverfahren

Überblick

Ihr Erfolg als Verkaufsmanager ist vor allem von den Leuten abhängig, die Sie managen.

Im letzten Kapitel haben wir gesehen, wie man sich einen Pool qualitativ hochwertiger Kandidaten zur Verfügung hält. In diesem Kapitel werden wir uns darauf konzentrieren, die besten Kandidaten aus diesem Pool auszuwählen. Dafür ist Ihre Fähigkeit, den Interviewprozeß vorzubereiten und eine klare Vorstellung davon zu entwickeln, welche Art von Person Sie wollen, wesentlich. Dieses Kapitel soll Ihnen zu dieser Klarheit und Vorbereitung verhelfen.

Ziele

Bis zum Ende dieses Kapitels werden Sie folgendes lernen:

- Das Gesetz der Drei beim Interviewen.
- Die Qualitäten, auf die Sie achten sollten.
- Die Swan-Formel für die Einstellung von Leuten.
- Sieben Interview-Techniken.
- Wie Sie Empfehlungen überprüfen.

Zum Aufbau eines erfolgreichen Verkäuferteams gehören das Rekrutieren eines Kandidatenpools und das Interviewen und Auswählen der richtigen Leute. Es ist offensichtlich, daß man aus einer zweitklassigen Person keinen erstklassigen Verkäufer machen kann. Geben Sie sich deshalb nie mit dem zweitbesten Kandidaten zufrieden. Sie wollen der beste Verkaufsmanager sein, das beste Verkäuferteam aufbauen und die besten Resultate erzielen. Lieber überhaupt niemanden einstellen als jemanden, der nicht optimal für den Job ist. Wer hastig einstellt, bereut es in Ruhe. Schnelle Personalentscheidungen sind fast immer falsch.

Also, wie stellen Sie die besten Mitarbeiter ein? Ich möchte Ihnen einen interessanten Weg zur Beantwortung dieser Frage vorstellen, das Gesetz der Drei. Es beruht auf der Tatsache, daß Ihre Personalentscheidungen um so besser sind, je langsamer Sie sie treffen. Das Gesetz der Drei hat fünf Grundsätze.

1. Bevor Sie jemanden einstellen, *interviewen Sie mindestens drei Kandidaten.* Stellen Sie nie den ersten ein, auch wenn der erste mit einem Satz über Häuser springt und mit einem Umhang zum Fenster hereingeflogen kommt. Interviewen Sie immer mindestens drei Kandidaten, damit Sie vergleichen können.

2. *Interviewen Sie Ihren Kandidaten dreimal.* Stellen Sie nie jemanden beim ersten Gespräch ein. Interviewen Sie ihn mindestens dreimal, um ihn in unterschiedlicher Verfassung zu erleben. Jemand, der Ihnen beim ersten Mal gefällt, kann beim zweiten Mal durchschnittlich und beim dritten Mal schrecklich abschneiden.

3. *Interviewen Sie die Person an drei verschiedenen Orten.* Einmal in Ihrem Büro, einmal im Café gegenüber, einmal im Konferenzraum. Verhaltensweisen und Ausstrahlung von Menschen verändern sich mit der Umgebung.

4. *Lassen Sie die Gespräche von drei verschiedenen Leuten führen.* Verlassen Sie sich nie nur auf Ihr eigenes Urteil, wenn Sie jemanden einstellen. Lassen Sie ihn von mindestens drei anderen Kollegen interviewen, mit denen er zusammenarbeiten wird. Hewlett Packard ist berühmt dafür, daß mindestens sieben Leute an dem Interview-Prozeß beteiligt sind. Manche Firmen interviewen bis zu 25mal. Denken Sie daran: 95 Prozent Ihres Erfolgs hängen davon ab, daß Sie zunächst einmal die richtige Person auswählen.

5. *Nehmen Sie sich 30 Tage Zeit für die Entscheidung.* Ein Verkaufsmanager war äußerst erfolgreich und wurde in seiner ganzen landesweiten Organisation dafür bekannt, daß er immer vorzügliche Verkäufer erwischte. Was war sein Geheimnis? Er sagt, er habe nie jemanden eingestellt, bevor 30 Tage verstrichen waren, nachdem er entschieden hatte, daß jemand der ideale Kandidat sei. Diese 30-Tage-Frist gibt Ihnen Gelegenheit, die Sache gründlich zu durchdenken.

Nun zu den Qualitäten, auf die Sie bei der Auswahl von Leuten achten sollten. Es sind zehn. Wenn Sie nun Kandidaten interviewen, betrachten Sie sie nicht nur mit Ihren Augen, sondern auch mit den Augen des Kunden, der von ihnen kaufen soll. Dies sind die Qualitäten, auf die Sie achten sollten – bewerten Sie sie nach dem Interview auf einer Skala von 1 bis 10.

Punkt eins auf der Liste ist Ehrlichkeit. Ehrlichkeit ist eine der wichtigsten Qualitäten von Verkäufern, denn die Basis exzellenten Verkaufens ist Vertrauen. Die Leute müssen der Person vertrauen, die ihnen etwas verkauft. Wie entdecken Sie Ehrlichkeit? Indem Sie direkte Fragen stellen und direkte Antworten erwarten. Sie wollen Realismus und Objektivität, Sie wollen, daß eine Person ehrlich ist in bezug auf ihre Stärken und Schwächen. Wer ausweichend antwortet oder Fragen zu ignorieren scheint, ist vielleicht nicht ehrlich. Sie wollen jemanden, der offen und direkt zu Ihnen ist.

Die nächste wichtige Schlüsselqualität, und auch hier sollten Sie die Person mit den Augen des Kunden betrachten, ist Empathie. Wir wissen heute, daß Empathie entscheidend für den Verkaufserfolg ist. Empathie heißt, daß jemand ein guter Zuhörer ist. Die Person ist aufmerksam, wenn Sie reden. Die Person strahlt Wärme aus. Die Person kann sich bis zu einem bestimmten Grad in Sie einfühlen. Achten Sie also auf Empathie, suchen Sie jemanden, der sich für andere interessiert und nicht nur um sich selbst kreist.

Das, wonach Sie suchen, ist ein sympathisches Wesen. Eine gute Geschäftsbeziehung fängt damit an, daß der Kunde den Verkäufer mag. Der Kunde hat das Gefühl, daß der Verkäufer ihn mag. Wir nennen das den Freundschaftsfaktor, und er ist absolut entscheidend.

Eine weitere Qualität ist Energie. Energie ist die Basis der Begeisterung. Und Begeisterung ist die Grundlage des Erfolgs. Wir wissen, daß erfolgreiche Verkäufer mehr Energie haben als der Durchschnitt. Sie sind positiv und enthusiastisch. Sie haben eine positive innere Einstellung. Ihre Stimme, ihre Körpersprache, ihre Augen, alles funkelt, sie scheinen fast ein wenig zu hüpfen, anstatt nur passiv dazusitzen.

Sie wollen keine Person, die um einen Job bettelt, sondern jemanden, der sich für einen Job interessiert, aber selbstbewußt ist. Er mag sich selbst, er fühlt sich wohl in seiner Haut. Er akzeptiert die Verantwortung für sein eigenes Leben. Er strahlt Gelassenheit aus. Also achten Sie darauf, ob der Kandidat selbstbewußt ist.

Eine Qualität, nach der Sie suchen, die für den Erfolg heute und morgen besonders wichtig ist, ist Flexibilität. Wer flexibel ist, ist offen. Er ist bereit, mal etwas anderes zu versuchen. Er ist bereit, sich zu verändern. Er ist bereit, Neues zu lernen, um mehr Erfolg zu haben, statt auf seine Position fixiert zu sein. Wenn Sie ihn fragen, wären Sie offen dafür, neue Wege zu lernen, auf Kunden zuzugehen oder Präsentationen zu machen oder die Dinge so zu machen, wie wir sie machen, dann sollte die Person sehr offen dafür sein.

Einsatzbereitschaft ist eine sehr wirkungsvolle Qualität. Als erstes sollte eine Person Einsatz für sich selbst zeigen. Ein sehr guter Verkaufsmanager, ein Freund von mir, hatte folgenden Test. Bei Interviews fragte er: „Könnten Sie mir ein paar Titel von Büchern und Kassetten nennen, die Sie zur eigenen Weiterentwicklung gelesen oder gehört haben?" Wenn dann der Betreffende sagte: „Häh?" sagte er: „Vielen Dank. Wir brauchen nicht weiterzumachen", schüttelte ihm die Hand und führte ihn zur Tür. Warum? 20 Jahre Erfahrung hatten ihn gelehrt, daß Menschen, die keinen Einsatz für ihre eigene Weiterentwicklung bringen, wohl kaum sehr erfolgreiche Verkäufer sind. Sie wollen nicht dazulernen, sie zeigen kein Interesse an ihrer beruflichen Weiterentwicklung. Suchen Sie nach Leuten, die Einsatz für ihre Familien zeigen, für ihre bisherigen Firmen, suchen Sie nach Leuten, die Sinn für Loyalität haben, denn das sind die besten.

Kompetenz ist ein sehr, sehr wichtiger Punkt. Natürlich stellen viele Firmen, je nachdem, wie groß sie sind, Mitarbeiter eher aufgrund der persönlichen Qualitäten ein als aufgrund ihrer Kompetenz, weil sie wissen, daß sie Fertigkeiten und Fähigkeiten aufbauen können. Aber worauf Sie besonders achten sollten, ist Erfolg. Achten Sie auf eine Erfolgsgeschichte. Achten Sie auf Leistung. Denken Sie vor allen Dingen daran, daß nur frühere Leistung ein Indikator für zukünftige Leistung ist. Nur frühere Leistung ist ein Indikator für zukünftige Leistung. Wenn Sie sich also darüber unterhalten, was die Person bisher gemacht hat, fragen Sie konkret nach. Fragen Sie: Auf welche Leistungen der Vergangenheit sind Sie besonders stolz? Was war Ihr größter Erfolg bei Ihren bisherigen Firmen? Die Erfolgsgeschichte ist sehr wichtig.

Nicht unterschätzen sollten Sie Elastizität, die Fähigkeit zurückfedern zu können. Denn wie Sie wissen, erleben Verkäufer enorm viel Mißerfolge und Ablehnung. Ich habe vor ein paar Jahren einige Zeit mit einem sehr erfolgreichen Verkaufsmanager verbracht. Dieser Mann reiste durch das Land, um anderen Verkaufsmanagern zu helfen, erfolgreiche Verkaufsorganisation aufzubauen. Und er erzählte mir eine Geschichte, wie ein sehr ansprechender, vorzüglicher Studienabgänger sich bei einem der Verkaufsmanager bewarb, die er coachte. Der Verkaufsmanager war begeistert, der Coach aber riet ihm, ihn nicht einzustellen. Und der Grund dafür war folgender. Er sagte wörtlich: „Diese Person hat es im Leben immer leicht gehabt und nie gelernt, Widrigkeiten zu überwinden. Er hat noch keine heftigen Erschütterungen erlebt, keine großen Enttäuschungen und Rückschläge.“ Was Sie brauchen, ist eine Person mit Beharrlichkeit. Eine Person, die gelernt hat, zurückzufedern, mit Widrigkeiten fertigzuwerden, und das ist manchmal wichtiger als alles andere.

Ein einfaches Beispiel: Ich habe einmal jemanden eingestellt, der nicht viel Erfahrung als Verkäufer hatte, aber er schien einigermaßen intelligent zu sein, und er hatte eine Qualität, die ihn kennzeichnete: Er war Marathonläufer. Er hatte zwar nie einen Marathon gewonnen, aber er war ein Marathonläufer. Er hatte trainiert und sich geschult, 42,2 Kilometer weit zu laufen. Ich meinte, jemand, der sich Kilometer für Kilometer antreiben konnte, die Mauer durchbrechen konnte, immer wieder Marathons laufen konnte, ohne zu gewinnen, mußte das Zeug zu einem erfolgreichen Verkäufer haben, und wissen Sie was? Er war hervorragend. Er lernte alles, was er wissen mußte, und als er einmal in Gang war, war er nicht mehr aufzuhalten. Fragen Sie die Kandidaten also nach ihren Erlebnissen, und finden Sie heraus, wie elastisch sie sind.

Und schließlich sollte der Kandidat mehr Verlangen haben als der Durchschnitt. Er muß den Job wollen. Er muß begeistert sein von der Aussicht auf den Job und ein intensives Verlangen haben, seine Sache gut zu machen. Verlangen ist eine der größten Qualitäten herausragender Leute. Also achten Sie darauf.

Ein sehr erfolgreicher Management-Berater namens John Swan hat die sogenannte Swan-Formel für die Einstellung von Mitarbeitern entwickelt, die ich Ihnen erläutern möchte. S steht für smart. Suchen Sie nach Leuten, die smart sind. Ob jemand smart ist, erkennen Sie daran, daß er intelligente Fragen stellt. Er stellt Fragen über Sie, die Firma, den Job und die Mitarbeiter, was vor sich geht, was bisher gelaufen ist und wie die Zukunft aussehen könnte. Je mehr Fragen er stellt, desto wahrscheinlicher ist es, daß er intelligent ist. Und 76 Prozent der Produktivität jeder qualifizierten Person entscheiden sich an ihrer Intelligenz.

W steht für „works hard". Woher wissen Sie, ob jemand hart arbeitet? Finden Sie heraus, ob er bisher abends und am Wochenende gearbeitet hat. Fragen Sie ihn, ob er bereit ist, in diesem Job abends und am Wochenende zu arbeiten, falls nötig. Ein Verkäufer sollte bereit sein, soviel zu arbeiten, wie nötig ist, um erfolgreich zu sein. Wer die Abende und Wochenenden frei haben will, kann nicht erfolgreich sein.

A steht für ambitious (ehrgeizig). Die besten Verkäufer sind äußerst ehrgeizig; sie wollen vorankommen und betrachten Ihren Verkäuferjob als Sprungbrett für den Aufstieg. Sie wollen Ihren Job. Sie wollen befördert werden und mehr Geld verdienen. Sie fragen danach, was sie tun müssen, um aufzusteigen. Ehrgeizige Leute, die Ihren Job als Vehikel betrachten, um vorwärtszukommen, werden ihre Sache viel besser machen als Leute, die nur ein gutes Unterkommen suchen.

N steht für nett. Nett ist ein Wort, das auf die Spitzenverkäufer in sämtlichen Branchen zutrifft. Sie sind fröhlich, sie haben eine positive innere Einstellung, sie sind angenehme Menschen.

Das bringt uns zu einem weiteren Merkmal, auf das sie bei der Auswahl von Mitarbeitern achten müssen, dem Image. Achten Sie auf Image und Erscheinung. Damit meine ich Kleidung, Körperpflege, die Frisur, das Lächeln, die Stimme, die Persönlichkeit. Was für einen Gesamteindruck macht die Person? Denken Sie daran, daß der erste Eindruck, den eine Person hinterläßt, zu 95 Prozent von der Kleidung abhängt, weil die Kleidung 95 Prozent des Körpers bedeckt. Wenn das allgemeine Image einer Person Sie nicht anspricht und Sie nicht bereit sind, sie darin zu korrigieren, dann ist das auf keinen Fall der richtige Kandidat für Sie. Stellen Sie sich folgende Frage: Wäre ich stolz, diese Person einem meiner besten Kunden als Vertreter meiner Firma vorzustellen? Und wenn die Antwort nein lautet, dann ist das ein Hinweis darauf, daß das vermutlich nicht Ihr bester Kandidat ist.

Im Vorstellungsgespräch geht es darum, konkrete Fragen zu stellen und konkrete Antworten zu bekommen. Hier sind die sieben grundlegenden Interview-Techniken:

1. *Sorgen Sie am Anfang dafür, daß der Kandidat sich entspannt.* Wenn ich Leute interviewe, sage ich: „Schauen Sie, wir treffen uns heute ohne große Formalitäten, und ich erzähle Ihnen ein bißchen von dem Job, und Sie erzählen mir ein bißchen von sich. Es geht nur darum, herauszufinden, ob Sie sich in diesem Job wohl fühlen würden und ob wir meinen, daß das das richtige für Sie ist, also entspannen Sie sich einfach." Setzen Sie sich lieber neben ihn als gegenüber an einen großen Schreibtisch. Setzen Sie sich zu ihm aufs Sofa, und seien Sie selbst auch entspannt, damit der andere offen und ehrlich zu Ihnen sein kann.

2. *Der nächste Schritt besteht darin zu erklären, was der Job beinhaltet.* Erklären Sie, was dazu gehört, welche Resultate erwartet werden, wie man bezahlt wird, und dann fragen Sie: „Was halten Sie davon?" Warten Sie ab, denn Sie wollen Fragen hören, Sie wollen intelligente Fragen hören. Die Person sollte sagen: „Wie ist es hiermit? Wie ist es damit?" Wenn sie keine Fragen stellt, ist das kein gutes Zeichen. Es ist wie beim Verkaufen: Wenn der Kunde keine Fragen über das angebotene Produkt stellt, bedeutet das wahrscheinlich, daß er entweder nicht interessiert oder nicht qualifiziert ist.

3. *Fordern Sie zu Fragen auf.* Auch wenn der Kandidat etwas schüchtern ist, lassen Sie sich durch Pausen nicht aus der Ruhe bringen. Sitzen Sie still da, und warten Sie. „Haben Sie Fragen?" Dann warten Sie schweigend. Der Kandidat selbst soll die Pause füllen.

4. *Fragen Sie: „Warum wollen Sie diesen Job?"* Eine sehr gute Frage, und dann können Sie weiterfragen: „Warum, glauben Sie, für diesen Job qualifiziert zu sein?" Lassen Sie sich von dem Kandidaten verkaufen. Wenn er sich selbst Ihnen nicht verkaufen kann, dann wird er auch Ihr Produkt oder Ihren Service nicht verkaufen können. Also fragen Sie: „Warum wollen Sie den Job, warum halten Sie sich für qualifiziert? Warum glauben Sie, diesen Job gut machen zu können? Verkaufen Sie's mir, überzeugen Sie mich, daß das eine gute Wahl ist."

5. *Fragen Sie nach bisherigen Leistungen.* „Wie sind Sie im früheren Job zurechtgekommen? Was haben Sie gemacht? Wie sind Sie geschult

worden? An wen haben Sie verkauft? Was für Probleme hatten Sie? Was war Ihr größter Erfolg? Was war Ihre größte Niederlage? Erzählen Sie mir mehr.“ 54 Prozent der Bewerber machen in ihren Unterlagen irreführende Angaben über ihre frühere Verantwortung, ihre früheren Leistungen, ihre frühere Bezahlung, also fragen Sie nach.

6. *Fragen Sie nach den Lektionen, die der Kandidat gelernt hat.* Das ist eine sehr gute Frage, die seine Ehrlichkeit, seine Elastizität, seinen Realismus und seine Flexibilität ans Licht bringt. Denn intelligente Leute sehen jeden Rückschlag als Gelegenheit, wertvolle Lektionen zu lernen, die ihnen helfen, in Zukunft erfolgreicher zu sein.

7. *Lassen Sie den Kandidaten reden, und machen Sie sich Notizen.* Manchmal können Sie sich die Notizen während des Gesprächs machen, ansonsten tun Sie es sofort danach.

Das bringt uns zu einem der letzten Punkte, den Empfehlungen. Wenn Sie Empfehlungen überprüfen, gibt es einiges zu beachten:

Fragen Sie denjenigen, mit dem Sie reden, nach den Stärken des Kandidaten. Nun geben manche Firmen keine Auskunft, wenn man sie anruft. In diesem Fall finden Sie heraus, wer sonst in der Firma mit Ihrem Kandidaten gearbeitet hat, und versuchen Sie, auf diese Weise etwas zu erfahren.

Nachdem man Ihnen die Stärken genannt hat, fragen Sie weiter: „Hat diese Person irgendwelche Schwächen in der Verkaufstätigkeit, für die wir sie einstellen wollen? Hat der Kandidat Schwächen? Würden Sie ihn wieder einstellen, wenn er zur Verfügung stände?“ Ist die Antwort ja, dann ist das meist ein sehr gutes Zeichen. Ist sie nein, seien Sie vorsichtig. Fragen Sie, ob es noch etwas gibt, das Sie wissen sollten. Das ist eine sehr wichtige Frage, wenn Sie sie am Schluß stellen. Oft ist das die Schlüsselfrage.

Befragen Sie die Leute nach dem 3-D-Prinzip. 3-D bedeutet, Sie fragen die Person, deren Name Ihnen genannt wurde, nach jemand anderem, der den Kandidaten kennt oder mit ihm gearbeitet hat, und dann fragen Sie diesen anderen nach einer weiteren Person. Auf diese Weise landen Sie bald bei einem Mitarbeiter oder jemandem aus einer anderen Abteilung, der noch nicht auf Ihren Anruf eingeschworen wurde.

Für die endgültige Entscheidung ist die Selbstauswahl sehr wichtig. Wenn jemand sagt, daß er diesen Job will und dafür einen guten Grund nennen kann, ist dies eines der wichtigsten Kriterien für eine exzellente Personalentscheidung. Er will den Job.

Wenn Sie nicht entscheiden können, werfen Sie eine Münze. Sigmund Freud fand heraus, daß er, wenn er die Münze in die Luft warf, aus dem Bauch heraus genau wußte, was er wollte.

Sie können sich auch fragen: Würde ich mich dabei wohl fühlen, für die nächsten 20 Jahre mit dieser Person zusammenzuarbeiten? Würde es mir gefallen, die nächsten 20 Jahre jeden Tag ins Büro zu kommen, um mit dieser Person zu arbeiten? Wenn nein, ist sie vielleicht nicht die richtige Wahl.

Eine weitere Technik ist das, was ich die Familientafel-Methode nenne. Würden Sie diese Person gerne am Sonntagabend zum Essen in Ihrem Familienkreis einladen? Würden Sie Ihre Kinder unter dieser Person arbeiten lassen? Diese Frage verschafft Ihnen oft ein Gefühl oder eine Perspektive.

Das bringt uns zum letzten Punkt: Vertrauen Sie Ihrer Intuition. Vertrauen Sie Ihrem Gefühl. Letzten Endes sollten Sie nie jemanden einstellen, wenn Sie nicht das Gefühl haben, daß es genau die richtige Entscheidung ist, und dazu müssen Sie sich Zeit nehmen. Übereilen Sie nichts, stellen Sie niemanden voreilig ein. Vergessen Sie nicht: Wer hastig einstellt, bereut es in Ruhe. Und Ihre Fähigkeit, gute Personalentscheidungen zu treffen, von Anfang an gute Mitarbeiter zu rekrutieren, ist einer der wichtigsten Bestandteile Ihrer Karriere. Sie ist ein Schlüssel zu Ihrem Erfolg, und ohne sie wird alles andere scheitern.

ÜBUNGEN

Das Gesetz der Drei

1. Gehen Sie die zehn Qualitäten durch, auf die Sie bei einem Verkäuferkandidaten achten sollten. Welche fünf sind Ihnen am wichtigsten?

   1) ______________________________

   2) ______________________________

   3) ______________________________

   4) ______________________________

   5) ______________________________

2. Beschreiben Sie den Verkaufsjob, für den Sie Verkäufer einstellen. Zeichnen Sie ein realistisches Bild der täglich erwarteten Aktivitäten. Malen Sie nicht rosarot – eine langfristige Beziehung läßt sich nicht auf falsche Wahrnehmungen gründen.

   ____

   ____

   ____

3. Wie werden Sie Ihr Interview strukturieren, um den Kandidaten möglichst stark zu beteiligen? Seien Sie konkret; denken Sie daran, der Kandidat soll am meisten reden.

   ____

   ____

   ____

4. Welche konkreten Fragen werden Sie stellen, um herauszufinden, ob er die Fähigkeiten und Eigenschaften Ihres idealen Kandidaten hat?

   ____

   ____

   ____

7 Zielvereinbarungsgespräche

Überblick

Viele Fähigkeiten sind nötig, um als Verkaufsmanager erfolgreich zu sein. Es gibt viele entscheidende Aktivitäten, an denen man sich beteiligen muß. Die meisten dieser Fähigkeiten und Aktivitäten hängen von einer Sache ab: Kommunikation.

Die Qualität der Beziehungen zwischen Verkäufern und Verkaufsmanagern kann durch die Qualität der Kommunikation entgleisen oder beschleunigt und gefestigt werden. Die Lektionen in diesem Kapitel werden sich nicht nur auf die Beziehungen im Verkaufsteam auswirken, sondern können auch zum Grundstein für eine effektive Interaktion zwischen Kunden und Management werden.

Ziele

Bis zum Ende dieses Kapitels werden Sie folgendes lernen:

- Schlüssel zur effektiven Kommunikation.
- Die Wichtigkeit der Vorbereitung.
- Das Timing ist entscheidend.
- Klarheit kann den Ton bestimmen.
- Wie man besser zuhört.
- Über den Tonfall.

Ihre Fähigkeit, wirksam zu kommunizieren, ist eines Ihrer wichtigsten Werkzeuge. Sie kommen nur insoweit voran, als Sie andere Leute beeinflussen, überzeugen, ihnen Ihre Ideen verkaufen, sie dazu bringen können, mit Ihnen an einem Strang zu ziehen. Dazu brauchen Sie vor allen Dingen die Fähigkeit, wirksam zu kommunizieren. Sie kommunizieren beispielsweise unter vier Augen, in Gruppen, bei Präsentationen und Konferenzen und schriftlich.

Ihr Erfolg, Ihre Beförderungen, Ihre Bezahlung, Ihre Karriere, Ihr Ansehen, Ihr Status und alles, was Sie im Berufsleben erreichen, wird zu 85 Prozent von Ihrer Kommunikation bestimmt. Und die Kehrseite ist, daß 85 Prozent Ihrer Probleme durch schlechte Kommunikation verursacht werden. Fast alle Schwierigkeiten, die Sie mit Menschen in Ihrer Umgebung haben, beruhen, wenn Sie so wollen, auf fehlerhafter Kommunikation. Dasselbe gilt in Ihrem privaten Umfeld. Zum Glück ist Kommunikation erlernbar. Viele Menschen meinen, daß man damit geboren wird, aber das stimmt nicht. Es ist wie Maschineschreiben oder Fahrradfahren. Sie können ein hervorragender Kommunikator werden, indem Sie lernen, was hervorragende Kommunikatoren tun, und es immer wieder einüben, bis Sie es automatisch beherrschen.

Sprechen ist nicht gleich Kommunizieren. Kommunikation ist ein zweiseitiger Prozeß, ein Geben und Nehmen. Wichtig dabei ist, daß ein großer Teil der Kommunikation in der Stille und den Pausen zwischen Ihren Aussagen stattfindet. Darum ist Schweigen ein entscheidendes Kommunikationswerkzeug.

Versuchen Sie zuerst zu verstehen, erst dann, verstanden zu werden. Steven Covey schreibt darüber in seinem Buch *The Seven Habits of Highly Effective People*. Er sagt, wenn Sie Ihr Ego zur Seite schieben und erst einmal das Anliegen des anderen zu verstehen versuchen, gewinnen Sie nicht nur ein klareres Bild von der Sache, sondern bauen auch bei dem anderen eine Bereitschaft auf, Ihnen ebenfalls zuzuhören und Ihr Anliegen zu verstehen. Es fängt bei Ihnen an.

Was sind nun die Schlüssel zu erfolgreicher Kommunikation? Zunächst einmal Vorbereitung. Vorbereitung ist das Kennzeichen eines Profis. Ein schlechter Manager versucht zu improvisieren. Unreife Leute versuchen anderen weiszumachen, sie hätten sich bei dem, was sie tun, etwas gedacht. Vorbereitung ist der Schlüssel. Je wichtiger die Kommunikation ist, desto wichtiger ist es, daß Sie nachdenken, bevor Sie sprechen. Viele Ihrer Probleme kommen daher, daß Ihr Mund schneller ist als Ihr

Verstand. Wir reden, bevor wir Zeit hatten, darüber nachzudenken. Darum werden Sie feststellen, daß die erfolgreichsten und einflußreichsten Männer und Frauen ausnahmslos bedachtsame Leute sind. Sie denken nach. Sie nehmen sich Zeit zum Nachdenken, und dann sprechen sie behutsam statt übereilt.

Eine Möglichkeit ist, zunächst auf dem „Papier" zu denken. Gehen Sie nach der Juristenmethode vor. Juristen werden geschult, zuerst einmal den Fall aus der Sicht des gegnerischen Anwalts zu präsentieren, bevor sie ihre eigenen Argumente ausarbeiten. Bevor Sie also etwas Wichtiges mit einer anderen Person verhandeln oder diskutieren, schreiben Sie alles auf, wovon Sie meinen, es könnte der anderen Person wichtig sein, und gründen Sie darauf Ihre Argumentation. Nehmen Sie sich Zeit. Hast verleitet oft zu voreiligen Schlüssen, die sich dann als falsch erweisen. Je wichtiger etwas ist, desto wichtiger ist es, daß Sie sich Zeit zum Nachdenken nehmen.

Das bringt uns zum nächsten Teil, dem Timing. Timing ist einer der wichtigsten Teile der Kommunikation. Manchmal verliert eine Botschaft ihre Wirkung, weil sie zu früh oder zu spät kommuniziert wird. Doch wenn Sie genau zum richtigen Zeitpunkt eine Frage stellen oder eine Aussage machen, dann trifft sie genau ins Schwarze. Planen Sie das Timing sorgfältig. Denken Sie über den besten Zeitpunkt nach, ein Thema anzusprechen. Den besten Zeitpunkt, die beste Tageszeit, den besten Wochentag, das beste Datum, um auf eine Person zuzugehen.

Empfangsbereitschaft ist entscheidend. Wenn jemand für Ihre Botschaft nicht empfänglich ist, dann wird er sie ablehnen, selbst wenn er zu einem andern Zeitpunkt vielleicht anders reagieren würde. Deshalb fragen Sie, ob Sie jemanden anrufen oder persönlich mit ihm sprechen können. Dadurch geben Sie dem anderen Gelegenheit zu sagen, wann ein günstiger Zeitpunkt ist.

In der Kommunikation gibt es auch immer ein „Rauschen", auf das Sie achten müssen. Am offensichtlichsten ist es in Form von Geräuschen im Hintergrund, die ablenken. Auch Lichter, Bilder, Visionen oder andere Menschen lenken ab. Wenn Sie also mit jemandem reden, müssen Sie auf diese Ablenkungen achten. Denken Sie an alles, was die Blicke des anderen abschweifen lassen könnte. Wenn ich Vorträge halte, tue ich es immer vor einem schlichten, leeren Hintergrund. Lassen Sie sich auch nie auf einen Wettstreit mit Mutter Natur ein. Versuchen Sie also nie, im Freien zu sprechen, wo Vögel, Bäume, Wolken und Sonne sind. Achten Sie immer darauf, wo der andere ist, und sitzen Sie ihm vor einem leeren Hintergrund gegenüber.

Auch Telefone, Nachrichten, Unterbrechungen wirken störend auf die Kommunikation. Wenn Sie mit jemandem kommunizieren wollen, ist es sehr wichtig, alles stillzulegen. Nehmen Sie keine Anrufe entgegen, schließen Sie die Tür, verbitten Sie sich jede Unterbrechung. Zehn völlig konzentrierte, ununterbrochene Minuten sind soviel wert wie 30 bis 40 Minuten, in denen Sie ständig unterbrochen oder gestört werden.

Noch ein wichtiger Punkt: Wenn Sie mit einem Ihrer Verkäufer kommunizieren wollen, aber dabei ständig Anrufe annehmen und auf Unterbrechungen eingehen, dann sagen Sie damit dem Verkäufer: „Sie sind keine sehr wichtige Person. Sie sind mir nicht wichtig genug. Und was Sie zu sagen haben, ist mir nicht wichtig genug, um mir Mühe zu geben, mit Ihnen ungestört zu kommunizieren." Solche Botschaften sollten Sie vermeiden.

Die weitere Art von Rauschen auf Ihrer Seite oder auf seiten des anderen kann Streß sein. Jemand hat vielleicht Geldprobleme, ist erschöpft, hat nicht gut geschlafen, ist krank, fühlt sich nicht wohl, macht sich um irgendetwas Sorgen, vielleicht steht er unter Druck, weil er in kurzer Zeit eine Aufgabe zu erfüllen hat. Dann wird er nicht offen oder empfänglich für Ihre Botschaft sein.

Auch Klarheit ist einer der wesentlichen Schlüssel für erfolgreiche Kommunikation. Klarheit ist mein Lieblingswort im Management. Klarheit in bezug auf das Ziel, in bezug auf die Pläne, in bezug auf alles. Sagen Sie, was Sie meinen. Reden Sie geradeheraus. Eines der größten Probleme ist, wenn Leute um den heißen Brei herumreden. In Untersuchungen fragen wir immer wieder: „Wenn Sie ein Problem mit Körpergeruch oder Mundgeruch hätten, wie würden Sie wollen, daß die Leute damit umgehen?" Und wissen Sie, wie die Antwort lautet: „Wir wollen, daß uns klar gesagt wird, was das Problem ist." Fragen wir dann dieselben Leute: „Wie würden Sie mit jemandem umgehen, der Mundgeruch oder Körpergeruch hat?" dann denken sie sich die raffiniertesten Methoden aus, um das durch die Blume zu sagen. Ihr Job ist es, zu sagen, was Sie meinen, und zwar geradeheraus. Sagen Sie es klar, eindeutig und mit so wenig Worten wie möglich.

Sagen Sie, was Sie wollen. Wenn Sie etwas wollen, bitten Sie darum. Reden Sie nicht lange um den heißen Brei, sagen Sie es einfach höflich und bescheiden, aber bitten Sie klar darum, damit der andere genau weiß, was Sie wollen.

Und sagen Sie, was Sie fühlen. Das heißt, akzeptieren Sie die Verantwortung für die Kommunikation, indem Sie sogenannte „Ich-Botschaften“ benutzen. Sagen Sie: „Ich habe das Gefühl“, „Ich bin verärgert“, „Ich mache mir Sorgen.“ Gute Kommunikatoren sagen: „Mir gefällt nicht, wie die Sache hier läuft“, „Ich bin unzufrieden mit unseren Ergebnissen“, „Ich mache mir Sorgen um diese Entwicklung“. Übernehmen Sie in der Kommunikation immer die Verantwortung für Ihre Gefühle, anstatt sie dem anderen in die Schuhe zu schieben.

Denken Sie auch daran: Weniger ist mehr. Je weniger Worte Sie brauchen, desto leichter wird es für den anderen, Sie zu verstehen.

Das bringt uns zu der nächsten Komponente der Kommunikation, dem Zuhören. Alle guten Kommunikatoren sind gute Zuhörer. Ein Manager verbringt durchschnittlich mindestens 40 Prozent seiner Zeit damit, anderen aufmerksam zuzuhören. Hier sind einige Regeln für effektives Zuhören.

1. *Reden ist nicht gleich Verkaufen.* Manchmal denken wir, wir kommunizieren, wenn wir den Menschen sagen, was sie tun sollen oder was wir wollen. Aber Reden ist nur ein Teil des Äußerungsprozesses. Wenn Sie also etwas sagen, warten Sie das Feedback des anderen ab, und hören Sie aufmerksam zu. Durch Zuhören hat sich noch niemand einen Verkauf verdorben. Es ist sehr schwer, aufmerksam zuzuhören und dann mißverstanden zu werden. Eine der Regeln ist, sich vorzubeugen, wenn Sie zuhören. Legen Sie Ihr Gewicht auf die Ballen Ihrer Füße. Sehen Sie dem anderen ins Gesicht, und konzentrieren Sie sich völlig auf ihn. Damit bringen Sie ihn dazu, sich gleichzeitig auf Sie zu konzentrieren.

2. *Machen Sie eine Pause, bevor Sie antworten.* Etwa drei bis fünf Sekunden lang. Das ist sehr wirkungsvoll; gute Zuhörer sind gut im Pausenmachen. Die Pause sagt dem anderen: „Ich denke sehr gründlich über das nach, was Sie sagen, und reagiere nicht sofort darauf.“ Außerdem haben gute Zuhörer die Chance, die Botschaft einsinken zu lassen. Sie gehen nicht das Risiko ein, den anderen mit einer voreiligen Entgegnung zu unterbrechen. Pausen sind also sehr taktvoll und ein wirkungsvoller Teil des Zuhörens.

3. *Stellen Sie Klärungsfragen.* Wenn Sie nicht ganz sicher sind, gehen Sie nicht davon aus, richtig verstanden zu haben, sondern fragen Sie nach. Eine meiner Lieblingsfragen ist: „Wie meinen Sie das?" „Wie meinen Sie das genau?" Oder wenn jemand hereinkommt, Ihnen etwas erzählt, dann sagen Sie: „Erzählen Sie mir mehr." Oder Sie fangen mit dem schönen Wort „offensichtlich" an. „Offensichtlich haben Sie einen guten Grund, das zu sagen. Darf ich fragen, welcher das ist?" Bedenken Sie, wer Fragen stellt, hat die Kontrolle. Wer Fragen stellt, beherrscht das Gespräch. Derjenige, der redet, überläßt die Kontrolle dem, der zuhört.

4. *Geben Sie Feedback.* Hervorragende Verkäufer geben Feedback. Geben Sie das Gesagte mit eigenen Worten wieder. Sagen Sie etwa: „Nur um sicherzugehen, daß ich Sie richtig verstanden habe ..." Und dann fassen Sie mit eigenen Worten zusammen. Das ist eine der wirksamsten Möglichkeiten, Ihrem Gesprächspartner zu zeigen, daß Sie wirklich aufmerksam zuhören.

Das bringt uns zu einem der wichtigsten Dinge, die ich je über Kommunikation gelernt habe – dem Konzept des mentalen Verdauens. Es beruht darauf, daß Menschen für eine Entscheidung Zeit brauchen. Wenn Sie jemandem neue Informationen, neue Ideen, neue Bedingungen, neue Preise, neue Ziele, neue Schulungen und so weiter präsentieren, dann wird er es anfangs schwer haben, das zu akzeptieren. Also lassen Sie ihm genügend Zeit für das mentale Verdauen. Erstens braucht man Zeit, um neue Informationen zu absorbieren. Erwarten Sie also nicht, daß jemand eine neue Information oder eine Veränderung gleich beim ersten Mal schluckt. Zweitens ist die natürliche Reaktion auf jede neue Information die Tendenz, „nein" zu sagen. Man trifft auf Widerstand. Damit müssen Sie rechnen. Daher die Regel: Lassen Sie 72 Stunden Zeit, bis die Information sich gesetzt hat. Einer der besten Manager, für die ich je gearbeitet habe, machte neue Vorschläge immer am Donnerstag oder Freitag und sagte dann: „Lassen Sie sich das ein paar Tage durch den Kopf gehen, und nächste Woche reden wir darüber." Zuerst sagte ich, nein, das will ich nicht, aber nachdem ich zwei oder drei Tage darüber nachgedacht hatte, fing ich an, die Möglichkeiten zu sehen, und wenn ich dann wieder mit ihm sprach, war die Idee schon fast meine geworden. Und eines sollten Sie noch bedenken: Äußern Sie Ihre Ideen behutsam. Äußern Sie sie nicht so, als wären Sie Moses, der gerade vom Sinai herabkommt. Sagen Sie etwa: „Nun, mir scheint ...", „Ich habe mir gedacht ..." oder „Was meinen Sie, was wir in diesem

Bereich tun sollten". Ben Franklin, Amerikas erster Selfmade-Millionär, sagte, vor allem die Gewohnheit, seine Ideen auf behutsame Art vorzutragen, habe ihn zu einem der einflußreichsten Diplomaten der amerikanischen Geschichte gemacht. Er sagte: „Wissen Sie, mir scheint ...", anstatt zu sagen: „Das will ich" und „Das ist meine Überzeugung."

Das bringt uns zu einem weiteren wichtigen Punkt, dem Tonfall. Nicht Ihre Worte, sondern Ihr Tonfall zählt. Schlagen Sie also im persönlichen Gespräch wie auch am Telefon einen bescheidenen, höflichen, freundlichen Tonfall an. Sie können fast alles sagen, wenn Sie dabei freundlich sind. Bedenken Sie, daß Verkäufer einen der schwierigsten Jobs der Welt haben. Wenn sie mit Ihnen reden und sich bei Ihnen aussprechen wollen, seien Sie offen. Hören Sie zu, seien Sie geduldig. Wenn ein Verkäufer sich mit einem Problem herumschlägt, muß er sich zunächst einmal darüber aussprechen, bevor er offen für neue Anregungen von Ihnen ist. Hören Sie ihm also freundlich zu, und behandeln Sie ihn so wie besondere Kunden. Wie millionenschwere Kunden, als wären sie die wichtigsten Menschen in Ihrer Firma. Denn das sind sie.

Sokrates hat gesagt, daß wir etwas nur in dem Maße verstanden haben, in dem wir darüber Dialoge führen können. Die Sache mag für Sie ganz klar sein, aber damit auch andere Sie verstehen, müssen Sie darüber reden. Sie müssen darüber diskutieren. Manchmal müssen Sie Fragen stellen und debattieren und so weiter. Diskussion ist eine verbindliche Zweierbeziehung. Leute lassen sich nur überzeugen und gehen auf eine Idee nur ein, wenn sie die Chance hatten, sie gründlich durchzusprechen.

Alle Untersuchungen führen zu demselben, einfachen Schluß: Die Qualität Ihres Lebens hängt von Ihrer Kommunikation ab. Ihre Fähigkeit, wirksam mit anderen zu kommunizieren, andere auf Ihre Seite zu bringen, weil Sie auch offen sind für die Ideen anderer, ist absolut wesentlich dafür, daß Sie all Ihre anderen Fähigkeiten einsetzen können.

ÜBUNGEN

1. Welche Fehler bei der Kommunikation haben Sie bisher gemacht?

   a) Fehler beim Zuhören?

   ____

   ____

   b) Fehler beim Reden?

   ____

   ____

   c) Andere Fehler?

   ____

   ____

2. Wenn Sie den Feind erst einmal erkannt haben, können Sie einen Plan fassen, um ihn zu vernichten.

   a) Was hält Sie davon ab, ein effektiver Zuhörer zu sein?

   ____

   ____

   b) Was werden Sie tun, um darin effektiver zu werden?

   ____

   ____

3. a) Wie können Sie im Umgang mit Ihren Verkäufern das „Rauschen" reduzieren? Denken Sie an visuelle und akustische Dinge.

   ____

   ____

   b) Wie können Sie im Umgang mit Ihren Kunden das „Rauschen" reduzieren?

   ____

   ____

8 Verkäufer-Motivation

Überblick

Einer der schwierigsten Jobs auf der Welt ist es heute, Verkäufer zu motivieren, sie zu ständiger Verbesserung und Exzellenz herauszufordern.

Der Schlüssel zur Motivation ist die individuelle Selbstachtung. Der Job des Verkaufsmanagers ist es, Mitarbeitern das Gefühl zu geben, Gewinner zu sein, das Gefühl, daß ihr Beitrag wichtig ist und geschätzt wird.

Ziele

Bis zum Ende dieses Kapitels werden Sie folgendes lernen:

- Wie das interaktive Modell der Effektivität funktioniert.
- Die größten Probleme, vor denen Verkäufer stehen.
- Die Schlüssel zur Motivation.
- Interaktionstechniken, die die Selbstachtung aufbauen.
- Voraussetzungen für maximale Motivation.

Einer der schwierigsten Jobs der Welt ist es, Verkäufer zu motivieren. Die meisten Mitarbeiter arbeiten heute im Durchschnitt nur mit 50 Prozent oder weniger ihrer Kapazität, und diese anderen 50 Prozent wollen wir aus ihnen herausholen.

Noch einmal, was ist der Job des Verkaufsmanagers? Nun, es sind drei Jobs. Erstens, den Umsatz zu steigern – nicht konstant zu halten, sondern zu steigern. Um das zu tun, müssen Sie eine effektive Verkaufsmannschaft aufbauen. Davon hängt Ihr Erfolg unmittelbar ab. Und eine effektive Mannschaft erhalten Sie, in dem Sie die individuelle Effektivität steigern. Ihr Ziel ist ja Leadership, die Fähigkeit, gewöhnlichen Menschen außergewöhnliche Leistungen zu entlocken. Sie sollen ihnen helfen, alles zu übertreffen, was sie bisher geleistet haben. Darum ist die Fähigkeit, andere zu motivieren, der Schlüssel. Sie ist ein entscheidender Ergebnisbereich, eine lebenswichtige Funktion für den Erfolg. Sie verschafft Ihnen die „Winning Edge".

Interaktionsmodell für Effektivität

Sehen wir uns zunächst das sogenannte Interaktionsmodell für Effektivität an. Ich habe es selbst entworfen, und es bildet den Kern dieses Buches.

Stellen Sie sich vor, das hier sind Sie, und das dort drüben ist Ihr Verkäufer. Nennen wir diese Person einfach „den anderen". Zwischen Ihnen beiden besteht ein sogenannter Nexus, eine Verbindung. In diesem Nexus begegnen und begrüßen Sie sich, darin reden und diskutieren Sie, darin geben Sie Aufgaben und bekommen Feedback, darin besprechen Sie die Leistungen des anderen, darin coachen Sie ihn und so weiter. Aber dieser Nexus zwischen Ihnen und der anderen Person ist der entscheidende Kontaktpunkt. Denn wenn der positiv ist, wird die Leistung des anderen unter gleichbleibenden Voraussetzungen hoch sein. Ist er jedoch negativ, wird die Leistung niedrig sein. Und wenn Sie an Ihre derzeitigen Verkäufer denken, werden Sie erkennen, daß Ihre allerbesten Verkäufer diejenigen sind, mit denen Sie die positivste Interaktion haben. Auch wenn Sie an Ihr eigenes Arbeitsleben zurückdenken, werden Sie feststellen, daß Ihre Leistungen immer dann am besten waren, wenn Sie am besten mit Ihrem Chef auskamen.

Also, was sagt uns dieses Modell? Es führt uns zu fünf Schlußfolgerungen:

1. *Nichts beeinflußt die Leistung so stark wie der Verkaufsmanager.* Alles andere kann helfen, aber die ständige Interaktion mit Ihnen ist das absolut Entscheidende.

2. *Die Rolle des Verkaufsmanagers im Hinblick auf Motivation besteht darin, andere anzufeuern.* Ihr Job ist es, die anderen ständig zu ermutigen, ihr Selbstbewußtsein zu stärken und nach Möglichkeiten und Ideen Ausschau zu halten. Und die besten Verkaufsmanager sind diejenigen, die Energie und positives Denken auf ihre Umgebung ausstrahlen.

3. *Als Leader müssen Sie ein Meister der Selbstbeherrschung sein.* Sie können Ihre Zweifel und Ängste nicht mehr ausdrücken, Ihre Wut über Dinge, die sich im Unternehmen abspielen, nicht mehr offen zeigen. Von diesem Augenblick an müssen Sie positiv sein. Sie müssen ständig ermutigen. Und wenn Ihnen zum Haare raufen ist, gehen Sie weg, und tun Sie es im stillen Kämmerlein, denn von nun an wirkt sich alles, was Sie tun, auf Ihre Mitarbeiter aus.

4. *Alles, was Ihre Mitarbeiter nicht aufbaut, zieht sie herunter.* Selbst ein Blick, ein scharfes Wort, Ungeduld, ein bißchen Hektik oder ein Mangel an Aufmerksamkeit gegenüber einem anderen. Alles zählt, indem es diese Interaktion beeinflußt, die wiederum die Leistung des Verkäufers beeinflußt, die sich wiederum auf Ihr ganzes Leben auswirkt. Denken Sie daran, Ihre Verkäufer sind keine Randerscheinung in Ihrem Leben, sondern sein Kern. Sie sind Ihre Kunden.

Eine wichtige Tatsache ist, daß der Job des Verkäufers schwierig ist. Sie sind vermutlich selbst Verkäufer gewesen und wissen das. Ein Verkäufer muß sich da draußen ständig allein drei großen Problemen stellen. Er stößt jeden Tag auf Mißerfolge und Ablehnung. Sie sitzen im Büro, und der Verkäufer ist fast so etwas wie ein Frontsoldat, auf den Tag für Tag geschossen wird. Wie hart ein Verkäufer auch arbeitet, es kommt immer zu Enttäuschungen. Tausend verschiedene Gründe können einen Abschluß verhindern, selbst wenn er alles richtig gemacht hat. Er kann den Abschluß schon zu 99 Prozent in der Tasche haben, und dann kommt eine Fusion, eine Anschaffung, ein Personalwechsel, und der Kauf wird auf unbestimmte Zeit verschoben – eine Riesenenttäuschung.

Verkäufer gehen durch emotionale Höhen und Tiefen, mehr als Menschen in anderen Berufen. Verkäufer sind sehr launisch, und die besten Verkäufer sind sehr emotional. Darum gehört es zu Ihren wichtigsten Aufgaben, mit der emotionalen Seite des Verkäufers fertigzuwerden und alles zu tun, damit die Höhen höher und dauerhafter und die Tiefen flacher und kürzer werden.

Das bringt uns zum Schlüssel der Motivation. Der Kern der Persönlichkeit ist die Selbstachtung. Sie ist wie ein Kernreaktor, eine Energiequelle. Sie bestimmt erstens, wie sehr jemand sich selbst mag. Selbstachtung ist ein Maß für seine Persönlichkeit. Und für Ihren Erfolg ist es wesentlich, daß Sie den Leuten helfen, sich selbst zu mögen – wie, darüber gleich noch mehr.

Wichtig für die Selbstachtung ist auch die Stärkung des Selbstbildes. Menschen werden stark von wichtigen Personen in ihrer Welt beeinflußt. Als Kinder stehen wir unter dem Einfluß unserer Eltern. Kinder entwickeln ihre Selbstachtung und ihr Selbstbild danach, wie sie meinen, daß ihre Eltern über sie denken. Und wenn wir erwachsen werden, überträgt sich das von unseren Eltern auf unsere Vorgesetzten, und unser Selbstbild wird weitgehend davon bestimmt, wie wir meinen, daß unser Chef über uns denkt. Darum sagen wir: Alles zählt. Jede Interaktion mit Ihrem Verkäufer wird sich auf sein Selbstbild auswirken.

Ihr Job im Blick auf Selbstbild und Selbstachtung ist es, ein Klima zu schaffen, in dem Ihre Mitarbeiter stolz auf sich sind. Sie können niemanden motivieren, aber Sie können ein Umfeld schaffen, in dem die Verkäufer sich großartig fühlen. Die besten Verkaufsmanager schaffen ein Klima, in dem die Verkäufer sich so großartig fühlen, daß die Umsätze steigen. Die Frage ist also: Sind Ihre Mitarbeiter stolz auf sich, wenn sie für Sie arbeiten? Fühlen sie sich unter Ihrer Leitung großartig in ihrem Arbeitsumfeld? Was können Sie tun, um ihr Selbstbewußtsein zu stärken?

Ihr persönlicher Umgang mit dem Verkäufer trägt mehr dazu bei, sein Selbstbild zu stärken und die Qualität der Verbindung zwischen Ihnen aufzubauen als alles andere. Darum müssen Sie jemanden außerordentlich gut behandeln, um ihn zu guten Leistungen zu motivieren und ein erfolgreiches Team aufzubauen. Schließlich ist die Struktur der Arbeit ausschlaggebend. Wenn Sie die Arbeit so strukturieren, daß es in sich motivierend ist, sie zu tun, dann zapfen Sie die sogenannte leistungsbezogene Selbstachtung an. Das bedeutet, daß wir uns nur in dem Maße selbst mögen und schätzen, in dem wir das Gefühl haben, sehr gute Arbeit zu leisten. Leistungsbezogene Selbstachtung ist wichtig.

Aber was ist Leistung? Denken Sie daran, Leistung ist Ihr Job. Sie werden dafür bezahlt, Ihrem Team Leistung zu entlocken. Sie ist Motivation mal Fähigkeit. M x F = Leistung. Nun wissen Sie aus der Mathematik, daß Sie, wenn Sie etwas links vom Gleichheitszeichen erhöhen wollen, auch etwas rechts vom Gleichheitszeichen erhöhen müssen. Sie müssen also entweder die Motivation oder die Fähigkeit erhöhen oder beides.

Lassen Sie mich erklären, wie ich das meine. Im Hinblick auf Motivation sind vier Faktoren ausschlaggebend. Der erste ist Leadership. Alle Untersuchungen zeigen, daß Leadership die unmittelbarste Auswirkung auf die Motivation hat. Wenn ein Leader ausgewechselt wird oder seinen Umgang mit den Leuten ändert, kann das sofort zu einer Veränderung der Motivation führen. Darum wird, wann immer eine Firma oder eine Sportmannschaft in Schwierigkeiten gerät, der Leader ausgewechselt, nicht die Spieler. Das zweite ist die Bedürfnisstruktur des einzelnen. Was braucht der einzelne, um motiviert zu sein? Braucht er viel Coaching und Beratung, braucht er Ermutigung, braucht er ein bestimmtes Umfeld, braucht er Kontakt zu anderen, und so weiter. Das andere ist das Betriebsklima. In was für einem Unternehmen arbeiten Sie? Manche Firmen sind in sich positiv. Wenn Sie ein gutes Betriebsklima haben, in dem die Mitarbeiter sich wohl fühlen, harmonisch zusammenarbeiten, zufrieden sind, dann habe sie motivierte Leute. Und das letzte schließlich ist die Vergütung. Wie ist die Vergütungsstruktur? Erinnern Sie sich, der wichtigste Management-Grundsatz der Welt ist nach Mike LeWolf: Was belohnt wird, wird getan. Wenn Sie also mit Ihren Ergebnissen nicht zufrieden sind, dann müssen Sie die Vergütungsstruktur ändern. Wir werden gleich noch darauf zurückkommen.

Das bringt uns zum zweiten Aspekt der Leistung, dem Können. Können besteht aus Begabung, den allgemeinen Neigungen, mit denen man geboren ist, plus Erfahrung, aus dem, was man bisher gemacht hat, plus Training. Hier ist die Regel: Die Begabung einer Person können Sie nicht beeinflussen, die bisherige Erfahrung können Sie auch nicht ändern, aber beim Training, da können Sie Einfluß ausüben. Und manchmal können Sie Mitarbeiter durch Training motivieren, indem sie sich leistungsfähiger fühlen, sich anzustrengen, angespornt durch Erfolgserlebnisse, und dann werden aus Mitarbeitern, die nie richtig geschult worden sind, plötzlich absolute Spitzenleute. Deshalb bin ich ganz versessen auf Training. Ihr Job ist es, Leadership-Fähigkeiten zu bieten, durch die Mitarbeiter motiviert werden, und Training, indem Sie alles tun, um ein Umfeld zu schaffen, in dem Ihre Mitarbeiter hervorragend arbeiten und stolz darauf sind. Dann bekommen Sie die Leistung, die Sie wollen. Denken Sie daran: Wenn Sie diese Leistung nicht bekommen, liegt es entweder an einem Mangel an Befähigung oder einem Mangel an Motivation.

Eine Interaktionstechnik, mit der Sie die Selbstachtung aufbauen können, ist Akzeptanz. Jeder hat ein tiefes Bedürfnis danach, von anderen akzeptiert zu werden, besonders von den wichtigsten Menschen in seiner Welt. Darum ist Akzeptanz gegenüber anderen wichtig, und zwar nicht nur, indem Sie freundlich, höflich und bescheiden sind, sondern einfach, indem Sie lächeln. Ein Lächeln ist einer der besten Wege, jemandem zu sagen, daß Sie ihn total, bedingungslos und ohne Einschränkung als wertvolle, wichtige Person akzeptieren. Jedesmal, wenn Sie jemanden anlächeln, steigern Sie seine Selbstachtung. Und wenn seine Selbstachtung steigt, steigt auch seine Leistung.

Anerkennung ist ebenfalls eine Möglichkeit, um die Selbstachtung anderer aufzubauen. Wie drückt man Anerkennung aus? Durch das Zauberwort „danke“. Danken Sie dem anderen für alles, was er tut. Danken Sie ihm, auch wenn von ihm erwartet wird, daß er es tut. Danke für den Bericht. Danke, daß er pünktlich zu den Besprechungen erscheint. Danke, daß er neue Informationen beschafft. Danke, daß er tut, was sein Job ist, denn jedesmal, wenn Sie „danke“ sagen, bringen Sie den anderen zum Glühen und stärken sein Selbstbewußtsein.

Lob ist ein sehr starkes Mittel, um Selbstachtung aufzubauen. Eine der Definitionen für Selbstachtung ist das Maß, in dem jemand sich lobenswert fühlt. Wenn Sie also Leute loben, tun Sie es konkret, sofort und ständig. Wann immer Sie jemanden loben, steigt seine Selbstachtung und damit sein Wunsch, dasselbe Verhalten zu wiederholen.

Auch Bewunderung wirkt sich nachhaltig auf die Selbstachtung aus. Bewundert werden immer Eigenschaften oder Besitztümer. Wenn jemand pünktlich ist, sagen Sie: „Mann, sind Sie aber pünktlich." Hat er ein schönes Auto, sagen Sie: „Das ist ein schönes Auto" oder eine schöne Aktentasche oder eine schöne Krawatte. Damit machen Sie den anderen stolz auf das, was er hat, und dafür wird er Sie mögen und mehr für Sie leisten wollen.

Und was Sie keinesfalls außer Acht lassen dürfen, ist Aufmerksamkeit. Das heißt vor allem Zuhören. Sorgfältig zuhören. Dem anderen Zeit widmen. Dem anderen soviel Zeit widmen, wie er nur braucht, ihm zuhören und sich ihm als einem wertvollen, wichtigen Menschen widmen.

Nun gibt es aber auch gewisse Voraussetzungen, die Sie in jeden Job einbauen sollten, damit Ihre Mitarbeiter maximal motiviert sind.

1. *Die Mitarbeiter müssen klare Ziele und Teilziele haben.* Machen Sie Ziele klar und konkret, und wenn es große Ziele sind, unterteilen Sie sie in kleinere Ziele. Unterteilen Sie Jahresziele in Monats- und Wochenziele.

2. *Jeder braucht Standards oder Maßstäbe.* Standards sind nötig, um die Fortschritte auf das Ziel hin zu messen. Wenn Sie mit großen Kunden arbeiten, bei denen ein Abschluß viele Monate dauert, müssen Sie den Verkaufsprozeß in eine Reihe von Unterprozessen oder Schritten aufteilen, um die Fortschritte sichtbar zu machen. Denn Fortschritte sind der Schlüssel zur Motivation. Man muß spüren können, daß man auf ein wichtiges Ziel hin Fortschritte macht.

3. *Ihre Mitarbeiter brauchen Erfolgserlebnisse.* Sie müssen ein Ziel oder einen Meilenstein erreichen. Sie müssen Fortschritte auf ihr Ziel hin machen. Sie brauchen das Gefühl, am Gewinnen zu sein. Also müssen Sie die Dinge so strukturieren, daß Ihre Mitarbeiter ständig daran erinnert werden, daß sie Gewinner sind. Jedesmal, wenn sie auch nur den kleinsten Schritt nach vorn schaffen, müssen Sie es ihnen zu spüren geben.

4. *Sie brauchen auch Ziellinien.* Also müssen Sie loben. Einer der besten Wege, Menschen zu motivieren, sind öffentliche Belobigungen in Sitzungen oder Besprechungen, die deutlich machen, was einer geleistet hat. Denn was verstärkt wird, wird wiederholt. Verstärken

Sie also ständig die Verhaltensweisen, die Sie vermehrt sehen möchten, und Sie werden staunen, wie Ihre Mitarbeiter versuchen werden, sie zu wiederholen.

5. *Sie müssen Belohnungen verteilen.* Davon gib es zwei Arten: Greifbare Belohnungen wie mehr Geld, aber auch immaterielle Belohnungen, wie etwa Preise, Anerkennungen, Auszeichnungen und dergleichen. Je positiver die Leute sich selbst sehen, desto mehr werden sie leisten.

Ihre Verkäufer kämpfen einen einsamen, schwierigen Kampf. Sie erleben ständig Mißerfolge, Ablehnung und Enttäuschungen, und Sie können ihre Selbstachtung steigern, indem Sie freundlich zu ihnen sind. Jemand hat einmal gesagt: „Du wirst im Leben vieles bereuen, aber nicht, zu freundlich oder zu fair gewesen zu sein." Anteilnahme ist der Weg. Von mehr als 30 000 Leuten, die nach den besten Chefs gefragt wurden, die sie je hatten, sagten fast alle einstimmig, ihr bester Chef sei jemand gewesen, der Anteil an ihnen persönlich nahm und nicht nur an ihnen als Arbeitskraft. Wenn Sie sagen: „Ich glaube an Sie", steigern Sie die Selbstachtung des anderen, verbessern sein Selbstbild und beeinflussen seine Leistung positiv. Manchmal verändert es das Leben von Menschen, wenn jemand, zu dem sie aufblicken und den sie respektieren, an sie glaubt. Und auch wenn sie sich selbst im Stich lassen, diese Person werden sie nicht im Stich lassen. Die Worte „Sie schaffen es!" bauen die Beharrlichkeit des anderen auf. Die Worte „Ich glaube an Sie" bauen sein Selbstvertrauen auf.

Ihr Job als Verkaufsmanager, auf einen einfachen Nenner gebracht, ist es, ein Umfeld zu schaffen, in dem Ihre Mitarbeiter sich selbst gut finden, also eine hohe Selbstachtung und ein positives Selbstbild haben können. Das Grundprinzip ist: Reden Sie mit den Leuten, hören Sie ihnen zu, behandeln Sie Ihre Mitarbeiter genauso, wie Sie in ihrer Situation behandelt werden wollten. Wenn Sie sagen können: „Wenn alle in meiner Firma sich anderen gegenüber genauso verhalten würden wie ich, dann wäre das hier ein großartiger Arbeitsplatz", dann sind Sie auf dem besten Weg, einer der erfolgreichsten Verkaufsmanager in der Branche zu werden.

ÜBUNGEN

1. Was können Sie tun, um Ihre Mitarbeiter optimistisch und positiv zu stimmen? Listen Sie mindestens fünf Dinge auf:

   1) ____________________

   2) ____________________

   3) ____________________

   4) ____________________

   5) ____________________

2. Was können Sie tun, um die Arbeit Ihrer Verkäufer so zu strukturieren, daß sie sich wie Gewinner fühlen?

   ____

   ____

   ____

3. Wie könnte Ihr Betriebsklima verändert werden, um die Moral zu verbessern?

   ____

   ____

   ____

4. Wie können Sie Ihren Leuten stärker das Gefühl geben, geschätzt, akzeptiert, bewundert zu werden? Konzentrieren Sie sich auf immaterielle Dinge.

   a) ____________________

   b) ____________________

   c) ____________________

   d) ____________________

   e) ____________________

9 Effektives Delegieren

Überblick

Delegieren ist eine der wesentlichen Fähigkeiten effektiven Managements. Management ist definiert als „Ergebnisse durch andere erzielen", und dazu gehört effektives Delegieren von Aufgaben, Pflichten und Verantwortungen an Ihre Mitarbeiter. Ihre Fähigkeit zu delegieren ist entscheidend für Ihr Vorwärtskommen und Ihren Erfolg im Geschäftsleben. Viele Manager sind nicht bereit oder nicht fähig zu delegieren, und das behindert ihren Erfolg. Da die Alternative zum Delegieren darin besteht, es selbst zu tun, bleiben an diesen Managern so viele Verantwortungen hängen, daß sie nicht mehr in der Lage sind, ihren vollen Beitrag zu ihren Organisationen zu leisten.

Delegieren befähigt Sie, Ihre Arbeit von dem, was Sie tun können, zu erweitern auf das, was Sie kontrollieren oder managen können. Delegieren ermöglicht es Ihnen, die Qualität und Quantität Ihrer Ergebnisse zu steigern. Mehr als jeder andere einzelne Faktor werden diese Ergebnisse Ihr Einkommen, Ihre Position und Ihre persönliche Zufriedenheit in Ihrem Beruf bestimmen.

Ziele

Bis zum Ende dieses Kapitels werden Sie folgendes lernen:

- Welche Möglichkeiten Delegieren Ihnen bietet.
- Fünf Formen des Managements.
- Drei Methoden des Delegierens.
- Sieben entscheidende Schritte zum Delegieren.
- Regeln des Delegierens.

Wir sagten zu Beginn, daß es im Management sieben entscheidende Werkzeuge und Aufgaben gibt. Ihr Erfolg im Management hängt davon ab, daß Sie auf jedem dieser Gebiete hervorragend sind. Sind Sie auch nur in einem davon schwach, kann das allein Sie davon abhalten, all Ihre anderen Talente und Fähigkeiten zu entfalten.

Eine der wichtigsten Management-Aufgaben ist das Delegieren. Eines der größten Probleme beim Delegieren ist, daß die meisten Manager, ich selbst als junger Mann eingeschlossen, meinen, sie wüßten schon alles, was es darüber zu wissen gibt. Tatsache ist, daß dieser Bereich oft vernachlässigt wird. Aber weil er so entscheidend wichtig ist, müssen Sie wirklich gut darin werden.

Delegieren hat viele Vorteile. Erstens verschafft es Ihnen Hebelwirkung. Das heißt, Sie können sich die Kraft anderer Leute zunutze machen. Sie können sich selbst multiplizieren. Durch Delegieren gehen Sie von dem, was Sie selbst tun können, über zu dem, was Sie kontrollieren können. Was Sie tun können, ist begrenzt. Was Sie kontrollieren können, kann unendlich sein. Wie bei einem Lee Iacocca, der ein Unternehmen mit 350 000 Angestellten kontrollieren kann, weil er effektiv delegiert.

Durch Delegieren gehen Sie vom Operieren, also Dinge selbst tun, über zum Managen, also Dinge durch andere tun lassen. Nun neigen viele Manager dazu, unter Druck vom Managen zum Operieren zurückzukehren. Ihr Job ist es nicht, Dinge zu tun, sondern sie tun zu lassen. Das Schlimmste ist, daß die meisten Manager schlecht im Delegieren sind, weil sie nicht erkennen, wie wichtig es ist. Sie erkennen nicht, daß es ein wesentlicher Teil der Kommunikation ist, ein Schlüssel zur Interaktion, zum Vorwärtskommen im Management. Ich möchte Ihnen nun fünf Management-Formen nennen. Dies sind Werkzeuge, die Sie regelmäßig einsetzen können, um effektiver zu managen.

1. *Management by vision and values.* Vision und Werte sind der Auftrag und das Ziel Ihrer Organisation. Eine der wichtigsten Visionen, die Sie für Ihre Gruppe, Ihre Verkaufsmannschaft haben können, ist, die Besten zu sein, ständig aufzusteigen, zu wachsen, besser und positiver zu werden. Sie müssen eine Mission und ein Ziel haben, nicht nur für Ihr Team, sondern auch für Ihre Firma, und dabei hilft Ihnen Management durch Vision und Werte.

2. *Management by reasons and rationales.* Das hängt eng mit dem Delegieren zusammen. Warum? Weil reasons and rationales die

Begründung sind, warum etwas getan wird. Eines der wichtigsten Dinge, die Sie Mitarbeitern vermitteln, wenn Sie sie auffordern, etwas zu tun, ist der Grund, warum sie es tun sollen: Warum ist es wichtig? Was hängt davon ab? Je besser jemand weiß, warum er tut, was er tut, desto kreativer und effektiver wird er es tun.

3. *Management by specifics.* Das heißt, daß Sie dem anderen genau sagen, was zu tun ist. Sie sagen es detailliert, schriftlich, Sie machen es meßbar und quantifizierbar. Management by specifics setzen Sie bei neuen, komplexen Aufgaben bei neuen Mitarbeitern ein, denen Sie ganz genaue Anweisungen geben müssen, selbst wenn das viel Zeit erfordert.

4. *MBO oder Management By Objectives.* Dies wenden Sie nur bei Leuten an, deren Kompetenz sich bewährt hat. Leute, die gezeigt haben, daß sie wirklich wissen, wie der Job zu machen ist. Sie werfen ihnen den Ball zu und wissen, daß sie den Ball auffangen und damit losstürmen können. Wenn Sie Management by objectives falsch einsetzen, indem Sie die Ziele nicht deutlich machen oder es bei Mitarbeitern anwenden, die nicht kompetent sind, werden die Aufgaben nicht richtig erledigt werden, und schuld daran ist nicht die Methode, sondern derjenige, der delegiert.

5. *Management by exception.* Dies können Sie bei extrem kompetenten Leuten einsetzen, indem Sie sie auffordern, Ihnen nur Bericht zu erstatten, wenn ein Problem auftaucht. Ansonsten überlassen Sie sie sich selbst. Ihre besten Leute sind kompetent und fähig, und Ihre besten Verkäufer wollen bei ihrer Arbeit auf sich gestellt sein. Sie wollen Management by exception. Sie wollen sich nur dann bei Ihnen melden, wenn etwas nicht nach Plan läuft.

Das bringt uns zum Schlüsselkonzept der „task relevant maturity" (Aufgaben-Reife). Task relevant maturity erklärt vieles im Blick auf Delegieren und Management. Dabei geht es um das Können und die Vertrautheit einer Person mit einem bestimmten Job. Es gibt drei Stufen der task relevant maturity: niedrig, mittel und hoch. Eine niedrige task relevant maturity ist gegeben, wenn jemand einen Job noch nicht gemacht hat, wenn entweder der Mitarbeiter oder der Job neu ist. Sogar wenn der Betreffende in einem anderen Job äußerst fähig ist, muß er in einem neuen Job, was die task relevant maturity angeht, wieder von unten anfangen. Management und Delegieren bei jemandem, der neu im Job ist, oder bei einer neuen Person in einem neuen Job erfordert

Management by specifics; das heißt, Sie müssen die Person anleiten und ihr ganz genau zeigen, was zu tun ist. Wir nennen das auch „Hands-on-Management". Wichtig für einen guten Start ist richtiges Hands-on-Delegieren. Führen Sie genau vor, was zu tun ist. Damit bauen Sie Selbstvertrauen, Selbstachtung und Leistungsfähigkeit auf, was zur Motivation und dann zu noch größeren Erfolgen führt.

Mittlere task relevant maturity ist gegeben, wenn der Betreffende den Job kennt und versteht. Er hat ein gutes Gefühl dafür und hat Ihnen bereits gezeigt, daß er ihn machen kann. Das erfordert MBO, Management by objectives. Sie geben dem Betreffende klare Ziele vor, und er weiß, wie er sie erreichen kann.

Die dritte Stufe der task relevant maturity ist hoch. Sie ist gegeben, wenn jemand den Job meisterhaft beherrscht und sehr gut kennt. Er braucht keinen Input mehr. Dies sind die besten zehn oder 20 Prozent Ihrer Verkäufer. Diese Leute erfordern Management by exception. Sie geben ihnen das Ziel und die Standards vor, und sie melden sich nur dann bei Ihnen, wenn ein Problem auftaucht.

Hieraus ergeben sich drei unterschiedliche Methoden des Delegierens. Da ist zum einen Delegieren durch Lehren. Als ich im Management anfing, baute ich mit 24 Jahren meine erste Verkaufsmannschaft aus 95 Mitarbeitern in sechs Ländern auf. Und als erstes stellte ich fest, daß viele der Leute, die ich rekrutiert hatte, nicht wußten, was sie zu tun hatten, so daß ich viel Zeit damit verbringen mußte, sie zu lehren. Ich dachte, das hält mich von meinem eigentlichen Job ab, bis ich merkte, daß Lehren einer der wichtigsten Jobs ist, die Sie und ich als Manager haben. Wir delegieren, indem wir andere Leute lehren, bestimmte Aufgaben zu erledigen. Auf diese Weise multiplizieren wir unsere eigenen Fähigkeiten. Denn sobald jemand etwas gelernt hat, kann er es selbst tun. Also ist Lehren eine Schlüsselaufgabe jedes Managers.

Die zweite Methode ist Delegieren durch Fragen stellen. Stellen Sie Fragen, wenn jemand zu Ihnen kommt und sagt: „Wir haben da ein Problem, können Sie mir dabei helfen?" Da versucht jemand, den Schwarzen Peter, nämlich die Verantwortung für den Job, an Sie weiterzugeben. Also sagen Sie: „Warten Sie mal, was genau ist das Problem, wie ist es dazu gekommen, was wollen Sie dagegen tun, warum ist es passiert, wer ist daran beteiligt, was ist der nächste Schritt?" Stellen Sie Fragen, um die Verantwortung für die Aufgabe in den Händen des anderen zu belassen, statt der Neigung nachzugeben, zu sagen: „Überlassen Sie das mir, ich kümmere mich darum und melde mich dann bei Ihnen." Stellen Sie Fragen, wann immer Sie den Ball zurückspielen wollen. Stellen Sie sich vor, der Job wäre eine heiße Kartoffel. Wenn jemand Sie bittet, eine Aufgabe für ihn zu erledigen, fragen Sie: „Moment mal, was genau brauchen Sie, wo könnten Sie es bekommen?" Spielen Sie den Ball zurück.

Die dritte Art ist Delegieren durch Vorschläge, anzuwenden bei kompetenten Leuten. Sie sagen nicht: Tun Sie dieses und jenes, sondern delegieren Sie, indem Sie Anregungen geben. Mit anderen Worten, Sie machen Vorschläge, und ein Wort an den Weisen genügt, wie man sagt. Clevere Leute fangen den Hinweis sofort auf. Sie wissen genau, was zu tun ist. Aber die Leute denken gern, es wäre ihre eigene Idee. Sie lassen sich nicht gerne sagen, was sie zu tun haben.

Zum Prozeß des Delegierens gehören sieben entscheidende Schritte.

1. *Bevor Sie delegieren, durchdenken Sie den Job.* Sie wissen ja, Bedachtsamkeit ist die wichtigste Qualität des erfolgreichen Managers. Je wichtiger ein Job ist, desto wichtiger ist es, daß Sie in Ruhe darüber nachdenken.

2. *Denken Sie darüber nach, wer am besten für diesen Job, diesen potentiellen Kunden geeignet ist.* Manchmal ist es ratsam, jemandem einen Job zu geben, weil er dadurch Erfahrungen sammeln kann, die er zum Weiterkommen braucht. Nur wer in Jobs eingespannt wird, die er bisher nicht gemacht hat, kann an seiner Arbeit wachsen.

3. *Danach stellen Sie sich die Frage nach der Meßbarkeit.* Was ist Ihr Standard für eine hervorragende Leistung? Durchdenken Sie das. Manchmal müssen Sie das mit demjenigen diskutieren, an den Sie delegieren.

4. *Klären Sie die Frage der Aufsicht.* Sie wissen ja, wenn Sie nicht inspizieren, was Sie erwarten, dann gewinnt derjenige, dem Sie die Aufgabe gegeben haben, den Eindruck, sie sei nicht so wichtig. Weiß er aber, daß Sie immer wieder konkret nachfragen werden, dann wird er es höchstwahrscheinlich richtig machen.

5. *Wann ist der Job erledigt?* Ein Job ohne Endtermin ist nur Geschwafel. Manchmal werden sich Ihre Mitarbeiter gegen Zeitvorgaben stemmen, aber Sie müssen auf eine feste Absprache dringen, wann die Sache erledigt sein wird.

6. *Wie wird Bericht erstattet?* Mündlich, telefonisch, schriftlich, in einer Besprechung, in regelmäßigen Abständen oder nur dann, wenn bestimmte Meilensteine erreicht sind? Treffen Sie eine klare Absprache.

7. *Welche Konsequenzen hat es, wenn der Job erledigt oder nicht erledigt wird?* Mit anderen Worten, was hat die Person davon, wenn sie den Job macht, oder was ist die Herausforderung, wenn sie ihn nicht macht?

Unklares Delegieren ist die häufigste Ursache für Ineffizienz, Frustration und Leistungsschwäche in Unternehmen. Also achten Sie auf Klarheit. Um zu überprüfen, ob alles klar ist, fordern Sie zu Fragen und Einwänden auf. Lassen Sie sich Feedback geben. Allerdings stellen wir fest, daß die wenigsten gerne zugeben, daß sie etwas nicht verstanden haben. Darum bitten Sie den anderen, die Aufgabenstellung selbst wiederzugeben. In 50 Prozent aller Fälle werden Sie feststellen, daß der andere Ihnen etwas anderes wiedergibt, als Sie gesagt zu haben glauben.

Einigen Sie sich unbedingt auf einen Zeitrahmen. Bei einem kleinen Ziel legen Sie einen Termin fest. Bei einem großen Ziel einigen Sie sich auf Zwischentermine, zu denen der andere regelmäßig Bericht erstattet. Manchmal muß er nur berichten, wenn etwas passiert, zum Beispiel, wenn er ein Teilziel erreicht hat. Fordern Sie den anderen auf, alles schriftlich festzuhalten. Hier ist noch eine Erfahrung, die ich gemacht habe: Wenn Sie jemanden bitten, vor Ihren Augen ein Ziel aufzuschreiben, dann schreibt er oft etwas völlig anderes nieder, als er Ihnen hinterher wiedergibt. Ich spreche mit keinem Mitarbeiter über eine Aufgabe, wenn er keinen Block bei sich hat. Wenn sich das nicht machen läßt, schreiben Sie ein kurzes Memo, geben Sie es dem anderen, und sagen Sie: „Wir haben dieses Gespräch geführt und uns auf diese Aufgabe geeinigt, dies ist zu tun, so wird es gemessen, und so wird berichtet.“ Merken Sie sich diese kleine Regel: Verständigungen beugen Mißverständnissen vor. Und schriftliche Verständigungen beugen großen Mißverständnissen vor.

Geben Sie Ihren Mitarbeitern Handlungsspielraum. Sagen Sie dem anderen, was Sie erreichen möchten, wie Sie es bisher gemacht haben, aber lassen Sie ihm Spielraum für Neuerungen. Solange er genau weiß, was zu tun ist, braucht er die Freiheit, die Vollmacht und die Verantwortung, die Aufgabe durchzuführen. Sagen Sie ihm genau, welche Ressourcen, welche Vollmachten, welche Leute und so weiter er zur

Verfügung hat. Bieten Sie aber auch Hilfe an. Machen Sie klar, daß Sie delegieren, aber nicht abdanken. Sie sind immer noch verantwortlich. Der andere ist rechenschaftspflichtig, aber Sie sind verantwortlich für die Aufgabe.

Zum Schluß noch die vier Regeln des Delegierens.

1. *Fragen Sie regelmäßig nach, wenn Sie eine Aufgabe delegiert haben.* Wenn Sie nicht nachfragen, wird sie Ihnen aus den Fingern gleiten. Viele stehen so unter Druck, daß etwas anderes für sie dringender wird.

2. *Widerstehen Sie der Versuchung, es selbst zu machen.* Gerade jüngere Manager machen oft den Fehler, zu sagen: Wenn man will, daß etwas richtig gemacht wird, muß man es selbst machen. Ihr Job ist nicht, etwas zu tun, sondern zu managen und zu steuern. Wichtig dabei ist: Wenn es sich überhaupt lohnt, eine Sache zu machen, dann lohnt es sich auch, sie beim ersten Mal schlecht zu machen. Also seien Sie bereit, ehrliche Fehler zu akzeptieren. Akzeptieren Sie, daß der andere die Sache beim ersten Mal noch nicht perfekt macht, und geben Sie ihm die Chance zu lernen.

3. *Benutzen Sie Ergebnisbereiche und Leistungsstandards als Diskussionsgrundlage.* Wenn Sie also mit Ihren Verkäufern reden, können Sie sagen: „Hallo, wie steht's mit unseren klaren Aufgabenstellungen?" Nehmen Sie die objektive, schriftlich festgelegte Quote oder das Ziel als Grundlage für Ihre Diskussion, anstatt es beim Subjektiven zu belassen.

4. *Machen Sie alles konkret.* Ihr Job, Ihre Hauptaufgabe als Verkaufsmanager ist, Ihren Verkäufern zu helfen, ihren Job zu machen. Effektives Delegieren ist der Schlüssel.

ÜBUNGEN

1. Listen Sie alle Ihnen unterstellten Personen auf, und bestimmen Sie ihre Task Relevant Maturity (Aufgaben-Reife) im Blick auf ihre *gegenwärtigen* Aufgaben.

   Betrachten Sie primäre und sekundäre Aufgaben.

Name	**Primäre Aufgaben**	**Sekundäre Aufgaben**	**TRM primär**	**TRM sekundär**

2. Was können Sie „by exception" managen? Wen können Sie „by exception" managen?

____

____

____

____

____

____

3. Was tun Sie gegenwärtig selbst, das Sie delegieren sollten?

____

____

____

____

____

____

4. Listen Sie mindestens fünf Dinge auf, die Sie von nun an delegieren werden, und notieren Sie, an welche Mitarbeiter Sie delegieren werden.

Aufgabe	**Mitarbeiter**
1. ______________________	______________________
2. ______________________	______________________
3. ______________________	______________________
4. ______________________	______________________
5. ______________________	______________________

10 Strategie und Positionsbestimmung

Überblick

Verkaufen ist kein leichter Beruf. Die Anforderungen an Können und Einstellung verlangen immense Anstrengungen. Ihr Job als Verkaufsmanager ist es, dieses Können zu nähren und eine Umgebung zu schaffen, die der notwendigen Einstellung förderlich ist.

Zusätzlich müssen Sie Ihren Mitarbeitern helfen, für sich und Ihr Unternehmen Strategien zu entwerfen und Positionen zu bestimmen. Ein bedeutender Teil dieser Aufgabe besteht darin, ihnen zu helfen ihre Wissensgrundlagen zu erweitern: über Ihr Unternehmen, über die Konkurrenz und über den Markt.

Ziele

Bis zum Ende dieses Kapitels werden Sie folgendes lernen:

- Voraussetzungen für eine hohe Moral.
- Fünf entscheidende Wissensbereiche.
- Wie man eine Konkurrenzanalyse macht.

Zwei der wichtigsten Elemente für den Erfolg auf einem umkämpften Markt sind Strategie und Positionierung. Ihr Job als Verkaufsmanager ist es, durch andere Ergebnisse zu erzielen. Dazu müssen diese anderen viel Moral und Korpsgeist besitzen, ein Kennzeichen von Leuten, die für die besten Firmen arbeiten. Der entscheidende Begriff im Zusammenhang mit Strategie und Positionierung ist unternehmerisches Denken. Sie müssen das Gefühl haben, als wären sie Inhaber der Firma.

Um Ihre Mitarbeiter dazu zu bringen, sich wie Unternehmer zu verhalten, müssen Sie mehrere Dinge tun. Ihre Mitarbeiter benötigen eine hervorragende Kenntnis des Unternehmens. Man kann sich nur soweit mit einer Firma verbunden fühlen und eine Firma als Teil seiner selbst sehen, als man weiß, was im Unternehmen wirklich vor sich geht. Darüber hinaus benötigen sie hervorragende Produktkenntnis. Niemand kann mit ganzem Einsatz verkaufen und die Konkurrenz schlagen und dabei Ablehnung und Mißerfolge einstecken, wenn er nicht sein Produkt im Schlaf kennt.

Auch die Konkurrenz müssen Ihre Mitarbeiter genau kennen. Sie müssen wissen, mit welchem Gegner sie es zu tun haben. Sie müssen wissen, womit sie sich draußen auf dem Markt auseinandersetzen müssen, um erfolgreich zu sein. Sie brauchen viel Selbstvertrauen und „Commitment" und müssen innerlich beteiligt sein. Innere Beteiligung steigt mit dem Wissen über die Firma und die Branche.

Beginnen wir mit Ihrem Unternehmen. Hier sind einige Dinge, die Ihre Mitarbeiter über die Firma, ihre Geschichte und ihren Hintergrund wissen sollten. Erstens müssen sie wissen, wann es anfing. Ganz simpel, aber viele Ihrer Mitarbeiter wissen es nicht. Die Leute müssen ein Gefühl der Zugehörigkeit zur Firma haben. Dazu ein guter Test: Könnten Sie einem beliebigen Mitglied Ihres Verkäuferteams nach diesen Dingen fragen und eine Antwort bekommen? Denn früher oder später wird irgendein Kunde es tun, und wenn Ihr Verkäufer dann antworten kann, wird er stolz darauf sein. Doch wehe, wenn der Verkäufer es nicht weiß, weil es ihm niemand gesagt hat. Was waren die ursprünglichen Produkte, Dienstleistungen, Märkte – was hat die Firma zu Beginn getan? Je besser jemand den Zusammenhang zwischen den heutigen Produkten und ihren Vorläufern kennt, desto selbstsicherer wird er sein. Ihre Mitarbeiter müssen auch wissen, welche Erfolge und Mißerfolge die Firma in ihren Anfangstagen hatte, welche Lektionen gelernt wurden.

Sie müssen das Gefühl haben, Teil von etwas Größerem zu sein. Übrigens haben die besten Firmen die Mitarbeiter mit der höchsten Moral, weil sie sich viel Zeit nehmen, sie in diesen Dingen zu schulen.

Der nächste Bereich ist die gegenwärtige Situation. Sie müssen die Größe und Reichweite der Operation kennen. Wie groß ist das Unternehmen? Wo operiert es? Wie hoch ist sein Marktanteil? Wo sind seine Filialen? Weiß jeder in Ihrer Firma, was Sie verkaufen, wovon Sie mehr und wovon Sie weniger verkaufen, womit Sie mehr und womit Sie weniger Erfolg auf dem Markt haben? Das nächste, das sie kennen müssen, ist die organisatorische Struktur. Sie müssen die Befehlskette kennen. Sie müssen die Hierarchie kennen – wer gibt wem Rechenschaft. Sie müssen wissen, wer die Schlüsselpersonen in Ihrer Organisation sind, was diese Leute tun und wie sie zusammenwirken.

Ihre Mitarbeiter müssen aber auch die Zukunftspläne und das zukünftige Potential der Firma kennen. Nichts baut die Moral der Mitarbeiter schneller und stärker auf als das Wissen, daß sie an etwas beteiligt sind, das eine Zukunft hat, das Pläne, Produkte und Prozesse hat. Damit im Zusammenhang steht die Firmenkultur. Kultur meint das, wovon wir eingangs gesprochen haben, Vision, Werte, Ethik, Überzeugungen. Wofür steht Ihre Firma? Wofür steht sie nicht? Woran glaubt sie? Was sind ihre Werte? Ken Blanchard stellt in seinem Werk *The Fortunate 500* fest, daß Firmen, die klare, konkrete, schriftlich festgehaltene Werte, ethische Maßstäbe und Überzeugungen haben, im Lauf der Jahre deutlich bessere Gewinne machten als Firmen, die dies nicht schriftlich fixiert hatten. Wie ist es bei Ihnen? Wenn jemand Sie fragen würde, wofür Ihre Firma steht, woran sie glaubt, was ihre Werte sind, würden Sie sofort antworten können? Oder müßten Sie erst darüber nachdenken? Wissen Sie, jede Firma hat Werte und Überzeugungen und ethische Maßstäbe, aber viele nehmen sich nicht die Zeit, sie zu formulieren. Für Ihre Mitarbeiter ist es sehr wichtig, daß sie darüber Bescheid wissen.

Was ist die Mission Ihrer Firma? Was versuchen Sie zu erreichen? Was sind Ihre Ziele? Was ist der Sinn Ihrer Tätigkeit? Wozu ist Ihre Firma überhaupt da? Wenn Sie vor einem Tribunal die Frage beantworten müßten: Warum sollten wir Ihnen erlauben, im Geschäft zu bleiben? – Was wäre die Begründung für Ihre Firma? Es ist sehr wichtig, daß Ihre Mitarbeiter das wissen. Dann müssen die Leute das Produkt und den Service kennen. Egal, was der einzelne verkauft, er muß die wichtigsten Produktlinien kennen. Er muß wissen, was sich am besten verkauft, am zweitbesten und so weiter. Er muß die Umsatzzahlen kennen, um ein Gefühl dafür zu haben, woran er beteiligt ist.

Sie müssen aber auch das Spezialgebiet der Firma kennen, die strategische Ausrichtung. Mit anderen Worten: Für welche spezifischen Anwendungen hat die Firma die Produkte oder Dienstleistungen entwickelt? Für welche Branche oder Märkte oder Kunden? Worin unterscheiden sich die Produkte oder Dienstleistungen von denen ihrer Mitbewerber? Was macht sie besser als die der Konkurrenz? Auf welches Marktsegment ist die Firma besonders aus, und warum? Wo arbeitet diese Firma, und warum ist sie in diese Bereichen besonders stark?

Worauf konzentriert sich diese Firma? Welches sind ihre wichtigsten Kundengruppen? Welches sind ihre wichtigsten Produktgruppen, ihre wichtigsten Branchen? Und schließlich die Frage der Positionierung. Dies sind die entscheidenden strategischen Fragen, über die jeder Bescheid wissen muß. Spezialgebiete, Unterschiede, Marktsegmente, Konzentration und Positionierung. Wie wird die Firma von ihren Kunden und Mitbewerbern wahrgenommen?

Das nächste, was Ihre Mitarbeiter brauchen, ist Marktanalyse. Bevor sie hinausgehen können, müssen sie verschiedene Dinge wissen: Wer ist der Kunde? Wo ist der Kunde? Wo ist der Kunde geographisch, wo ist der Kunde in der Branche angesiedelt, wo steht der Kunde nach der Firmengröße und so weiter. Sie müssen wissen, wie und warum der Kunde kauft. Wann kauft der Kunde? Zu welcher Jahreszeit, in welcher Budgetphase, zu welchem Zeitpunkt in dem speziellen Bedarfszyklus des Kunden. Welche konkreten Bedürfnisse befriedigt unser Produkt? Was würde der Kunde ohne es machen? Welche Probleme hat es für den Kunden gelöst? Welchen Nutzen und welche Befriedigung ziehen unsere Kunden aus unserem Produkt? Was veranlaßt unsere Kunden, Geld dafür auszugeben, so daß wir darauf unsere Verkaufsbotschaft ausrichten sollten?

Hieraus folgt die Konkurrenzanalyse. Wie bei Soldaten auf dem Schlachtfeld ist es sehr wichtig, daß Ihre Mitarbeiter eine Analyse oder Vorstellung davon haben, mit wem sie wahrscheinlich zusammenstoßen werden. Wer ist unsere Konkurrenz, und warum kauft unser Kunde bei der Konkurrenz? Wie kauft unser Kunde bei der Konkurrenz, und was können wir dagegen tun?

Das wichtigste überhaupt, um Ihre Leute auf Ihr Unternehmen zu orientieren, ist die sogenannte Wettbewerbsmatrix. Auf einer Wettbewerbsmatrix listen Sie all Ihre wichtigsten Konkurrenten mit ihren wichtigsten Merkmalen und Vorzügen auf und stellen sie Ihren eigenen gegenüber, so daß jeder sehen kann, wo Sie im Vergleich zu Ihren Mitbewerbern stark oder schwach sind. Schwer wird es für einen Verkäufer, wenn er zu einem Kunden kommt, der besser weiß als er selbst, was die Konkurrenz zu bieten hat, und nicht weiß, was er dagegen tun soll. Also: Welche Stärken und Schwächen hat Ihr Produkt im Vergleich zu dem Ihrer Mitbewerber? Wo ist Ihr Produkt oder Ihr Service durch das Ihrer Mitbewerber angreifbar? Das müssen Sie und Ihre Mitarbeiter wissen, um zu wissen, was Sie dagegen tun können.

Wo liegen Ihre Wettbewerbsvorteile? Ihre Wettbewerbsvorteile sind die Aspekte Ihres Produkts oder Ihrer Dienstleistung, aufgrund derer Sie auf dem Markt sind. Die Bereiche, in denen Sie überlegen sind. Wo liegen also Ihre Wettbewerbsvorteile gegenüber Ihren Konkurrenten? Darauf legen Sie in der Verkaufssituation Ihren ganzen Schwerpunkt. Ihre Mitarbeiter müssen aber auch wissen, wie sie gegen die Konkurrenz verkaufen. Wie verkaufen sie gegen die Stärken der Konkurrenz? Wie gehen Ihre Verkäufer mit konkreten Einwänden um? Viele Firmen haben sogar sogenannte Einwand-Sprechstunden, wo ihre besten Verkäufer kommen und ihren Kollegen beibringen, wie man den unvermeidlichen Einwänden auf dem Markt begegnet.

Ein weiterer Bereich, den Sie im Hinblick auf Strategie und Positionierung abdecken müssen, damit Ihre Leute alles haben, um hochmotiviert und verbindlich zu sein, und das Gefühl zu haben, wirklich zu wissen, was vor sich geht, sind die verfügbaren Ressourcen. Welche Ressourcen stehen dem Verkäufer zur Verfügung, wenn er etwas braucht oder Probleme hat? Erstens müssen sie die anderen Mitarbeiter in der Firma kennen. Sie müssen die Abteilungen, die verfügbaren Informationsquellen kennen, wenn ein Kunde ihnen eine Frage stellt oder sie irgendetwas brauchen. Je mehr sie darüber wissen, desto selbstsicherer sind sie. Sie müssen wissen, wo sie Schreibmaterial finden, Werbematerialien, Broschüren, Visitenkarten, Briefpapier und alles andere. Sie müssen wissen, wie sie Antworten auf Fragen bekommen. Wenn ein Kunde sie etwas fragt, was sie nicht wissen, sollten sie wissen, wohin sie sich wenden können. Sie müssen wissen, wie sie mit Problemen umgehen können. Sie müssen wissen, wie sie Notfälle handhaben können.

Ihr oberstes Ziel beim Aufbau Ihres Unternehmens ist es, ein hohes Maß an Loyalität, Verbindlichkeit, Motivation, Kompetenz und Unternehmertum zu entwickeln.

Halten sie Ihre Mitarbeiter deshalb auf dem Laufenden. In unseren Untersuchungen über Motivation habe wir die Leute immer wieder gefragt, welche Faktoren sie in ihrer Arbeit am stärksten motivieren. Und Nummer eins auf der Liste der Antworten ist: eine interessante, herausfordernde Arbeit. Und die hängt davon ab, wie gut sie die Arbeit kennen, verstehen, gut darin sind und Motivation daraus schöpfen. Der zweite wichtige Motivationsfaktor ist es, informiert zu sein. Im Zweifel geben Sie Ihren Mitarbeitern lieber zuviel Information als zuwenig. Je informierter Mitarbeiter sind, desto motivierter sind sie. Die erfolgreichsten Firmen sind diejenigen, die großzügig mit Informationen sind. Am besten geben Sie diese Informationen schriftlich weiter.

Schriftliches Material ist nützlich, aber Besprechungen sind unersetzlich. Wenn Sie sich an die alten Kriegsfilme erinnern, mit den Lagebesprechungen, wo die Leute ihre Anweisungen erhielten, da wurden keine Memos verteilt. Warum nicht? Weil Besprechungen mit Fragen und Antworten der Schlüssel sind. Sie geben den Leuten das Gefühl, wirklich Teil eines Teams zu sein. Besprechungen sind unersetzlich für Motivation und Verbindlichkeit. Wer keine Chance hat, Fragen zu stellen und Feedback von seinen Vorgesetzten zu bekommen, muß das Gefühl haben, in der Organisation nicht wichtig zu sein. Vergessen Sie nicht, daß Weitergabe von Informationen ein Kennzeichen der besten Manager ist. Die besten Manager sind die, die alles daransetzen, ihre Leute immer wieder auf die Dinge hinzuweisen, die sie wissen müssen. Im Hinblick auf Strategie und Position ist wichtig zu wissen, daß beides ein ständiger Prozeß ist. Das bedeutet, daß es einen ständigen Strom neuer Informationen gibt. Es gibt neue Verfahren, Produkte und Dienstleistungen, Änderungen und Wettbewerbstaktiken, über die Ihre Mitarbeiter Bescheid wissen müssen. Wenn Sie Ihre Verkäufer richtig auf den Weg bringen, indem Sie sie gründlich schulen und ins Bild setzen, wie die Dinge in der Firma laufen, wird es Ihnen viel leichter fallen, sie hinterher ständig auf dem laufenden zu halten. Die besten Verkaufsmanager sind diejenigen, die alles daransetzen, daß jeder in der Firma, jeder, der ihnen untergeben ist, informiert ist. Und sie informieren regelmäßig darüber, wann immer sich etwas ändert. Diese Verkaufsmanager haben die motiviertesten, leistungsfähigsten und erfolgreichsten Spitzenverkäufer in ihren Branchen.

ÜBUNGEN

1. Wie ist der Kenntnisstand Ihrer Leute in den folgenden entscheidenden Bereichen?

   Bewerten Sie das Wissen des Teams auf einer Skala von 1 bis 10 (10 für umfassende Kenntnisse).

Thema	**Wissensstand**									
Das Unternehmen										
Geschichte	1	2	3	4	5	6	7	8	9	10
Produkte und Dienstleistungen	1	2	3	4	5	6	7	8	9	10
Organisatorische Struktur	1	2	3	4	5	6	7	8	9	10
Zukunftspläne	1	2	3	4	5	6	7	8	9	10
Mission	1	2	3	4	5	6	7	8	9	10
Konkurrenz										
Wer ist die Konkurrenz?	1	2	3	4	5	6	7	8	9	10
Warum kaufen die Kunden?	1	2	3	4	5	6	7	8	9	10
Was sind ihre Stärken?	1	2	3	4	5	6	7	8	9	10
Was sind ihre Schwächen?	1	2	3	4	5	6	7	8	9	10
Wie verkaufen wir gegen die Konkurrenz?	1	2	3	4	5	6	7	8	9	10
Markt										
Wer ist der beste Kunde?	1	2	3	4	5	6	7	8	9	10
Wo ist der beste Kunde?	1	2	3	4	5	6	7	8	9	10
Wie kauft er?	1	2	3	4	5	6	7	8	9	10
Warum kauft er?	1	2	3	4	5	6	7	8	9	10
Welchen Nutzen wünscht er sich?	1	2	3	4	5	6	7	8	9	10

2. Worauf müssen Sie Ihr Training konzentrieren?

   Listen Sie fünf Punkte der Priorität nach auf.

   1. ______________________________

   2. ______________________________

   3. ______________________________

   4. ______________________________

   5. ______________________________

3. Welche Informationen müssen Sie Ihren Verkäufern geben, um sie informiert zu halten, und wie werden Sie ihnen diese Informationen geben?

   ____

   ____

   ____

   ____

   ____

   ____

   ____

   ____

   ____

   ____

11 Verkaufstraining

Überblick

„Solange Sie tun, was Sie immer tun, werden Sie bekommen, was Sie immer schon bekommen haben." Das ist ein weises Zitat, aber die wirkliche Geschäftswelt bietet ein noch düsteres Bild. Sie werden nur dann weiterhin bekommen, was Sie gegenwärtig bekommen, wenn die Konkurrenz nicht besser wird. Wir alle wissen, daß das nicht der Fall ist: Die Konkurrenz wird besser werden.

Training ist der einzige Weg, um mit der Konkurrenz Schritt zu halten und sie zu überflügeln. Die Qualität Ihres Verkaufsteams ist eine entscheidende Grundlage Ihres Wettbewerbsvorteils. Vielleicht ist sie sogar der einzige dauerhafte Wettbewerbsvorteil, den Sie haben. Sie müssen Ihre Leute in Ihrer Branche konstant durch Trainings weiterbilden.

Ziele

Bis zum Ende dieses Kapitels werden Sie folgendes lernen:

- Die verschiedenen Arten von Training.
- Über die Stufen des Trainings.
- Aufbau des Verkaufstrainings – Das Basismodell.

Ihre Glaubwürdigkeit steht jeden Tag neu auf dem Spiel. Der Verkaufsmanager ist derjenige, der den Hahn kontrolliert, an dem die Umsätze auf- und zugedreht werden. Und für Ihren Erfolg gibt es nichts Wichtigeres, als die Fähigkeiten Ihrer Leute zu verbessern. Wir wissen, daß die Qualität Ihres Verkaufsteams sich an den Umsätzen entscheidet. Das ist das Schöne am Verkaufen: Sie können zahlenmäßig erfassen, wie es läuft. Außerdem wissen wir, daß die Qualität des Verkaufsmanagers die Qualität des Verkaufsteams bestimmt. Da gibt es ein Gesetz der Korrespondenz. Ihr Verkaufsteam entspricht genau Ihrer Persönlichkeit. Die Qualität Ihrer Arbeit und der Ihres Teams verschafft Ihnen und Ihrer Firma die „Winning Edge".

Nun wissen wir auch, daß Verkaufsleistung sich aus Motivation mal Fähigkeit ergibt, und Fähigkeit ist die Summe aus Begabung plus Erfahrung plus Training. Dabei ist Training die entscheidende Variable. Wenn Sie an militärische Elite-Einheiten denken, etwa an die US-Marines oder die GSG9, dann denken Sie an hervorragendes Training.

Ein wichtiger Punkt dazu, der von W. Edward Demming stammt, dem „Vater der Qualität", ist, daß Training keine Ausgabe ist. Niemand betrachtet Training als einen Luxus, auf den man verzichten könnte, wenn es um eine Fußballmannschaft geht. Dem Leiter der Schulungsabteilung bei Motorola zufolge erwirtschaftet richtig eingesetztes Training eine Rendite von 30 Dollar für jeden eingesetzten Dollar.

Meine Definition für Training ist einfach folgende: Training ist jede Ausbildungsmaßnahme, die zu einer Umsatzsteigerung führt, die höher ist als die Kosten des Trainings. Richtiges Training erbringt einen hohen Investitionsertrag, das heißt, es bringt mehr ein, als es kostet, also ist gutes Verkaufstraining kostenlos. Das bedeutet, daß Sie soviel wie möglich davon haben sollten.

Um Ihre Karriere voranzutreiben und sich bei Ihren Vorgesetzten einen guten Namen zu machen, müssen Sie ein Verkaufsteam von Gewinnern aufbauen. Und der Schlüssel dazu ist Training. Sie müssen darum kämpfen, Training für Ihre Verkäufer zu bekommen. Sie müssen um Geld, Zeit und Budgets für Training kämpfen, denn Ihre Mitarbeiter sind es, die Sie als Held dastehen lassen können. Wenn Sie sie nicht trainieren, werden Sie auch nicht die gewünschten Ergebnisse bringen. Wenn Sie Coach einer Fußballmannschaft wären und Ihre Leute nicht trainieren würden, dann würden Sie die Spiele verlieren, selbst wenn Sie die besten Leute hätten. Wichtig dabei: Wir haben über das Rekrutieren gesprochen, über Interviews, Auswahl, Motivation und darüber, den Mitarbeitern Hintergrundwissen, Strategie und Positionierung zu vermitteln. Aber nichts davon wird helfen, wenn Sie sie nicht trainieren.

Professionelles Verkaufstraining ist die Grundlage hervorragender Verkaufsleistungen. Sie würden nie erwarten, daß jemand ohne Training lernt, Maschine zu schreiben, ein Flugzeug zu fliegen oder Auto zu fahren. Nun gibt es mehrere Arten von Verkaufstraining, und es ist wichtig, welche Sie auswählen. Da gibt es zunächst den Seminarvortrag, wo der Trainer einfach spricht, es gibt Trainings in Workshops, es gibt natürlich Video-Training und Audio-Training, es gibt Bücher und Arbeitsbücher zum Verkaufstraining, und es gibt Rollenspiele. All diese Formen des Verkaufstrainings haben ihren Platz. Mal ist die eine besser, mal die andere.

Unter den verschiedenen Trainingstypen hat jede ihre Stärken und Schwächen. Nennen wir sie maßgeschneidert, halb-maßgeschneidert und von der Stange. Maßgeschneidertes Training ist genau auf Sie und Ihre Zwecke zugeschnitten. Viele Firmen geben Zehntausende, ja Hunderttausende für die Entwicklung eigener Trainingsabläufe aus. Der Schwachpunkt dabei ist, daß unzählige Dinge, Märkte, Produkte, Konkurrenten sich ändern können, bevor das maßgeschneiderte Training fertig ist. Die Stärke ist natürlich, daß ein solches Training da, wo sich nichts ändert, sehr konkret ist. Beim halb-maßgeschneiderten Training nehmen Sie solide Trainingsmaterialien, Ideen, Techniken, Methoden und Prinzipien und präsentieren sie so, daß sie auf die jeweilige Firma abgestimmt wird. Das Training von der Stange, also ein Standard-Training, das nicht versucht, sich an eine individuelle Situation anzupassen, kann als Basistraining für Leute ohne Vorkenntnisse sehr hilfreich sein.

Professionelles Verkaufstraining untergliedert sich in Basistraining, weiterführendes Training und Training für Top-Verkäufer. Viele Leute halten sich für zu gut für Basistraining. Tatsache ist jedoch: Wenn jemand ganz neu in einer Firma anfängt, muß er wieder bei einer niedrigen „task relevant maturity" anfangen und dann Basistraining, weiterführendes Training und Training für Top-Verkäufer durchlaufen. Erstaunlich ist jedoch, daß beispielsweise 70 Prozent aller Verkäufer überhaupt kein Training haben. 70 Prozent der amerikanischen Firmen führen kein Verkaufstraining durch, sondern nur den sogenannten dreiteiligen Trainingsprozeß – den habe ich auch durchlaufen, als ich anfing: Hier sind Ihre Visitenkarten, hier sind Ihre Prospekte, da ist die Tür. Oder, hier sind die Prospekte und hier sind ein paar Werbematerialien, lesen Sie sie durch, und dann – da ist die Tür, aber machen Sie nicht so lange. Wie ist das bei den besten Firmen? Als ich als Trainer für IBM arbeitete, habe ich festgestellt, daß dort die Verkäufer 18 Monate lang geschult werden, bevor sie zum ersten Mal alleine zu einem Kunden dürfen. Und sie hatten die am besten trainierte Verkaufsorganisation der Welt. Eine durchschnittliche Verkaufsfirma trainiert ihre Leute nicht einmal 18 Stunden, geschweige denn 18 Monate. Und dann wundern sie sich, warum sie nicht die Umsätze machen, die sie sich erhoffen.

95 Prozent aller Verkäufer, auch die fähigsten, professionellsten und erfolgreichsten, brauchen mehr Training. Wie stellen Sie fest, ob Ihre Leute mehr Training brauchen? Ich sage Ihnen, wie: Ihre Umsätze sind nicht so hoch, wie Sie sie sich wünschen. Und wie können Sie feststellen, ob Sie persönlich mehr Training brauchen? Das merken Sie immer daran, daß Sie nicht die Ergebnisse erzielen, die Sie sich wünschen. Die Regel lautet: Um mehr zu verdienen, müssen Sie mehr lernen. Um mehr zu verdienen, müssen Sie ständig Ihre Fähigkeiten verbessern. Wenn Ihre Verkäufer mehr verkaufen sollen, müssen ihre Fähigkeiten verbessert werden. Ihre Ergebnisse können nicht besser werden, wenn sie nicht selbst besser werden. Verkaufstraining muß ständig stattfinden. Es ist wie die tägliche Bewegung. Es muß ständig stattfinden und regelmäßig kontrolliert werden. Im Idealfall sollte ein Unternehmen täglich Training durchführen. Manche der Firmen, mit denen wir arbeiten, trainieren montags, mittwochs und freitags. Manche Firmen, die mit ihren Umsätzen alle Konkurrenten überflügelt haben und auf schwierigen Märkten 200, 300, 400 Prozent Steigerung hatten, trainieren ihre Leute jeden Morgen 30 bis 60 Minuten lang. Jeden Morgen geben sie ihren Leuten eine Stunde intensives Training, bevor sie hinausgehen. Und die Auswirkungen sind erstaunlich. Es ist genauso, wie wenn sie ins Fitneß-Center gehen und jeden Morgen 30 bis 60 Minuten lang kräftig trainieren. Wie lange würde es dauern, bis sie viel fitter wären als die meisten Leute?

Nun zum Aufbau des Verkaufstrainings. Was müssen Ihre Leute gut machen, um erfolgreich zu sein? Was sind die entscheidenden Erfolgsfaktoren? Welche „Winning Edges“ müssen Ihre Leute entwickeln, um die Konkurrenz zu schlagen und auf einem umkämpften Markt zu überleben? Jedes Verkaufstraining beruht auf dem sogenannten Basismodell. Das Basismodell beinhaltet die sieben entscheidenden Teile des Verkaufsprozesses:

1. *Grundlage ist die Akquisition.* Ihre Verkäufer müssen hinausgehen und potentielle Kunden finden. Ob es nun um große oder kleine Abschlüsse geht, kurzfristige oder langfristige Verkäufe, sie müssen sich Termine holen, zu den Leuten hingehen und mit ihnen reden.

2. *Sympathie und Vertrauen aufbauen.* Wer Sie nicht mag, wird keine Geschäfte mit Ihnen machen. Darum müssen Verkäufer Sympathie aufbauen. Und all die verschiedenen Techniken, wie Fragen stellen, Image und Persönlichkeit, gehören zu diesem zweiten Teil.

3. *Probleme und Bedürfnisse erkennen.* Keiner kauft bei Ihnen, der nicht ein Problem zu lösen oder ein Bedürfnis zu befriedigen hat. Durch Fragen finden Sie es heraus. Je besser Sie Fragen stellen, je durchdringender Sie sondieren, desto eher werden Sie ein Bedürfnis finden, das Sie befriedigen können.

4. *Lösungen präsentieren.* Sie zeigen auf, daß Ihr Produkt die Lösung des Problems ist und daß Sie und Ihre Firma fähig sind, ja fähiger sind als andere, das Bedürfnis zu befriedigen.

5. *Verkaufen gegen die Konkurrenz.* Für fast alles, was Sie verkaufen, gibt es Mitbewerber. Dazu gehört auch, wie Sie auf Einwände antworten. Wie überwinden Sie Bedenken? Wie beseitigen Sie die Hinternisse, die den Kunden vom Kauf abhalten?

6. *Die Bestätigung, der Abschluß, die Vereinbarung.*

7. *Weiterführende Empfehlungen und Zusatzverkäufe.*

Dies sind bei allen Verkäufen Ihre entscheidenden Ergebnisbereiche. Sie haben es immer mit Kaufzyklen, Verkaufszyklen und Marktbedingungen zu tun, aber wenn Ihre Leute gut sind, dann sind sie in allen diesen Bereichen gut. Wenn sie schlecht sind, dann sind sie in einem oder mehreren dieser Bereiche schwach.

Der nächste Schritt ist also die Frage, wo die Schwachpunkte Ihrer Verkäufer liegen. Es gibt zwei, manchmal auch drei Möglichkeiten, das herauszufinden. Sie können Ihre Kunden fragen, wie Ihr Verkäufer seine Sache gemacht hat, Sie können den Verkäufer fragen, wenn auch die meisten Verkäufer ihre Schwachpunkte nicht ganz klar sehen, oder Sie können mitgehen und den Verkaufsbesuch selbst beobachten, indem Sie still im Hintergrund dabeisitzen. So können Sie herausfinden, was Ihre Leute gut und was sie schlecht machen.

Die nächste Frage ist: Wo sind Sie angreifbar im Hinblick auf das Produkt oder den Service, wo sind Sie angreifbar, indem Sie auf dem Markt überflügelt werden? Inwiefern schwächt die Konkurrenz die Wirkung Ihrer Verkaufsbemühungen? Wo liegen Ihre Stärken? Welche Stärken im Wettbewerb haben Ihr Produkt, Ihr Service und Ihre Verkäufer, und wie können Sie aus diesen Stärken Kapital schlagen?

Eine weitere Form des Trainings ist das On-the-job-Training. Diese wichtige Trainingsform besteht aus zwei Elementen. Erstens, praktische Erfahrung. Die Leute gehen hin und sprechen mit Kunden. Indem sie das immer wieder tun, entwickeln sie gewisse Kenntnisse und Fähigkeiten. Gleichzeitig entwickeln sie auch schlechte Gewohnheiten und können sie sich direkt ins Abseits entwickeln, wenn niemand sie trainiert. Der zweite Teil des On-the-job-Trainings ist das Einüben neuer Techniken. Wenn Sie ihnen etwas Neues beibringen und sie dann auffordern, es zu üben und sich nach jedem Besuch Notizen zu machen, können sie sich sozusagen an der Front selbst trainieren.

Der Verkaufsmanager kann auch einen sehr wichtigen Beitrag zum Coaching leisten. Darauf werden wir noch näher eingehen, aber zwei Dinge schon vorweg. Das erste ist Beobachtung. Um die Fähigkeiten Ihrer Verkäufer zu coachen, müssen Sie mitgehen, beim Verkaufsgespräch dabei sein und es beobachten, sich Notizen machen und hinterher darüber sprechen. Zweitens gehört dazu, Feedback zu geben und nachzuhaken. Damit stellen Sie sicher, daß der Verkäufer Ihren Rat befolgt und danach handelt. Eine weitere hilfreiche und wirkungsvolle Form des Verkaufstrainings ist die Selbstentwicklung, eine der besten Möglichkeiten für die kontinuierliche, planmäßige Entwicklung eines Verkäufers. Ich habe Programme an Hunderttausende von Verkäufern verkauft, die Außergewöhnliches geleistet und ihre Umsätze und die ihrer Firmen verdoppelt und verdreifacht haben, indem sie Selbstentwicklungsprogramme anwandten. Es sind im wesentlichen drei:

1. *Bücher.* Geben Sie Ihren Verkäufern einfach einmal im Monat Bücher übers Verkaufen, damit sie sie lesen und Ihnen dann berichten. Sie werden feststellen, wenn Sie die Bücher sorgfältig auswählen und Ihre Leute sie regelmäßig lesen, dann werden ihre Umsätze steigen.

2. *Kassetten hören.* Kassetten gelten zu Recht als der größte Fortschritt auf dem Gebiet der Ausbildung seit der Erfindung der Druckerpresse. 500 bis 1 000 Stunden pro Jahr sitzen wir im Durchschnitt im Auto, und wenn Ihre Leute auf den Fahrten von Termin zu Termin

Kassetten hören, wird das erstaunliche Auswirkungen auf ihre Umsätze haben. Ihr Job ist es, die Kassetten auszusuchen, anzuhören, dafür zu sorgen, daß die anderen sie hören und Ihnen berichten, was sie gelernt haben.

3. *Offene Seminare.* Dort können Ihre Leute mit anderen Verkäufern zusammentreffen, neue Ideen kennenlernen, sich neu motivieren lassen, sich informieren und so weiter. Ermutigen Sie also Ihre Leute, so oft wie möglich auf Verkaufsseminare zu gehen. Manchmal hat schon eine einzige neue Idee erstaunliche Auswirkungen.

Schließlich gibt es noch die Verkaufsmeetings in der Firma. Ein paar Gedanken dazu.

1. *Verkaufsmeetings sollten sich immer an den Verkäufern orientieren.* Die Verkäufer sollten die Tagesordnung bestimmen, indem sie vorher gefragt werden.
2. *Reden Sie bei den Besprechungen über Probleme beim Verkaufen.* Dies ist die große Gelegenheit für die Verkäufer, ihre Probleme zur Sprache zu bringen und von anderen Verkäufern lösen zu lassen, die dasselbe Problem haben.
3. *Lassen Sie die Verkäufer Referate halten.* Statt daß die Firma referiert und den Mitarbeitern beibringt, was sie tun sollen, lassen Sie andere Verkäufer ihren Kollegen präsentieren, wie sie die Probleme lösen.
4. Führen Sie bei Ihren regelmäßigen Verkaufsmeetings *zusätzliches Training und Workshops* ein. Bringen Sie neue Ideen von außen ein.

Trainieren Sie zielstrebig. Das heißt, trainieren Sie mit konkreten Zielen und Maßstäben. Versuchen Sie nicht, Mitarbeitern beizubringen, die Welt zu verändern, sondern analysieren Sie, was sie lernen müssen, schulen Sie sie gründlich darin, und überprüfen Sie die Fortschritte regelmäßig. Der Schlüssel zum Erfolg ist kontinuierliches Training. Wenn aus Ihren Mitarbeitern ein Spitzenteam werden soll, müssen Sie kontinuierlich trainieren. Das ist der Schlüssel zum Aufbau einer Weltklasse-Verkaufsmannschaft. Definieren Sie den Lernbedarf, finden Sie Wege, ihn zu decken, und schulen Sie sie kontinuierlich, bis ihre Umsätze alle Quoten sprengen.

ÜBUNGEN

1. In welchen Bereichen sind die Leute Ihres Teams schwach?

Name	**Trainingsbedarf im Bereich**
	a.
	b. ______________________
	c. ______________________
______________________	a. ______________________
	b. ______________________
	c. ______________________
______________________	a. ______________________
	b. ______________________
	c. ______________________
______________________	a. ______________________
	b. ______________________
	c. ______________________

2. Nehmen Sie sich jetzt Zeit, um einen umfassenden und ständigen Trainingskalender aufzustellen.

   a) Gehen Sie das Modul und die Übungen eins bis fünf noch einmal durch.

   b) Entscheiden Sie, welche Themen zu behandeln sind.

   c) Entscheiden Sie, wie jedes Thema zu behandeln ist.

   d) Tragen Sie die Aktionsschritte für Ihr Training in einen Trainingskalender. Vergessen Sie nicht, Zeit und Datum für das Follow-up zum Trainingsthema einzutragen.

12 Das Gewinner-Team

Überblick

Wir haben bereits über die Bedeutung der Mitarbeiterrekrutierung gesprochen – die Auswahl und der Aufbau von qualifizierten Mitarbeitern. Jetzt werden wir uns darauf konzentrieren, diese Individuen zu einem geschlossenen Team zusammenzuschweißen. Bedenken Sie: Sie schaffen es nicht allein; Sie müssen durch andere arbeiten. Die Wirkung, die diese anderen haben, um Ihre Ziele zu erreichen, läßt sich durch die Kraft der Synergie enorm steigern.

Ziele

Bis zum Ende dieses Kapitels werden Sie folgendes lernen:

- Sechs Schlüsselqualitäten eines Gewinner-Teams.
- Die Grundbedürfnisse der Teammitglieder.
- Das HP-Modell der Effektivität.
- Wie man ein Team motiviert.
- Wie man eine Teamkultur entstehen läßt.

Ihr Job als Verkaufsmanager ist es nicht nur, einen überlegenen Verkäufer zu rekrutieren, zu managen und zu motivieren, sondern auch aus gegensätzlichen Charakteren ein Verkaufsteam von Gewinnern zu schmieden. Nun sind mehr als hundert Sportmannschaften, die auf ihrem Gebiet siegreich waren, genau analysiert worden, um herauszufinden, welche Merkmale sie zu Gewinner-Teams machten. Das Ergebnis waren sechs Schlüsselqualitäten, die ebenso auf Sie und Ihr Verkaufsteam anwendbar sind. Sie wissen ja: Erfolg heißt herausfinden, was andere erfolgreiche Leute tun, und es ihnen nachmachen. Hier also die großen Sechs.

1. Die Basis für echten Erfolg beim Aufbau Ihres Verkaufsteams ist klares *Coaching und Leadership*. Es muß ganz klar sein, wer das Kommando führt. Es muß klar sein, daß Sie demokratisch gesinnt sind, auf Konsens bedacht, freundlich, warmherzig, aber dennoch das Kommando führen. Viele Leute, die mit Verkäufern arbeiten, die größtenteils oder ganz auf Provision arbeiten, glauben, sie hätten nicht das Recht, von diesen Leuten etwas zu fordern, aber das ist falsch. Tatsache ist, daß selbst Leute, die ausschließlich auf Provision tätig sind, besser arbeiten, wenn sie wissen, daß ihr Verkaufsmanager die Befehle gibt. Machen Sie sich bewußt, daß Sie ein Repräsentant des Managements sind. Sie sind nicht einer von den Jungs draußen, Sie sind ein Vertreter der Teamsponsoren, und Ihr Job ist es, dafür zu sorgen, daß Ihre Leute ihre Arbeit machen.

2. Eine Qualität von Gewinner-Teams ist die *Verpflichtung zur Exzellenz*, die Verpflichtung zum Siegen. Die besten Teams ziehen nicht aufs Feld, um ein gutes Spiel zu spielen, sondern um zu gewinnen. Sie legen sich von Anfang an auf Exzellenz fest. Jedes Team braucht seinen Bereich der Exzellenz, in dem es Spitzenleistungen bringt – indem es ein anderes Team innerhalb der eigenen Organisation überflügelt, seine bisherigen Zahlen in den Schatten stellt, irgendein definiertes Ziel gewinnt, andere Verkaufsorganisationen überflügelt, das höchste Umsatzvolumen pro Person erzielt, den größten Zuwachs am Marktanteil erreicht. Aber Sie müssen ein Ziel setzen, eine Strategie, eine Siegesvision, damit Ihr Team zusammenarbeiten kann, um dieses Ziel zu erreichen.

3. Die besten Teams zeichnen sich aus durch *offene Kommunikation*. Wie erreichen Sie einen freien Kommunikationsfluß? Machen Sie es Ihren Mitarbeitern leicht, aufwärts und abwärts zu kommunizieren.

Räumen Sie Informationsblockaden aus dem Weg. Seien Sie offen, und ermutigen Sie zur Offenheit. Interessanterweise bringen die Firmen, in den viel diskutiert wird und Meinungsverschiedenheiten offen ausgetragen werden, die höchsten Leistungen. Es gibt keine üble Nachrede. Niemand redet hinter dem Rücken eines anderen. Es gibt keine Mauscheleien. Die Leute laufen nicht voller Groll beleidigt herum. Ermuntern Sie Ihre Mitarbeiter, wenn sie Probleme haben, sich mit dem anderen auszusprechen. Wenn Sie Schwierigkeiten mit jemandem haben, gehen Sie hin und klären Sie die Sache, so daß niemand mit einer unverarbeiteten Sache nach Hause geht.

4. Ein weiteres Kennzeichen des Gewinner-Teams ist ein starker *Schwerpunkt auf Mitarbeiter-Entwicklung.* Das bedeutet, daß Sie alles daransetzen, das Team zur Exzellenz zu führen, aber auch, daß Sie jeden einzelnen trainieren und entwickeln. Sie haben einen Spielplan oder einen persönlichen und beruflichen Coaching-Plan für jeden einzelnen. Sie fragen Ihre Mitarbeiter, wo sie in einem, zwei, drei oder vier Jahren stehen wollen, wieviel Geld sie verdienen wollen, und wie gut sie sein müssen, um das zu schaffen. Und dann helfen Sie ihnen, die nötigen Werkzeuge zu bekommen, um sich soweit zu entwickeln, daß sie diese Ziele erreichen können.

5. Das fünfte Kennzeichen von Gewinner-Teams ist *selektive Spielerverteilung.* Mit anderen Worten, die Leute werden entsprechend ihrer Persönlichkeit da eingesetzt, wo sie am meisten zum Team beitragen können. Wenn jemand in einem bestimmten Bereich nicht besonders gut ist, wird er anders eingesetzt, damit seine besten Talente zum Tragen kommen. Genau wie in einer guten Sportmannschaft die Spieler so verteilt werden, daß sie den größten Beitrag zum Team leisten können.

6. Ein starker Nachdruck liegt auf *strategischer Planung.* Die Mitglieder des Teams als einzelne und Gruppen verbringen viel Zeit damit, darüber zu sprechen, wie sie ihre Ziele erreichen werden. Dabei sind zwei Dinge wichtig. A, die Ziele sind klar. Sie haben klare Ziele und Vorgaben. Jeder weiß, was das Team erreichen will. Sie wissen, was sie als Team sind und was sie als einzelne sind. Und B, es gibt klare Aktionspläne. Jeder weiß, wie die Ziele zu erreichen sind. Um also Ihr Gewinner-Team aufzubauen, müssen Sie dafür sorgen, daß ganz klar ist, daß Sie der Boß sind, daß jeder fest entschlossen ist zu gewinnen, ein großartiges Team zu sein, daß offene Kommunikation

herrscht, die Leute frei reden und keine Fragen offen bleiben, daß Sie einen starken Schwerpunkt auf ihre Entwicklung legen, weil das die Leute wirklich motiviert, daß Sie Leute umverteilen, wenn sie an ihrer Position nicht zufrieden oder erfolgreich sind, aber auch, was Ihre Strategie ist und was Sie erreichen wollen.

Im Blick auf Teamaufbau haben die Leute zwei Grundbedürfnisse. Das erste ist das Bedürfnis nach Unabhängigkeit, das Bedürfnis, sich hervorzuheben, für individuelle Leistungen anerkannt und belohnt zu werden. Wenn jemand den Eindruck hat, härter zu arbeiten als andere und dafür nicht adäquat belohnt zu werden, wird ihn das demotivieren. Doch das zweite ist das Bedürfnis nach Zugehörigkeit. Das ist entscheidend in Maslows Bedürfnispyramide, und in der Arbeitswelt ist es das Gefühl, zu einer Gruppe zu gehören. Sie brauchen einen Sinn für ihr Tun, und der kommt aus diesem Gefühl, Teil einer größeren Organisation zu sein.

Darum ist es so wichtig, daß Mitarbeiter verstehen, wie ihre Firma entstanden ist und was sie will, was sie in der Vergangenheit gemacht hat und was sie in Zukunft vorhat, denn das gibt Mitarbeitern das Gefühl, Teil von etwas Großem zu sein. Sie sind dann positiver, selbstsicherer, effektiver, sie machen bessere Umsätze, und sie lassen Sie besser dastehen.

Nun zum HP-Modell der Effektivität. Hewlett Packard hat viele Millionen Dollar und viele Jahre darauf verwendet, ihre erfolgreichsten und effektivsten Manager und Teams in aller Welt zu untersuchen, und sie kamen zu dem Schluß, daß sie alle fünf Qualitäten gemeinsam hatten. Auch hier wieder sind klare Ziele und Vorgaben die Nummer eins. Jeder wußte, was das Team zu erreichen versuchte. Sie wußten, was sie bisher erreicht hatten und was sie in Zukunft erreichen wollten. Das zweite Kennzeichen, das Hewlett Packard identifizierte, waren gemeinsame Wertvorstellungen, die durch Diskussion erarbeitet wurden. Das waren die Dinge, für die die Firma stand, wie Harmonie, die Besten sein, Ehrlichkeit, Offenheit und so weiter. Sie waren sich also einig, aufgrund welcher Werte sie ihre Beziehungen organisieren wollten. Wenn Sie Offenheit, Harmonie, Tatkraft und gute Laune zum Prinzip machen und jeder damit einverstanden ist, dann werden diese Dinge zur Grundlage Ihres Umgangs miteinander.

Entscheidend für Gewinner-Teams waren gemeinsame Pläne. Das bedeutete, daß sie sich viel Zeit zum Diskutieren nahmen. Wir haben ja schon von dem direkten Zusammenhang zwischen den Diskussionen und der Einsatzbereitschaft für einen Plan gesprochen. Alle setzten sich zusammen und verteilten, bis alle sich einig waren, was jeder einzelne zum Erreichen des Ziels beitragen würde.

Der Verkaufsmanager führte die Aktivitäten an. Er war bereit, sich an die Front zu stellen. Er war bereit, hinauszugehen und die Kunden zu besuchen, Verantwortung zu übernehmen. Es war also entscheidend, daß er die Aktivitäten anführte und bereit war, härter und länger zu arbeiten, um den Maßstab zu setzen und Vorbild zu sein.

Ein Merkmal der besten Teams ist auch, daß sie ständig ihre Leistung überprüfen. Sie überprüfen ständig, wie gut sie sind. Denn was gemessen wird, wird getan. Und je mehr Sie messen, je mehr Sie überwachen, je mehr Sie kontrollieren, desto wahrscheinlicher ist es, daß die Leute den nötigen Einsatz bringen, um es Wirklichkeit werden zu lassen.

Kommen wir kurz auf Team-Motivation zu sprechen. Teams sind motiviert, wenn sie einen Grund haben, motiviert zu sein. Doch wie motivieren Sie Mitarbeiter als Team? Setzen Sie Team-Ziele wie auch individuelle Ziele. Jeder einzelne sollte also sein Umsatzziel haben, aber das Team sollte ebenfalls ein Umsatzziel haben. Darüber hinaus sollten Sie ebenso Team-Belohnungen in Aussicht stellen wie auch individuelle Belohnungen. Sie wollen, daß die Leute als Team denken und für ihren Beitrag zum Erreichen des Team-Ziels belohnt werden.

Vergessen Sie nicht, alle informiert zu halten. Mitarbeiter haben es gern, wenn sie eingeweiht sind. Wenn Sie alle über den Stand der Dinge informiert halten, sind sie viel eher bereit, zusätzliche Anstrengungen zu unternehmen, besonders wenn Sie sie über die Fortschritte im Blick auf das Teamziel informiert halten. Und erkennen Sie Teamerfolge öffentlich an. Mit anderen Worten: Worauf immer Sie Ihre Aufmerksamkeit richten, was immer Sie groß herausstellen, darauf werden auch Ihre Leute achten und mehr davon tun.

Fördern Sie Team-Aktivitäten. In den besten Firmen gibt es sichere Wege, Team-Aktivitäten zu fördern. Erstens, bringen Sie die Team-Mitglieder zusammen. Sie können kein Gewinner-Team aufbauen, wenn die Team-Mitglieder nicht ständig miteinander umgehen, miteinander reden, sich näher kommen. Ich habe für einige der erfolgreichsten internationalen Firmen gearbeitet, und die bringen ihre Mitarbeiter zu Workshops zusammen, zu Schulungen, aber auch zu vielen geselligen Aktivitäten. Und je mehr Zeit sie miteinander verbringen, desto mehr entwickeln sie das Gefühl, zu etwas Größerem zu gehören. Außerdem: Fördern Sie gesunden Wettbewerb. Gesunder Wettbewerb ist freundschaftlicher Wettbewerb, besonders innerhalb einer Firma. Gesunder Wettbewerb kann auch bei geselligen Aktivitäten gefördert werden. Aber es muß Spaß machen, es muß gesund sein, es muß etwas sein, worüber man lacht, so daß Mitarbeiter einander zu überflügeln versuchen, ohne wütend oder demotiviert zu werden. Lassen Sie Team-Mitglieder zusammenarbeiten, damit sie merken, daß sie Teil eines Teams sind. Schicken Sie sie gemeinsam zu Kundenbesuchen, lassen Sie sie gemeinsam an Projekten arbeiten und zusammen in Ausschüssen sitzen.

Sprechen Sie positiv über die Leute im Team. Wissen Sie, was dann passiert? Es spricht sich zu demjenigen herum, über den Sie gesprochen haben. Sprechen Sie also bei jeder Gelegenheit darüber, wie gut jemand ist, wie gut er arbeitet oder wie kooperativ, hilfsbereit oder wertvoll er für die Firma ist. Denn wenn die anderen davon hören, wollen sie, daß über sie ebenso geredet wird. Diskutieren Sie regelmäßig über gemeinsame Ziele. Bitten Sie um Input über die verschiedenen Ziele und Aktivitäten. Je mehr Sie über die gemeinsamen Ziele des ganzen Teams reden, desto verbindlicher werden Ihre Mitarbeiter daran arbeiten, sie zu erreichen. Sprechen Sie über Team-Resultate. Wann immer ein Team etwas erreicht oder wann immer zwei oder mehrere Leute zusammenarbeiten, um einen Abschluß zu machen oder eine Kostenreduzierung oder dergleichen zu erreichen, sprechen Sie darüber. Sagen Sie es allen.

Seien Sie offen für Vorschläge. Das ist sehr wichtig. Dazu ein Beispiel, wie wir es in unserem Unternehmen anwenden: Fragen Sie in einer Sitzung jeden in Ihrer Firma: Was können wir tun, um dies zu einem perfekten Unternehmen zu machen? Oder sagen Sie: „Dies wäre eine perfekte Firma, wenn ...", und lassen Sie die Leute in der Gruppe den Satz vollenden. Lassen Sie sich von Ihren Mitarbeitern hypothetische Definitionen geben, wie Ihre Organisation aussehen würde, wenn sie perfekt wäre.

Eine Team-Kultur zu schaffen dauert lange, aber es ist sehr wichtig. Eine Kultur besteht aus Menschen mit gemeinsamen Erfahrungen, einer gemeinsamen Geschichte, gemeinsamen Zielen, gemeinsamen Werten, aus Leuten, die zusammengehören wie eine Nation oder eine Familie. Also involvieren Sie die Team-Mitglieder in strategischen Sitzungen für die ganze Verkaufsorganisation. Je mehr die Mitarbeiter an der Festlegung der Gesamtstrategie beteiligt sind, desto verbundener fühlen sie sich. Seien Sie offen für Einflüsse. Nichts bindet Leute stärker an ein Unternehmen als das Gefühl, daß ihre Vorgesetzten offen für Veränderungen sind, wenn Sie Feedback von den Leuten im Außendienst bekommen. Wenn Sie also Menschen beeinflussen wollen, gilt die Regel: Machen Sie deutlich, daß Sie offen dafür sind, sich von ihnen beeinflussen zu lassen. Wenn sie sinnvolle Veränderungen vorschlagen, dann baut es die Moral und die Teamkultur ungemein auf, wenn Sie diese Veränderungen umsetzen. Und schließlich, erzählen Sie Geschichten über Team-Erfolge. Bauen Sie eine Historie von Teams, die zusammengearbeitet und große Dinge erreicht haben. Denn wann immer Sie Ihren Mitarbeitern von Teams erzählen, die Erfolg hatten, die gemeinsam Hindernisse und Einwände überwunden haben, will jeder auch wie sie sein. Und das ist der Schlüssel.

Dies sind die Schlüssel zum Aufbau eines Gewinner-Teams von Verkäufern. Sie bedeuten Tag für Tag harte Arbeit, aber der Gewinn für Sie und Ihre Mannschaft kann enorm sein.

ÜBUNGEN

1. Was ist das Siegesziel Ihres Teams? Welchen Lohn wird das Team erringen, wenn das Ziel erreicht wird?

___

___

___

2. Betrachten Sie die gegenwärtige Aufgabe jedes Mitglieds Ihres Teams. Ist dies die beste Zusammenstellung für Ihre Mitarbeiter und für Ihr Unternehmen?

Name	**Derzeitige Aufgabe**	**Ideale Aufgabe**
___	___	___
___	___	___
___	___	___
___	___	___
___	___	___

3. Hat jedes Ihrer Team-Mitglieder eine Strategie, um den Marktanteil auf seinem Gebiet zu vergrößern?

Name	**Primäre Strategie**
___	___
___	___
___	___
___	___

4. Haben Sie gemeinsame Wertvorstellungen in Ihrem Team? Welche sind das? Wenn nicht, wann werden Sie eine Liste gemeinsamer Werte aufstellen? Wie werden Sie sie aufstellen? Welche Werte könnten das sein?

____

____

____

____

____

____

____

____

5. Was ist die Geschichte Ihres Teams? Welche (witzigen) Geschichten, welche Erfolge können berichtet werden, um eine solche Historie zu entwickeln?

____

____

____

____

____

____

____

____

13 Gebietsmanagement

Überblick

Sie haben die Spieler ausgewählt und entwickelt. Sie haben den richtigen Korpsgeist aufgebaut. Nun müssen Sie Ihre Leute in den richtigen Aufgaben plazieren und diese Aufgaben so strukturieren, daß sie den Stärken des einzelnen entsprechen.

Verkäufer sind nicht austauschbar. Die Fähigkeiten und Talente, die der eine benutzt hat, um zum Erfolg zu kommen, wirken sich bei einem anderen vielleicht nicht so gut aus. Ihr Job als Verkaufsmanager ist es, die richtigen Leute an den richtigen Stellen zu plazieren. Das kann bedeuten, daß Sie Ihre Gebiete reorganisieren und Ihre Mitarbeiter umgruppieren müssen.

Ziele

Bis zum Ende dieses Kapitels werden Sie folgendes lernen:

- Die zwei Arten von Verkaufsgebieten.
- Über verschiedene Arten von Verkaufsbesuchen.
- Wie man eine Gebietsanalyse macht.
- Über die maximale Abdeckung des Gebiets.
- Wie man ein System für die Besuchsberichte aufstellt.
- Sieben Schlüssel zum Gebietsmanagement.

Als guter Verkaufsmanager akzeptieren Sie ein hohes Maß an persönlicher Verantwortung für Ihren Bereich. Sie sehen Ihr Verkaufsterritorium fast so wie Ihren eigenen Laden. Sie verhalten sich so, als ob es Ihnen gehörte. Alles, was in diesem Territorium passiert, hat für Sie Bedeutung. Doch uns geht es primär um die Tatsache, daß alles, was in irgendeinem Teil Ihres Verkaufsgebietes passiert, Auswirkungen auf das Ganze hat.

Was ist nun Ihr Hauptjob? Nun, Ihre Firma hat Ihnen Ihr Gebiet anvertraut, um den Umsatz zu maximieren. Das ist also Ihr erster Job: den größtmöglichen Umsatz aus Ihrem Gebiet herauszuholen und die Gewinnspannen zu maximieren. Manchmal können Sie mit niedrigeren Umsätzen höhere Gewinne erzielen, dann ist das wichtigste für Ihre Firma der Nettogewinn. Des weiteren müssen Sie den Marktanteil vergrößern. Das heißt, Sie erringen jedes Jahr mehr Anteil an dem vorhandenen Markt, indem Sie Ihre Fähigkeiten verbessern, Ihre Leute schulen und so weiter. Und Sie müssen insgesamt mehr von dem Potential Ihres Marktgebietes verwirklichen. Man sagt, Spitzenleute vergleichen sich niemals mit anderen, sondern nur mit ihrem eigenen Potential. Nun, jedes Verkaufsgebiet ist ein Teilgebiet Ihres Gesamtterritoriums. Nun können Sie dieses Gebiet durch die Zahl Ihrer Verkäufer teilen. Ein Geheimnis des Erfolgs ist, Dinge in ihre Bestandteile zu zerlegen und in jedem davon ein hervorragendes Ergebnis zu erzielen. Das heißt, daß die Effektivität Ihrer Verkäufer in jedem Teilgebiet Ihre Effektivität, Ihre Effizienz und Ihre Ergebnisse bestimmt.

Ihre Aufgabe ist es also, jedem Ihrer Verkäufer zu helfen, sein eigenes Verkaufsgebiet zu maximieren. Das ist ein entscheidender Erfolgsfaktor. Es setzt einen Leistungsstandard, und Ihre Fähigkeit, den maximalen Ertrag aus jeder Untereinheit Ihres Gebiets herauszuholen, ist zentral für Ihren Erfolg.

Die entscheidenden Maßstäbe in der Arbeit mit Ihren Mitarbeitern sind immer ROTI und ROE. ROTI heißt „Return on Time Invested" (Ertrag der investierten Zeit) und ROE heißt „Return on Energy" (Ertrag der investierten Energie). Wir wissen, daß die häufigste Ursache für Scheitern bei Verkäufern schlechtes Zeitmanagement ist. Die zweithäufigste Ursache ist eine schlechte Organisation ihrer geographischen Gebiete, und es ist Ihre Sache, sie zu schulen, anzuleiten, zu managen, zu motivieren und ihnen zu helfen, ihr Territorium zu maximieren und das höchstmögliche Potential zu erreichen, damit Sie in Ihrem gesamten Verantwortungsbereich das höchstmögliche Potential erreichen.

Es gibt zwei Arten von Territorien. Die erste Art ist der horizontale Typ. Wir nennen ihn auch das flache Territorium – es ist geographisch, und ein flaches Territorium kann ein großer oder kleiner Marktbereich sein, jedenfalls hat er Grenzen. Wie decken Sie nun einen horizontalen Markt ab? Dazu gibt es drei verschiedene Wege:

1. Sie können es mit dem sogenannten *Quadrantenmodell* abdecken. Das ist ganz einfach, besonders, wenn Sie eine Stadt oder einen Bezirk haben. Sie teilen das Territorium in vier Quadranten auf und lassen den Verkäufer jeweils einen halben oder einen Tag lang in einem dieser Quadranten arbeiten. Sehr erfolgreiche Leute bestehen darauf, ihr Territorium geographisch aufzuteilen und immer nur in bestimmten Gebieten zu arbeiten.

2. Der zweite weg ist das *Kleeblatt.* Beim Kleeblatt haben Sie ein zentrales Büro, und Sie haben Gruppen von Kunden, die manchmal weite Anfahrten erfordern, so daß Sie sagen: hier ist die Zentrale, und die Verkäufer machen kleeblattförmig ihre Runde und kehren regelmäßig zur Zentrale zurück. Entweder am Ende des Tages oder am Ende der Woche. Das zentrale Büro ist dabei der Mittelpunkt des Kleeblatts.

3. Sie können Ihr Territorium nach dem *Routenmodell* managen. Das Routenmodell funktioniert folgendermaßen: Wenn jemand von A nach B unterwegs ist, können Sie die Produktivität manchmal erheblich steigern, indem Sie ihn anhalten, unterwegs weitere potentielle Kunden aufzusuchen. Dann geht er von B weiter nach C, und von C nach D, und von D geht er vielleicht zurück nach A. Daraus wird dann das Routenmodell, und indem Sie ihm einfach helfen, sein Territorium besser zu organisieren, können Sie eine Steigerung des Ertrags der investierten Zeit und des Ertrags an investierter Energie, die er in sein Verkaufsgebiet steckt, bewirken.

Die zweite Art ist das vertikale Territorium. Vertikal erinnert natürlich an Hochhäuser, aber es bedeutet spezialisierte Branchen. Zum Beispiel könnte jemand ein vertikales Territorium haben, in dem er nur Anwaltskanzleien besucht oder nur High-Tech-Firmen. In diesem Fall definiert sich sein Territorium nach der Branche, die er besucht, und es kann andere Verkäufer geben, die in demselben Gebiet andere Arten von Firmen aufsuchen.

Im wesentlichen gibt es zwei Arten von Verkaufsbesuchen. Zunächst einmal sind das große Verkaufsbesuche. Wenn jemand große Abschlüsse macht, Produkte verkauft, die 50 000 Mark und mehr kosten, dann kommt es auf die Qualität und Effektivität der Verkaufsbesuche an. Es gibt wahrscheinlich nicht viele potentielle Kunden, so daß der Verkäufer sehr umsichtig vorgehen und gut geplante Besuche machen muß, von denen jeder einzelne äußerst effektiv ist.

Die zweite Art sind die kleinen Besuche, bei denen es, weil es so viele verschiedene potentielle Kunden gibt, auf die Quantität der Besuche und auf Effizienz ankommt. Die Aufgabe ist, in möglichst kurzer Zeit eine möglichst große Zahl von Leuten zu treffen, viele Besuche zu machen, um die Möglichkeiten für dieses Marktgebiet zu maximieren.

Für die Territorien-Analyse gibt es drei Schlüssel. Erstens lassen Sie Ihren Verkäufer, wenn er sein Territorium betrachtet, seine bestehenden Kunden in die Stufen A, B und C klassifizieren. Erinnern Sie sich an die 80/20-Regel, daß 80 Prozent Ihrer Umsätze von 20 Prozent Ihrer Kunden kommen. Das bedeutet, daß 20 Prozent Ihrer Umsätze von Ihren Bs und Cs kommen. Also teilen Sie die Kunden auf dieser Basis in A, B und C ein, nach der Größe des Kontos heute, und B, nach dem Potential des Kontos morgen, und C, nach der Zeit, die nötig ist, um einen optimalen Ertrag zu erzielen. Wenn ein Kunde 50 Kilometer entfernt ist und sehr viel Zeit zur Betreuung erfordert, ist er weniger attraktiv als ein Kunde mit kleinerem Potential, der ein wenig näher liegt.

Der zweite Teil der Territorien-Analyse ist die Zahl der potentiellen Kunden. Potentielle Kunden analysiert man, indem man zum Beispiel in die Gelben Seiten schaut, und auch die müssen Sie nach A, B und C einstufen. Die Zukunft Ihres Geschäfts hängt sowohl von alten als auch von neuen Kunden ab. Zudem müssen Sie Ihre potentiellen Kunden nach ihrer Größe und ihrem Bedarf analysieren, was Akquisitionsbesuche erfordern kann. Es kann notwendig sein, daß Sie im Hinblick auf die Kaufwahrscheinlichkeit ein wenig recherchieren. Ist überhaupt damit zu rechnen, daß der Kunde gegenwärtig kauft, und ist damit zu rechnen, daß er bei Ihnen kauft? Wie stehen die Chancen, diesen Leuten etwas zu verkaufen, aufgrund Ihrer Wettbewerbsvorteile gegenüber der Konkurrenz? Der nächste Punkt ist, sie als A, B oder C zu klassifizieren und diese dann zu multiplizieren mit dem Prozentsatz der Wahrscheinlichkeit, daß es zu einem Abschluß kommt, um zu einer Umsatzschätzung für das Territorium zu kommen. Fordern Sie jeden Ihrer Verkäufer auf, das zu tun, denn das ist die Grundlage für das effektive Management ihrer Territorien.

Was die Geographie betrifft, betrachten wir Ihre gegenwärtigen und potentiellen Kunden. Die Geographie fordert, daß Sie Ihre Zeit so einteilen, daß Sie mehr Zeit mit besser qualifizierten Kunden verbringen. Und indem Sie das tun, legen Sie die Grundlage. Das bringt uns zur Abdeckung des Territoriums. Der Schlüssel dazu ist zum einen, Zeitverluste zu minimieren. Sie wissen vielleicht, daß der durchschnittliche Verkäufer nur 20 Prozent der Zeit arbeitet. Jeder Verkäufer ist jeden Tag anderthalb Stunden lang mit potentiellen Kunden im Gespräch, und mit das Wichtigste, das Sie tun müssen, ist Ihre Mitarbeiter zu schulen, ihre Zeit effektiver zu nutzen. Wenn Sie es auch nur schaffen, daß sie drei Stunden am Tag mit potentiellen Kunden zusammen sind, können sie ihre Umsätze, ihr Einkommen und ihre Effektivität verdoppeln. Sie wollen also mehr ROTI, und deshalb fragen Sie Ihre Mitarbeiter, ob sie ihre Zeit effektiv nutzen. Bringen Sie Ihre Leute dazu, ihre Besuche zu bündeln. Besuche bündeln ist der Schlüssel, um möglichst viele Interessenten oder Kunden mit möglichst wenig Übergangszeit aufzusuchen. Viele Verkäufer machen einen Besuch am Vormittag und einen am Nachmittag, den Rest des Tages verbringen sie auf der Straße und meinen auch noch, das wäre Arbeit.

Planen Sie die Abdeckung des Territoriums sorgfältig. Noch einmal: Die Schlüsselqualität erfolgreicher Manager ist Bedachtsamkeit. Dasselbe gilt für erfolgreiche Verkäufer. Vereinbaren Sie Termine telefonisch, statt gleich loszufahren. Halten Sie telefonisch Kontakt zu B- und C-Kunden. Aber sorgen Sie dafür, daß Ihre Mitarbeiter sehr, sehr gut im Telefonieren werden.

Ein letzter entscheidender Teil des Gebietsmanagements ist, daß die Verkäufer genaue Aufzeichnungen führen. Nur dann können sie wissen, wie gut sie dastehen. Bei neuen Verkäufern haben Sie es mit einer niedrigen task relevant maturity zu tun. Zugegeben, wenn Sie es mit Profis zu tun haben, die sehr gut organisiert sind und wissen, was sie tun, weil sie schon lange Außendiensterfahrung haben, müssen Sie nicht so streng auf regelmäßiges Berichten bestehen. Bei neuen Mitarbeitern jedoch ist es unerläßlich, daß Sie das tun, bis sie sich angewöhnt haben, ihre Zeit effektiv und gut zu nutzen. Und die Dinge, die Sie sich berichten lassen sollten, sind folgende:

1. *Die Anzahl der Kunden pro Tag.* Das schließt sowohl telefonische als auch persönliche Kontakte ein.
2. *Wie oft sie zu den Entscheidungsträgern vorgedrungen sind* und tatsächlich die Chance hatten, mit Entscheidungsträgern zu sprechen und Termine zu vereinbaren.
3. *Die Zahl der Termine, die sie vereinbaren.* Wie viele Termine sie als Resultat ihrer Verkaufsbemühungen tatsächlich vereinbaren können.
4. *Die Zahl der Verkaufsgespräche oder Präsentationen.* Sie sehen übrigens, daß diese Zahlen ganz einfach geführt werden können. Einfach nur 1, 2, 3, 4, 5 und so weiter. Dazu brauchen Sie kein kompliziertes Computerprogramm. Lediglich die Anzahl der Gespräche und Präsentationen.
5. Sie wollen *die Zahl der Follow-up-Gespräche* wissen. Mit anderen Worten, wie viele dieser Gespräche haben Türen für Abschlüsse, Präsentationen, Angebote und so weiter geöffnet?
6. Sie wollen wissen, *wie viele Abschlüsse es schließlich gegeben hat.*
7. Sie wollen erfahren, *wie hoch die Abschlüsse im Schnitt sind.*

Die durchschnittliche Höhe des Abschlusses gibt Ihnen einen hervorragenden ROTI. Daraus können Sie anhand der Anzahl der Besuche in Relation zur durchschnittlichen Höhe der Abschlüsse den Geldwert der Besuche errechnen. Was hat jedes Gespräch mit einem Entscheidungsträger eingebracht? Wieviel war jeder Termin wert? Das sieht aus wie ein Trichter, eigentlich ein umgekehrter Trichter: Der Geldwert wird höher, je weiter man nach unten geht, und wenn Sie den durchschnittlichen Abschluß durch die Zahl der Gespräche dividieren, bekommen Sie einen sehr hohen ROTI. Der Verkäufer hat die Aufgabe, sein Territorium zu managen, und Sie müssen ihm dabei helfen, seine Zeit zu organisieren und zu analysieren, damit er einen möglichst großen Ertrag aus der Zeit herausholt, die er investiert. Damit wird der Ertrag auch für Sie am größten. Nun noch sieben weitere Schlüssel zum Territorien-Management.

1. Verlangen Sie wöchentliche Berichte, entweder brieflich oder per Fax, und gehen Sie sie sofort durch, damit Sie wissen, was Ihre Verkäufer draußen tun. Vergleichen Sie die Berichte und Ergebnisse mit denen Ihrer anderen Verkäufer, um ein Gespür dafür zu bekommen, was möglich ist.

2. Leiten Sie Ihre Mitarbeiter an, mehr aus ihrer Zeit herauszuholen. Stellen Sie Fragen, denn Sie wissen ja: Delegieren durch Fragen stellen, Delegieren durch Vorschläge. Fragen Sie sie, wo sie ihre Zeit besser nutzen könnten. Allein dadurch, daß Sie auf diese Zahlen achten, wird sich schon eine allmählich Verbesserung des Zeitertrags einstellen.

3. Erinnern Sie immer wieder an die 80/20-Regel, daß 80 Prozent der Umsätze von 20 Prozent der Kunden kommen. 80 Prozent der neuen Abschlüsse kommen von 20 Prozent der potentiellen Kunden. 80 Prozent ihres Einkommens kommt aus 20 Prozent ihrer Anstrengungen. Erinnern Sie sie immer wieder daran, damit sie es in ihrer Arbeit anwenden.

4. Wann immer Sie sehen, daß der Verkäufer aus der Spur gerät, greifen Sie ein. Wenn Sie nichts tun, wenn Sie nicht einspringen und es zur Sprache bringen, dann hinterlassen Sie den Eindruck, daß es Ihnen nicht so wichtig ist.

5. Wenn Sie Probleme bemerken, ersticken Sie sie im Keim. Je eher Sie eine Abweichung von dem, wozu sich der Verkäufer verpflichtet hat, stoppen, desto eher kommt er wieder in die Spur.

6. Vergessen Sie nicht: Indem Sie Ihren Verkäufern helfen, helfen Sie sich selbst. Schulen Sie sie, ihr Verkaufsgebiet effektiv zu managen, und arbeiten Sie mit ihnen daran, bis sie es vollkommen beherrschen.

7. Vergessen Sie nie den Schlüssel zum erfolgreichen Verkaufsmanagement: Ihr Erfolg wird bestimmt vom Erfolg Ihrer Verkäufer. Und Ihr Erfolg in Ihrem gesamten Verantwortungsbereich ist proportional dazu, wie Sie ihnen helfen, ihre Einzelbereiche zu managen.

ÜBUNGEN

1. Wie können Sie Ihren Verkäufern in den horizontalen Gebieten helfen, Ihr ROTI und ROE zu steigern? Listen Sie mindestens drei Ideen auf.

   1. ______________________________

   2. ______________________________

   3. ______________________________

2. Könnten Sie Ihre Gebiete umformieren, um eine einheitliche Herangehensweise zu ermöglichen: Qualität/Effektivität oder Quantität/Effizienz?

   ____

   ____

   ____

   ____

   ____

3. Machen Sie eine Gebietsanalyse, und verwenden Sie das folgende Format:

Gebiet	Typ horizontal oder vertikal	Verkaufstyp groß – Qualität klein – Quantität	Marktanteil Prozent Durch-dringung	Richtiger Verkäufer Ja/Nein	Nächste Aktion

14 Supervision

Überblick

Dieses Kapitel behandelt die Bedeutung der Feld-Supervision und deren Vorteile. Sie können als Verkaufsmanager nicht funktionieren, ohne einen guten Teil Ihrer Zeit der Feld-Supervision zu widmen.

Feld-Supervision erlaubt Ihnen, dem Geschäft den Puls zu fühlen. Auf diese Weise kommen Sie Ihren Verkäufern und Ihren Kunden näher. So können Sie auch als Rollenmodell für Ihre Verkäufer und als Firmenrepräsentant gegenüber Ihren Kunden auftreten. Das ist eine wichtige Möglichkeit, zu inspizieren, was Sie erwarten.

Ziele

Bis zum Ende dieses Kapitels werden Sie folgendes lernen:

- Voraussetzungen für die direkte Supervision.
- Vorteile der Feld-Supervision.
- Der Prozeß der Supervision.
- Vorgehensweise für Verkaufsbesuche.
- Schlüsselrollen in der Supervision.

Eine der sieben entscheidenden Management-Aufgaben ist die Supervision. Ein Schlüssel zu Ihrem Erfolg als Verkaufsmanager ist es, die Mitarbeiter zu beaufsichtigen, die Sie so mühsam eingestellt haben. Sie haben ihnen ein umfassendes Training gegeben. Und Sie haben klare Pläne, klare Ziele, klare Vorgaben gemacht.

Kommen wir noch einmal auf ein paar Gedanken zurück, die im Hinblick auf das Thema Sales Supervision absolut unerläßlich für Ihren Erfolg als Verkaufsmanager sind: Erstens, inspizieren Sie, was Sie erwarten. Das haben Sie schon 100mal gehört, und Sie werden es immer wieder hören: Sie können nicht erwarten, daß Mitarbeiter Dinge tun, wenn sie nicht wissen, daß Sie sie inspizieren werden. Ein weiteres Prinzip ist: Was gemessen wird, wird getan. Viele unserer Probleme beruhen auf Meinungsverschiedenheiten oder Mißverständnissen, weil wir uns nicht die Zeit genommen haben, zu bemessen, was wir von unseren Mitarbeitern erwarten. Die Folgerung ist also: Die Leute brauchen Feedback.

Wir haben uns schon mit den verschiedenen Formen des Managements befaßt. Eine davon ist Management by Teaching. Management by Teaching verschafft Ihnen Hebelwirkung. Wann immer Sie jemanden etwas lehren, wie man etwas macht, können Sie sich durch seine neue Fähigkeit multiplizieren. Beim Management by Teaching sind einige Punkte zu beobachten, so zum Beispiel enge Supervision. Enge Supervision bedeutet mehr Erfolg. Wenn Sie mit jemandem arbeiten, besonders am Anfang, sorgen Sie dafür, daß seine ganze Karriere erfolgreicher wird, und manche Untersuchungen zeigen, daß jemand, der einen guten Start mit enger Supervision hatte, noch nach zehn Jahren besser dasteht als andere. Stellen Sie dem Neuen einen erfahrenen Verkäufer zur Seite. Warum? Weil die erfahrene Person so für ihn zum Vorbild wird. Er bekommt die Chance, zu sehen, wie es gemacht wird. Er kann sehen, daß es machbar ist. Das Ziel ist, Selbstvertrauen aufzubauen. Der Verkäufer muß wissen, daß es möglich ist, in diesem Job erfolgreich zu sein.

Ein anderes Ziel ist, Fertigkeiten aufzubauen. Es gibt nur einen Weg zu lernen, wie der Job gemacht wird, und zwar es mit eigenen Augen zu sehen und diese Techniken zu verinnerlichen. So geben Sie Ihren Mitarbeitern eine solide Grundlage.

Es gibt bestimmte Voraussetzungen für direkte Supervision. Dies sind die Dinge, an die Sie immer denken müssen.

1. *Seien Sie der Champion und Repräsentant Ihrer Firma.* Deshalb stellen Sie Ihre Firma ins beste Licht, reden Sie positiv über sie, über die Produkte, die Kunden, die Mitarbeiter. Sprechen Sie über Ihre Firma wie über die beste Organisation der Welt.

2. *Nehmen Sie immer die Rolle eines Helfers ein.* Sie sind hier nicht der Antreiber oder der Vorarbeiter. Sie helfen dem Verkäufer, erfolgreich zu sein. Machen Sie klar: Ich bin hier, um Ihnen zu helfen, Ihre Ziele zu erreichen.

3. *Gehen Sie mit gutem Beispiel voran.* Seien Sie ein Vorbild. Seien Sie so, wie Ihr Verkäufer auch sein soll. Bedenken Sie, der Verkäufer, der vor Ihnen steht, könnte eines Tages Verkaufsmanager oder Vertriebsleiter sein, und dann soll er zurückblicken und sagen: Durch die Arbeit mit dieser Person bin ich zu dem geworden, was ich heute bin.

4. *Seien Sie freundlich, warmherzig, hilfsbereit und insbesondere ansprechbar.* Geben Sie dem Verkäufer das Gefühl, daß er jederzeit mit Fragen oder Problemen zu Ihnen kommen kann.

Nun, welche Vorteile hat Feld-Supervision? Sie stärkt die Beziehung zwischen Ihnen und Ihrem Verkäufer. Stärkere Beziehungen bedeuten, daß die Mitarbeiter sich besser fühlen und stärker empfinden, daß sie zu etwas Größerem gehören. Sie können so beobachten und beurteilen, was im Außendienst passiert, wie sich der Betreffende macht. Wirklich wissen können Sie es nur, indem Sie mitgehen, still dabeisitzen und zusehen. Nur so können Sie wissen, wie der Verkäufer verkauft.

Ein weiterer Vorteil der Sales Supervision ist, daß Sie so in direkten Kontakt zu den Kunden kommen. Es verschafft Ihnen Einblick, was die Kunden wirklich beschäftigt und was genau auf dem Markt vor sich geht, unabhängig davon, was Ihre Verkäufer Ihnen sagen.

Außerdem bekommen Sie so Feedback. Sie wissen, wie Kunden auf Ihre Produkt- und Servicangebote, auf Preis- und Service-Änderungen und das Verhalten der Konkurrenz reagieren. An solch ungefiltertes Feedback kommen Sie nur auf diese Weise. Dies bietet Ihnen die Möglichkeit der Kontrolle und das Gefühl, Ihr eigenes Geschäft in der Hand zu haben. Sie sind nicht irgendwelchen Marktprozessen unterworfen, die Sie nicht durchschauen. Wenn jemand Sie etwas fragt, wissen Sie die Antwort, weil Sie sozusagen selbst an der Front waren.

Der wichtigste Vorteil der Sales Supervision schließlich ist, daß sie Ihnen die größte Hebelwirkung gibt, die Sie entwickeln können. Nichts verschafft Ihnen einen so starken Einfluß auf den Erfolg Ihrer Verkaufsorganisation und auf Ihren eigenen Erfolg.

Aber was tun Sie, wenn Sie mit den Leuten hinausgehen? Die Regel lautet, daß Sie fünf bis 25 Tage pro Jahr mit jedem Verkäufer in Ihrem Team verbringen müssen. Warum? Weil Sie nur erfahren, was vor sich geht, wenn Sie volle Tage mit ihnen verbringen.

Folgendes müssen Sie tun, um Ihre Sales Supervision so erfolgreich wie möglich zu machen. Sorgfältige Planung und Vorbereitung sind unerläßlich. Sie gehen nicht einfach spontan mit hinaus, sondern sagen Ihren Verkäufern, daß Sie in zwei oder drei Wochen mit ihnen hinausgehen werden. Lassen Sie sie den ganzen Tag planen und arrangieren. Der entscheidende Ausgangspunkt ist die Überprüfung der Situation des Verkäufers. Sprechen Sie mit ihm über sein Privatleben, über seine Einstellung zur Firma, ob er Fragen, Probleme oder Bedenken hat. Im Verkauf nennen wir das Sympathie entwickeln. In der Sales Supervision ist es Beziehungsaufbau. Aber überprüfen Sie die Situation, damit der andere nichts auf dem Herzen hat, das ihn davon abhält, effektiv mit Ihnen zu interagieren. Dann, wenn es keine Fragen oder Bedenken mehr gibt, überprüfen Sie das Territorium. Fragen Sie ihn, wie die Situation in seinem Verkaufsgebiet ist, wie der Verkauf läuft, wie die Konkurrenz ist, was die Kunden sagen. Bekommen Sie ein Gefühl für das, womit er sich auseinandersetzt. Sie wissen ja, Verkäufer haben eine sehr einsame und schwierige Aufgabe, und darüber müssen sie mit ihrem Verkaufsmanager sprechen. Verkäufer müssen spüren, daß ihr Verkaufsmanager Verständnis für ihre Situation hat, und das können Sie nur ausdrücken, indem Sie Fragen stellen und zuhören, so daß sie bei Ihnen alles abladen können. Erst dann können Sie zum nächsten Stadium weitergehen.

Und das nächste Stadium ist, Zeitplan und Tagesordnung zu bestimmen, und zwar schriftlich, so daß Sie Fragen darüber stellen können.

Nehmen Sie sich einen vollen Tag, nicht nur eine oder zwei Stunden. Treffen Sie sich möglichst schon zum Frühstück, und sprechen Sie über den bevorstehenden Tag, stimmen Sie Ihre Mitarbeiter darauf ein, so daß Sie gemeinsam starten und den ganzen Tag genauso arbeiten können, als wären Sie ein Verkäufer. Versichern Sie dem Verkäufer, daß Sie da sind, um ihm zu helfen, nicht um ihn zu knechten. Und denken

Sie daran, dies ist nicht der Ort für irgendetwas anderes als Lob, Ermutigung und Rückenstärkung, also verzichten Sie auf Kritik und Tadel. Wenn Sie mit jemandem hinausgehen, dann nicht, um ihm etwas heimzuzahlen, sondern um ihm zu helfen. Und das bedeutet, daß er sich hinterher besser und kompetenter fühlen soll als vorher.

Damit sind wir bei der Vorgehensweise für Verkaufsbesuche. Befolgen Sie diese strikt, wenn Sie diese Zeit wirklich gut nutzen wollen.

1. Überprüfen Sie den bestehenden Kunden, bevor Sie zum Besuch starten. Fragen Sie, ob das ein A-, B- oder C-Kunde ist. Warum dieser Kunde kauft, warum er ein A, B oder C ist. Wer die Entscheidungsträger sind und nach welchen Kriterien sie entscheiden. Wie ist die gegenwärtige Situation dieses Kunden? Welches Potential hat dieser Kunde? Helfen Sie dem Verkäufer, diese Schlüsselfragen zu durchdenken.

2. Wenn es sich um einen Akquisitionsbesuch handelt, gehen Sie ebenso vor. Fragen Sie den Verkäufer, ob es sich um einen potentiellen A, B oder C-Kunden handelt? Was weiß er über den Kunden? Warum könnte der Kunde an Ihrem Angebot interessiert sein? Wer sind die Leute, die Sie aufsuchen werden, und warum? Was kauft der Kunde im Moment, von wem kauft er es, ist die Firma oder der Kunde am Wachsen, welches Potential hat dieser Kunde? Wie ist das langfristige Potential, dieses Jahr und nächstes Jahr und so weiter, wenn Sie Ihre Sache gut machen?

3. Bevor Sie hineingehen, sagen Sie, was Sie hoffen, mit diesem Besuch zu erreichen, und wie Sie messen werden, ob es ein erfolgreicher Besuch war oder nicht. Und helfen Sie dem Verkäufer, diese Dinge zu artikulieren und niederzuschreiben, damit Sie sie für die Beurteilung hinterher als Leistungsstandards nutzen können.

4. Sie brauchen einen Aktionsplan. Sagen Sie: „Das sind Ihre Ziele. Was werden Sie tun, um diese Ziele zu erreichen? Wie werden Sie es anpacken? Wie werden Sie das Gespräch eröffnen? Welche Fragen werden Sie stellen?“ Je mehr Sie dem Verkäufer helfen, den Besuch im voraus zu planen und zu durchdenken, desto besser wird der Besuch laufen, und desto wertvoller wird Ihre Gegenwart sein.

5. Die nächste Frage ist: Welche Rolle spielen Sie bei dem Besuch? Die Rollenverteilung muß absolut klar sein. Viele Verkaufsmanager und Verkäufer improvisieren, wenn Sie den Kunden vor sich haben. Aber die besten Besuche sind die, bei denen Sie sich vorher genau einigen, was Sie tun und was nicht.

Es gibt drei Rollen, die Sie einnehmen können: Sie können als Beobachter hineingehen und dem Kunden sagen: „Ich bin nur hier, um zuzuhören und meinem Verkäufer bei diesem Besuch zu helfen, indem ich einfach dabei bin, also werde ich mich eigentlich nicht einmischen." Oder Sie können ein Firmenrepräsentant sein und sagen: „Sie sind uns ein sehr wichtiger Kunde, darum bin ich mitgekommen, um zur Stelle zu sein, falls es eine Frage gibt, die ich beantworten kann." Sie können aber auch selbst die Rolle des Verkäufers einnehmen. Wenn Sie einen neuen Verkäufer oder einen wichtigen Kunden haben oder dem Kunden den Verkäufer vorstellen wollen, können Sie zu Ihrem Verkäufer sagen: „Ich führe hier das Verkaufsgespräch, und Sie beobachten mich, machen sich Notizen, führen Protokoll, tragen etwas bei, wenn nötig, aber schauen ansonsten nur zu, wie es gemacht wird." Aber stellen Sie klar, was Sie tun werden, und weichen Sie nicht von diesem Plan ab. Wenn der Kunde Sie etwas fragt, und Sie haben die Rolle des Beobachters eingenommen, dann sagen Sie nur: „Ich bin sicher, Herr Maier kann das beantworten." Spielen Sie den Ball und die Verantwortung immer wieder zurück an den Verkäufer.

Es gibt einige Rollen, die Verkäufern absolut verhaßt sind und die Sie vermeiden sollten, auch weil es schädliche Rollen sind, die weder das Selbstvertrauen und den Mut des Verkäufers stärken noch den Umsatz steigern. Die erste Rolle ist die des Feuerwehrmannes. Der Feuerwehrmann reagiert impulsiv und mischt sich in die Besuche ein. Verkäufer hassen das, sie können es nicht leiden, wenn ihr Verkaufsmanager sich in das Gespräch einschaltet. Ebenso die Rolle des Einwand-Abwehrers. So jemand will hereinkommen und den Kunden als Gegner behandeln. Er ist ein konfrontativer Typ und will mitkommen, um Einwände zu überwinden und dem Verkäufer zu zeigen, wie er dem Kunden seinen Willen aufzwingen kann. Eine weitere Rolle, die Sie vermeiden sollten, ist die des Ausnahmen-Machers. Das ist jemand, der Zugeständnisse macht, während der Verkäufer nicht die Vollmacht zu solchen Zusagen hat, und damit wird nur erreicht, daß das Selbstvertrauen des Verkäufers unterminiert wird. Und eine letzte Rolle, die Sie vermeiden sollten, ist der sogenannte Super-Closer. Der Super-Closer ist jemand, der dabei sein will, wenn die Beute erlegt wird. Er ist aggressiv und will selbst den Abschluß machen und den Verkäufer beiseite schieben. Auch diese Rolle ist kontraproduktiv, weil sie Ihrer Beziehung zu Ihrem Verkäufer schadet, dessen Selbstvertrauen unterminiert, oft nicht funktioniert, und wenn sie funktioniert, führt sie nur dazu, daß der Kunde sich mit jeder Frage und jedem Problem an Sie wendet.

Und nun einige Rollen, die funktionieren. Wann immer Sie etwas sagen oder sich einschalten, sind Sie mehr als nur ein Beobachter.

1. *Der Grundlagen-Bilder.* Als Grundlagen-Bilder besuchen Sie den Kunden im Anfangsstadium des Verkaufszyklus, besonders wenn es ein wichtiger Kunde ist, und Sie sitzen dabei und hören genau auf die Bedürfnisse und Probleme des Kunden, um dann mit dem Verkäufer daran zu arbeiten, alles auf den richtigen Weg zu bringen. Das gibt dem Kunden das Gefühl, daß Sie und die Firma ihn sehr wichtig nehmen. Also, frühzeitig mit zu einem Besuch gehen und helfen, die Grundlage zu legen, indem Sie sich ein Bild davon machen, was der Kunde braucht, ist eine gute Rolle für Sie.

2. *Der Team-Koordinator.* Wenn Sie an einem größeren, wichtigeren Verkauf arbeiten, können Sie mitgehen und als eine Art PR-Person auftreten. Das heißt, Sie sind da, weil Sie meinen, daß vielleicht noch andere Kollegen in der Firma sich einschalten müssen, um diesen Verkauf erfolgreich über die Bühne zu bringen, und um dafür zu sorgen, daß diese anderen zur Verfügung stehen und daß der Kunde richtig behandelt wird. Als Team-Koordinator versichern Sie dem Kunden, daß Sie und Ihre Firma die Sache als Partner angehen wollen, und das ist sehr wichtig.

3. *Der Unterhändler.* Das ist nicht jemand, der mitkommt und Zugeständnisse macht. Wenn Sie als Verkaufsmanager als Unterhändler auftreten, sind Sie jemand, der zuhört, unterstützt, versteht, nachfragt und kreative Problemlösungen beisteuert. Sie halten Ausschau nach Wegen, um Hindernisse aus dem Weg zu räumen, Einwände zu überwinden und Barrieren zu umschiffen, die dem Abschluß im Wege stehen. Wenn Sie Zugeständnisse machen müssen, um den Auftrag zu bekommen, dann schicken Sie Ihren Verkäufer noch einmal hin, und lassen Sie ihn das Zugeständnis machen, damit er bei dem Verkauf am Ruder bleibt. Ihr Job ist es, Helden zu machen, nicht selbst ein Held zu sein. Ihr Job ist es, Ihre Mitarbeiter aufzubauen, nicht sich selbst aufzubauen.

4. *Der Unheilsbote.* Immer dann, wenn einem Kunden mit einem wichtigen Konto eine schlechte Nachricht mitgeteilt werden muß, sind Sie es, der die Nachricht anstelle Ihres Verkäufers überbringt, damit der gute Kontakt des Verkäufers zum Kunden nicht beschädigt wird.

Mit der wichtigste Teil der Supervision ist, den Besuch hinterher auszuwerten. Diese Auswertung, oft auch „Bordsteinkonferenz" genannt, ist sehr wichtig, aber vor allem kommt es auf die Art der Auswertung an. Halten Sie sich mit Kommentaren zurück. Die Regel ist, Ihren Verkäufer wie einen Kunden zu behandeln. Die meisten Verkaufsmanager neigen dazu, das Negative an einer Verkaufspräsentation zu sehen statt das Positive.

Ungefähr 82 Prozent aller Verkaufsmanager sehen auf Videos die Dinge, die der Verkäufer falsch gemacht hat. Achten Sie auf diese Tendenz bei sich selbst. Statt zu kommentieren, stellen Sie Fragen: „Wie denken Sie über diesen Besuch? Wie ist es Ihrer Meinung nach gelaufen? Was hätten Sie anders machen sollen? Wie geht es weiter?" Und wenn der Verkäufer Ihnen dann Feedback gibt, hören Sie aufmerksam zu und nicken, lächeln, ohne sich auf Diskussionen einzulassen und ihn zu kritisieren. Die meisten Leute haben ein gutes Gespür dafür, was sie falsch oder richtig gemacht haben. Fragen Sie Ihren Verkäufer, was er als nächstes tun wird. Verkäufer sprechen gern darüber, was sie das nächste Mal machen werden, aber sehr ungern über Fehler, die sie gerade gemacht haben, denn an denen können sie nichts mehr ändern.

Es gibt fünf wesentliche Gründe für Sales Supervision und fünf wesentliche Funktionen. Wenn Sie diese fünf Dinge bei der Supervision Ihrer Verkäufer erreichen, dann haben Sie Ihre Sache hervorragend gemacht.

1. Ihr erster Grund, mit hinauszugehen, ist, *die Effektivität zu steigern*, und das heißt, *die Selbstachtung zu steigern.* Denn je besser ein Verkäufer über sich denkt und sich für einen wertvollen Menschen hält, nachdem Sie mit ihm draußen waren, desto besser wird er sein. Also hüten Sie seine Selbstachtung um jeden Preis. Gehen Sie sehr vorsichtig damit um.

2. Sie wollen *die Leistung Ihres Verkäufers verbessern*, indem Sie sein Selbstbild verbessern, so daß er sich selbst als eine kompetentere, fähigere Person sieht. Und einer der Schlüssel dazu ist natürlich zu fragen, wie er es beim nächsten Mal machen wird.

3. Supervision ist unerläßlich, *um Anleitung zu geben.* Besonders im Hinblick auf persönliche Management-Fähigkeiten, etwa, sich etwas mehr auf ein bestimmtes Gebiet konzentrieren, sich mehr Zeit zum Planen nehmen, den Tag besser organisieren, um mehr Zeit mit Kunden verbringen zu können. Auf behutsame Weise Anleitung und Ratschläge geben, das sogenannte Management by Suggestion, ist eine sehr wirkungsvolle Art der Feld-Supervision.

4. Der vierte Grund ist, *Feedback zu geben,* und das tun Sie am besten nicht, indem Sie ihm alles vor den Kopf knallen, was er zu tun und zu lassen hat, sondern durch Fragen und Antworten. Es ist wie beim Verkaufen: „Wie denken Sie darüber? Haben Sie schon daran gedacht?" Die Antworten abwarten, Fragen stellen. Sie wissen, die Leute lernen langsam, sie nehmen Informationen langsam auf, und sie lernen nur, indem sie über Dinge Dialoge führen. Sie können nicht lernen, indem man die Informationen einfach über ihnen ausschüttet – nur durch Fragen, durch Geben und Nehmen.

5. Und schließlich, der letzte Schlüssel zur Feld-Supervision, die Grundlage schlechthin, ist, *für eine bessere Gesamtleistung zu sorgen.* Und alles, was Sie tun, zielt nicht darauf ab, zu gewinnen, zu kritisieren, zu korrigieren, die Selbstachtung des anderen zu verletzen, sondern die Grundlage zu legen, damit sich seine Leistung verbessert und er später sagen kann, daß Sie ein wichtiger Einfluß für seinen Erfolg als Verkäufer waren.

ÜBUNGEN

1. Teilen Sie Ihr Team in unerfahrene, eingearbeitete und erfahrene Verkäufer auf. Nun stellen Sie sie zusammen, unerfahren mit erfahren.

Unerfahrener Verkäufer	**Erfahrener Verkäufer**
______________	______________
______________	______________
______________	______________
______________	______________

2. Listen Sie Ihre Verkäufer auf, und nennen Sie nach der Priorität die Rollen, die Sie spielen sollten, wenn Sie mit ihnen ins Feld gehen.

Beispiel

Mary Smith	Beobachter	Firmenrepräsentant
Verkäufer	**Rolle des Verkaufsmanagers**	
Name	**am nötigsten**	**am wenigsten nötig**
______________	______________	______________
______________	______________	______________
______________	______________	______________
______________	______________	______________

3. In welche negative Verkaufsmanager-Rolle fallen Sie am häufigsten: Feuerwehrmann, Einwandabwehrer, Ausnahmenmacher oder Super-Closer? Wie können Sie es vermeiden, diesen Fehler zu wiederholen?

____

____

____

15 Verkaufs-Coaching

Überblick

Auf dem heutigen Markt ist es schwierig, einen produktorientierten Wettbewerbsvorteil zu finden und zu behalten. Viele Verkäufer und Unternehmen verkaufen heute Grundstoffe (Salz bleibt nun einmal Salz). Ihre Mitarbeiter könnten jedoch der dauerhafte Wettbewerbsvorteil Ihrer Firma sein.

Um das zu ermöglichen, müssen Sie in der Lage sein, sie bis zur Exzellenz zu coachen. Sie müssen entwicklungsfähige Bereiche erkennen und dafür sorgen, daß der einzelne durch Coaching zur Spitzenleistung geführt wird.

Ziele

Bis zum Ende dieses Kapitels werden Sie folgendes lernen:

- Wann und wie Sie coachen.
- Schritte zu überlegenem Coaching.
- Welche Probleme zu vermeiden oder zu überwinden sind.
- Was effektives Coaching Ihnen bringt.

Egal, wie lange jemand schon im Außendienst ist, einen Tag oder zehn Jahre, jeder braucht Coaching, weil jeder schlechte Gewohnheiten entwickelt, die er nicht allein korrigieren kann. Dazu braucht man jemanden, der einen wohlwollend, freundlich und nicht verurteilend beobachtet und berät. Spitzenverkäufer sind Ihr wertvollster Trumpf. Darum ist es sehr wichtig, daß Sie sich gut um sie kümmern. Sie im Außendienst zu coachen ist unerläßlich, um ihnen zu helfen, ihre Umsatzleistung zu erreichen und zu halten.

Dazu müssen Sie Spitzenverkäufer in Aktion beobachten. Der Grund dafür ist einfach der, daß Sie nicht wissen können, was Ihre durchschnittlichen Verkäufer tun müssen, um Spitzenverkäufer zu werden. Und wenn Sie sie in Aktion beobachten, ist ein entscheidender Teil Ihres Coachings, auf überlegene Verkaufstechniken zu achten. Was machen sie anders als andere? Und wenn Sie durchschnittliche Verkäufer im Einsatz beobachten, vergleichen Sie beide miteinander. Coaching im Außendienst ist heute so wichtig, daß große Firmen erkennen, daß es Vorrang vor allem anderen haben muß. IBM hat sein ganzes Verkaufsmanagement so umstrukturiert, daß seine Verkaufsmanager 70 Prozent ihrer Zeit draußen mit ihren Verkäufern verbringen und nur 30 Prozent mit Papierkram und allem anderen. Also, wann coachen Sie?

Selbstverständlich coachen Sie, wenn Ihr Verkäufer um Hilfe bittet. Am besten läßt sich jemand coachen, der für Ihr Coaching offen ist, weil er darum gebeten hat und es braucht. Sie coachen aber auch, wenn die Leistung eines einzelnen absinkt. Wenn jemand gut arbeitet und in Folge von Veränderungen auf dem Markt, bei der Konkurrenz, bei den Produkten und Dienstleistungen oder auch in seinem Privatleben plötzlich in der Leistung abfällt, dann müssen Sie sich einschalten. Oft erkennen Verkaufsmanager den einen Punkt, an dem vielleicht die ganze Karriere des Betreffenden hängt.

Coaching ist aber auch wichtig, um Training zu verstärken. Verkaufstraining funktioniert nur, wenn es hinterher durch Coaching ergänzt wird, damit die Mitarbeiter auch einüben, was sie gelernt haben. 87 Prozent aller Verkaufstrainings ist nach 30 Tagen vergessen, wenn der Verkaufsmanager nicht dafür sorgt, daß seine Verkäufer anwenden, was sie gelernt haben.

Coaching ist Hauptbestandteil Ihres Jobs. Ihre ganze Arbeit an persönlichem Management und Zeitmanagement zielt darauf ab, mehr Stunden im direkten Kontakt mit Ihren Verkäufern zu verbringen, während sie verkaufen.

Und wie coachen Sie? Zunächst müssen Sie wissen, wofür Sie coachen. Was machen Sie da draußen? Entwickeln Sie ein Idealmodell. Stellen Sie sich vor, wie ein perfekter Verkaufsbesuch aussieht.

Die Beschreibung des idealen Verkaufsprozesses ist der erste Schritt. Da ist die Akquisition: Wie nutzt man das Telefon, wie macht man unangemeldete Besuche, wie nutzt man Empfehlungen, wie vereinbart man Termine und baut Sympathie auf? Wie deckt man Probleme oder Bedürfnisse auf, wie stellt man Fragen? Und Lösungen präsentieren, demonstrieren, daß Ihre Firma der Lieferant von Produkten und Dienstleistungen mit dem geringsten Risiko ist. Außerdem das Behandeln von Einwänden und Bedenken, sie überwinden, den Abschluß festmachen, Follow-up. Machen Sie sich ein klares Bild davon, welche Schritte man systematisch immer wieder durcharbeiten muß und wie jeder dieser Schritte idealerweise zu vollziehen ist.

Als zweites können Sie den Kaufprozeß beschreiben und erläutern, wie der Kunde kauft. Und nach allen Untersuchungen kaufen Kunden in drei Schritten.

1. Sie erkennen den *Bedarf*. Vielleicht haben sie noch gar nicht gemerkt, daß sie einen Bedarf nach dem Produkt haben, bevor Ihr Verkäufer Gelegenheit hatte, mit ihnen zu reden und ihnen zu zeigen, wieviel besser es laufen könnte.

2. Sie beurteilen ihre *Optionen*. Der Kunde ist zu dem Schluß gekommen, daß er dieses oder ein anderes Produkt braucht. Was gibt es, was kostet es, welches ist besser, welches ist schlechter, was sind die Wettbewerbsvorteile und -nachteile?

3. Sie treffen eine *Entscheidung*. Wenn wir diese nun betrachten, fragen wir beim Erkennen des Bedarfs: Wie machen sie das? Und wenn sie ihre Optionen beurteilen, in welcher Reihenfolge und nach welchen Kriterien treffen sie ihre Entscheidung, wie gehen sie heran? Wer trifft die endgültige Entscheidung?

Das sind Ihre drei Punkte. Sie wollen wissen, wie der Prozeß aus der Perspektive des Kunden läuft. Der dritte Schritt beim Coaching ist, wie schon gesagt, die besten Verkäufer in Aktion zu beobachten. Finden Sie heraus, was sie tun, machen Sie sich Notizen, und vergleichen Sie sie mit Ihrem Muster des idealen Verkaufsprozesses. Beobachten Sie, was der Kunde tut und was er nicht tut. Manchmal können Sie sogar Ihre Kunden fragen, wie die besten Verkäufer vorgehen.

Identifizieren Sie entscheidende Verhaltensweisen. Nicht allgemein, sondern konkret. Welche Worte benutzen Ihre Verkäufer, was tun sie, um Erfolg zu haben? Benutzen Sie das, was Sie herausgefunden haben, als Schablone, an der Sie dann Ihre durchschnittlichen Verkäufer beurteilen und vergleichen, um zu sehen, wie gut sie sind.

Doch wie coacht man nun Verkaufstechniken? Sie haben ja jetzt ein Modell, wie ein guter Verkaufsbesuch aussieht, was während des Prozesses vor sich geht, wie es Ihre besten Leute machen. Nun gehen Sie mit Ihren durchschnittlichen Verkäufern hinaus und vollziehen mit ihnen folgende Schritte:

1. *Verkaufen Sie nicht, coachen Sie.* Der größte Fehler, den Verkaufsmanager machen, ist, draußen zu verkaufen, statt zu coachen. Das verwirrt den Kunden, irritiert den Verkäufer und läßt sich nicht mischen. Coachen und Verkaufen sind wie Öl und Wasser. Tun Sie entweder das eine oder das andere.

2. *Beobachten Sie still.* Machen Sie ganz klar, daß Sie zum Beobachten gekommen sind, und wenn der Kunde Ihnen Fragen stellt, geben Sie sie zurück an den Verkäufer. Geben Sie während des Coachings keine Kommentare.

3. *Achten Sie auf Leistungslücken.* Beobachten Sie, was der Verkäufer macht, aber besonders, was er nicht macht. Wo klaffen Ideal und Wirklichkeit auseinander? Was macht er anders, als bei einem perfekten Verkaufsbesuch nötig wäre?

4. *Beobachten und identifizieren Sie die entscheidenden Erfolgsfaktoren.* Was sind nach Ihrer Erfahrung die entscheidenden Erfolgsfaktoren bei diesem Besuch, und wird der Verkäufer ihnen allen gerecht? Geht er in der richtigen Reihenfolge vor, stellt er die richtigen Fragen, hört er gut genug zu, kommt er zu früh oder zu spät in der Präsentation auf Preise, Merkmale und Nutzen zu sprechen?

5. Nach dem Besuch ist eines besonders wichtig: *Erwischen Sie ihn bei etwas Richtigem.* Statt sofort zu kritisieren, finden Sie immer etwas, das Sie loben können. Sagen Sie ihm, was er wirklich gut gemacht hat. Wenn Sie das machen, dann schnellt die Selbstachtung des

anderen in die Höhe, und er wird erheblich empfänglicher für Ratschläge, die Sie ihm geben wollen.

6. *Bitten Sie den Verkäufer um eine Selbsteinschätzung.* Bevor Sie etwas sagen, bitten Sie ihn, den Besuch selbst zu beurteilen. Die meisten Verkäufer haben ein gutes Gespür dafür, wo sie mehr oder weniger hätten tun können, und Selbstkorrektur ist die beste Korrektur. Dann machen Sie den nächsten Besuch, und wichtig dabei ist: Kurz bevor Sie hineingehen, schlagen Sie eine einzige Änderung vor. Dann gehen Sie hinein und beobachten diese eine Aktion. Sie werden staunen, wieviel effektiver das ist, als ihm gleich mehrere Dinge zu tun zu geben.

Nun zu einigen Problemen beim Coaching, die Sie überwinden müssen. Das erste ist, daß Verkaufsmanager im Coaching meist nicht geschult sind. Darum ist es ihnen unangenehm, sie sind unsicher, manchmal haben sie Angst davor, hinauszugehen und Mitarbeiter zu coachen. Wir machen Menschen nicht gerne wütend oder frustriert, und wir meinen, Coaching sei dasselbe wie Kritisieren oder jemanden für seine Fehler heruntermachen, was gar nicht der Fall ist.

Das größte Problem ist Zeitdruck, weil es dabei ständig um den Unterschied zwischen dem Dringenden und dem Wichtigen geht. Das Dringende sind die Formulare, die Sie ausfüllen müssen, die Anrufe, die Sitzungen, aber das wirklich Wichtige, das die langfristigsten und bedeutendsten Auswirkungen auf Ihre Karriere hat, ist Coaching. Leider wird das Wichtige oft vom Dringenden verdrängt. Sie müssen also Ihre Zeitplanung umstellen und mindestens 60 bis 70 Prozent Ihrer Zeit für Coaching reservieren und alles andere darum herumplanen, statt von den anderen Aktivitäten bestimmen zu lassen, wieviel Zeit Ihnen noch bleibt, um Ihre Mitarbeiter zu coachen.

Coaching ist sehr zeitintensiv und kräftezehrend, also müssen Sie es auf einige wenige Leute beschränken. Fangen Sie mit nur einer oder wenigen Personen an, bis Sie wirklich ein Gefühl dafür haben, dann können Sie nach und nach noch weitere dazunehmen.

Viele Verkaufsmanager machen den Fehler und versuchen, zu viele Fähigkeiten zu coachen. Konzentrieren Sie sich auf eine entscheidende Verhaltensweise, die Ihrer Meinung nach für den Verkäufer am nützlichsten zu lernen wäre, und lassen Sie ihn nur an einem Verhalten gleichzeitig arbeiten.

Wenn Coaching nicht regelmäßig stattfindet, sondern nur sporadisch, ist es nicht effektiv. Wie überwinden Sie das? Indem Sie mehrere Monate im voraus planen. Ein entscheidendes Problem, das eng damit zusammenhängt, ist ein fehlender Aktionsplan. Beim Coaching kommt es darauf an, daß Sie mit dem Verkäufer genau vereinbaren, wie es weitergeht, was er wann zu tun hat, wie es gemessen und kontrolliert wird.

Fehlendes Follow-up macht in vielen Fällen das Coaching zunichte. Die Regel ist: Wenn Sie mit Ihren Mitarbeitern hinausgehen und Sie coachen, vereinbaren Sie eine Nachbesprechung innerhalb von 30 Tagen. Dann kommen Sie wieder zusammen und sprechen über den Aktionsplan, auf den Sie sich geeinigt haben.

Coaching ist der schnellste Weg zur Verbesserung der Verkaufseffektivität. Besonders wenn Sie Leute coachen, die nicht in den oberen zehn Prozent, sondern in den 20 Prozent darunter sind. Das sind diejenigen, die am ehesten große Sprünge in ihren Verkaufserfolgen erleben werden.

Coaching ist es das beste, was Sie mit Ihrer Zeit machen können. Das sieht man nicht auf den ersten Blick, aber wenn Sie erst einmal damit anfangen, werden Sie staunen, wieviel mehr Sie erledigt bekommen, wenn Sie 60 bis 70 Prozent Ihrer Zeit draußen mit Ihren Leuten verbringen und ihnen helfen, besser zu werden. Bei Ihrem Verkäufer baut es das Gefühl der Zugehörigkeit auf. Der Verkäufer arbeitet die meiste Zeit einsam und allein, und wenn Sie hinausgehen, Zeit mit ihm verbringen, die Firma repräsentieren und mit ihm über seine Tätigkeit sprechen, über die Produkte und Dienstleistungen und Kunden, dann bekommt er das Gefühl, zu einer großen Organisation zu gehören, und noch lange danach bleibt ein gesteigertes Selbstvertrauen und eine positive Einstellung zurück.

Coaching verbessert nachweislich die Motivation. Nichts motiviert Mitarbeiter mehr als Ihre Gegenwart, und je mehr Sie hinausgehen, ihnen Ratschläge geben und ihnen sagen, daß Sie an sie glauben und daß sie es schaffen werden, und ihnen regelmäßig positives, hilfreiches und konstruktives Feedback geben können, desto besser werden sie sich fühlen.

Coaching ist die Grundlage für ein Weltklasse-Verkaufsteam. Alle Weltklasse-Teams, im Verkauf oder sonstwo, haben ein ungemein starkes Coaching. Ohne Coaching gibt es keinen überragenden Erfolg.

Für Ihr Unternehmen ist es der Schlüssel zu einem dauerhaften Wettbewerbsvorteil. Erstklassiges Coaching zu haben ist der Schlüssel zum Sieg auf einem umkämpften Markt.

Coaching ist der schnellste Weg, um eine erfolgreiche Verkaufsorganisation und erfolgreiche Verkäufer aufzubauen. Es ist der schnellste Weg, Anerkennung von Ihren Vorgesetzten zu bekommen und anderen zu beweisen, daß Sie einen hervorragenden Job machen. Der schnellste Weg, befördert zu werden, vorwärts zu kommen, der schnellste Weg, um ganz klar zu machen, daß Tag für Tag Ihre Glaubwürdigkeit auf dem Spiel steht und daß Sie jede Minute daran arbeiten, sie in den Augen derjenigen aufzubauen, deren Meinung für Sie zählt.

ÜBUNGEN

1. Wer in Ihrem Team braucht in welchem Bereich Coaching? Listen Sie mindestens drei Bedürfnisse auf, und vergeben Sie Prioritäten (a, b, c).

Verkäufer	**Coaching-Bedarf**
________________	a. ________________
	b. ________________
	c. ________________

Verkäufer	**Coaching-Bedarf**
________________	a. ________________
	b. ________________
	c. ________________

2. Gehen Sie noch einmal die Liste der Coaching-Probleme durch, die zu überwinden sind. Welches müssen Sie besonders sorgfältig vermeiden? Wie ist Ihr Plan, um es zu vermeiden?

Coaching-Problem	**Aktionsplan**
________________	________________________
________________	________________________
________________	________________________
________________	________________________
________________	________________________
________________	________________________

16 Managen von Key Accounts

Überblick

Die vielzitierte 80/20-Regel besagt, daß bis zu 80 Prozent der Gewinne eines Unternehmens von nur 20 Prozent seiner Kunden kommen können. Eine Ihrer Aufgaben als Verkaufsmanager ist es, mit Ihren Verkäufern eine Strategie im Hinblick auf diese Kunden zu entwickeln.

Sie müssen einen Plan haben, um Key Accounts zu entwickeln, zu durchdringen und zu erhalten. Dieses Kapitel zielt auf Ihre Rolle bei der Planung und Strategie. Beim Verkauf an Key Accounts kommt es auf die Qualität an: sowohl die Qualität der Strategie als auch die des einzelnen Besuchs.

Ziele

Bis zum Ende dieses Kapitels werden Sie folgendes lernen:

- Unterschiede zwischen Key Accounts und kleineren Accounts.
- Regeln im Hinblick auf die Strategie.
- Ideen für die Key-Account-Planung.
- Die Vorteile des strategischen Coachings.

Einer der wichtigsten Jobs des Verkaufsmanagers ist das Erkennen, die Entwicklung und die Pflege der Key Accounts. Warum? Weil Key Accounts bis zu 80 Prozent der Umsätze in Ihrem Verkaufsgebiet ausmachen können. Was ist also Ihr Job? Zunächst müssen Sie die Key Accounts entwickeln. Key Accounts und ihre Entwicklung sind ein entscheidender Ergebnisbereich, ein entscheidender Erfolgsfaktor, sie sind der Schlüssel, um Ihre Ziele, Ihr Umsatzvolumen, Ihre Prognose, Ihre Quoten zu erreichen, und sie könnten der Schlüssel für Ihre ganze Zukunft sein. Darüber hinaus müssen Sie Ihren Verkäufern helfen, Key Accounts zu entwickeln, indem Sie ihnen beibringen, wie man sie handhabt, im richtigen Moment eingreifen und den Hebel ansetzen. Wie Sie wissen, erfordern Key Accounts viel Zeit und Aufmerksamkeit. Und außerdem müssen Sie regelmäßig eingreifen, um Key Accounts zu eröffnen, zu erhalten und aufzubauen. Dies ist ein wichtiger und höchst wertvoller Einsatz Ihrer Zeit.

Betrachten wir kurz den Unterschied zwischen Key Accounts und kleinen Kunden. Sie werden sehen, daß die Herangehensweise von der Größe des Kunden abhängig ist; deswegen sprechen wir auch gleich noch über Effektivität. Aufschluß hierüber gibt uns die Abbildung auf der nächsten Seite: Nehmen wir an, dies ist die Umsatzkurve, und auf der linken Seite haben wir kleine Kunden, auf der anderen die großen, und hier sind die Dollarwerte, so daß sich hier der Umfang der Einzelumsätze durch die Grafik zieht. Nun, bei kleinen Kunden kommt es auf die Effizienz an, mit der Ihre Mitarbeiter sich bewegen. Die Zahl der besuchten Kunden, die Häufigkeit der Kontakte.

Doch bei großen Kunden ist die Qualität der Verkaufsbemühung entscheidend für den Erfolg. Bei den kleineren Kunden ist es die Quantität, auf die es ankommt. Bei den kleinen Kunden kommt es auf das Ausmaß der Aktivität des Verkäufers an, bei den großen Kunden jedoch auf das Ausmaß der Planung vor, während und nach der Entwicklung des Schlüsselkunden. Hier ist also das Schlüsselwort „mehr“, und die meisten Verkäufer werden geschult, durch mehr Aktivität kleinere Kunden zu entwickeln. Bei den Key Accounts heißt der Schlüssel „besser“. Und dafür gibt es vier Gründe, warum wir hier auf Strategie setzen und dort auf Häufigkeit. Wir setzen auf die Quantität der Verkaufsbemühungen, wenn Sie es mit kleineren Kunden zu tun haben, bei Key Accounts dagegen auf die Qualität der Verkaufsbemühungen. Die vier Gründe sind folgende:

Der Unterschied zwischen Key Accounts und kleineren Kunden

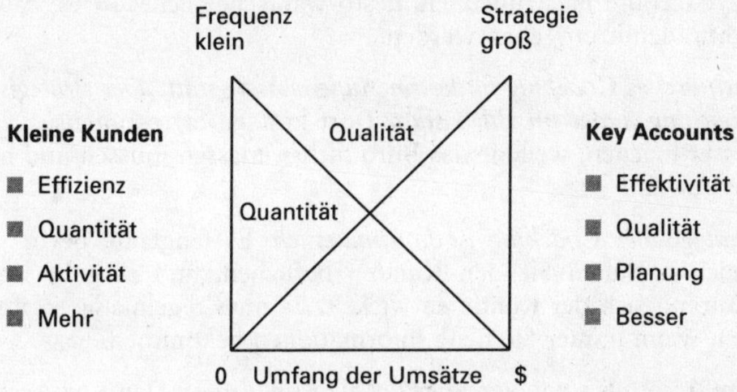

1. *In jedem Territorium gibt es nur wenige Key Accounts.* Darum dürfen Sie sie nicht vergeuden. Bei kleineren Kunden haben Sie vielleicht Tausende von potentiellen Kunden, bei großen Kunden nur einige wenige. Kürzlich arbeitete ich mit einer Firma, die in einer Marktbevölkerung von 2,6 Millionen nur neun Kunden hatte, an denen sie arbeiten konnte, also mußte sie sehr vorsichtig sein.
2. *Key Accounts beinhalten erheblich größeres Erfolgspotential.* Ein Key Account kann ausreichen, um Ihre Vorgaben zu erfüllen, es kann ausreichen, eine Firma nach oben zu bringen. Das Erfolgspotential kann also sehr groß sein.
3. *Ein Mißerfolg kann sehr teuer werden.* Wenn Sie einen Key Account verlieren oder wegen schlechter Verkaufsbemühungen oder schlechter Planung nicht bekommen, kann das sehr schwerwiegend sein.
4. *Aufgrund all dessen ist mehr Planung nötig.* Der Schlüssel zu Ihrer Zukunft, der Schlüssel zum Umgang mit großen Kunden, Key Accounts, ist die Qualität Ihrer Planung. Daher ist Strategie bei Key Accounts von außerordentlicher Bedeutung. Sie basiert auf der wichtigsten Qualität, die ein Verkaufsmanager hat, nämlich Bedachtsamkeit. Auf der Fähigkeit, eine Sache zu durchdenken, bevor man handelt.

Im Blick auf die Strategie gelten folgende Regeln:

1. *Planloses Handeln ist die Ursache allen Mißerfolgs.* Also gilt: Planen Sie, bevor Sie handeln. Je mehr Zeit Sie sich nehmen, über einen Key Account nachzudenken, desto wahrscheinlicher ist es, daß Sie richtig damit umgehen werden.

2. *Technisches Coaching findet im Außeneinsatz statt, aber strategisches Coaching findet im Büro statt.* Dort können Sie es intensiver und besser machen, weil Sie das Büro nicht verlassen müssen und mehr Zeit haben.

3. *Strategisches Coaching ist kontinuierlich.* Es fängt an, bevor oder gleich nachdem Sie den Kunden besuchen, und es geht weiter, während sich der Kunde entwickelt. Es muß regelmäßig weitergehen, wann immer Sie neue Informationen bekommen.

4. *Key Accounts sind angreifbar für die Konkurrenz.* Den Key Account wollen alle haben, und Ihre Konkurrenz ist rücksichtslos entschlossen, alles zu tun, um ihn zu bekommen; darum ist es wichtig, daß Sie mit all Ihrem Können, Ihrer Erfahrung und Ihrer Strategie Ihre Firma, Ihre Produkte, Ihren Service und Ihren Verkäufer positionieren, um die Konkurrenz zu schlagen.

5. *Manchmal können Sie nichts Wertvolleres tun, als selbst und mit Ihren Verkäufern an einem Key Account zu arbeiten.* Manchmal kann ein Key Account Ihre Karriere ausmachen. Und manchmal kann es Sie eine Menge kosten, einen Key Account zu verlieren.

Verbringen Sie also mehr Zeit mit weniger Kunden. Sie wissen ja: Besser statt mehr. Verbringen Sie mehr Zeit mit wichtigen Kunden. Kunden, die ein enormes Potential für die Firma haben, wenn Sie sie gewinnen können. Setzen Sie Ihre Zeit dort ein, wo Strategie etwas bewirkt. Wenn den Kunden nichts interessiert außer dem Preis, können Sie mit Strategie nicht viel ausrichten. Doch wenn der Kunde mehrere Aspekte im Blick hat, dann sind Strategie, Planung, Nachdenken, Positionieren sehr wichtig.

Bei Ihrer Key-Account-Planung sollten Sie neun Punkte berücksichtigen:

1. *Identifizieren Sie sie nach Größe und Potential.* Schauen Sie sich den Markt an. Wer sind die Key Accounts? Als David Ogilvie seine Werbeagentur gründete, fand er die vier oder fünf besten Firmenkunden heraus und verbrachte die nächsten zwei oder drei Jahre damit, Strategien zu entwickeln, und er gewann tatsächlich jeden

einzelnen davon als Kunden. Schauen Sie sich die besten Kunden in Ihrem Marktbereich an, und überlegen Sie, was Sie heute, morgen, nächsten Monat tun können, um sie als Kunden zu gewinnen.

2. *Sie müssen Ihre Key Accounts qualifizieren.* Manche Firmen scheinen großartige Kunden zu sein, sind es aber nicht. Finden Sie heraus, was ihre Bedürfnisse sind. Finden Sie heraus, was ihre Probleme sind. Es lohnt sich, gründlich zu recherchieren, wenn Sie einen Key Account einschätzen wollen.

3. *Analysieren Sie Ihre Key Accounts aufgrund Ihrer Produkte und Dienstleistungen.* Sind ihre Bedürfnisse und Probleme so angelegt, daß Ihre Produkte und Dienstleistungen sie lösen können?

4. *Betrachten Sie sie im Blick auf Wahrscheinlichkeit.* Wie wahrscheinlich ist es, daß Ihre Produkte und Dienstleistungen mit ihren Stärken und Schwächen, ihren Wettbewerbsvorteilen und -nachteilen, für den Kunden interessant sind?

5. *Wer sind die Schlüsselpersonen beim Kunden,* wen können Sie als Coach gebrauchen, wer kann Ihnen helfen? Wer sind die Entscheidungsträger, wer bremst, wer hat Einfluß?

6. *Wer sind die Entscheidungsträger?* Wer trifft die letzte Entscheidung und warum? Was ist die emotionale Agenda des Entscheidungsträgers? Was muß er erreichen? Was sind seine persönlichen Anliegen im Blick auf diese Entscheidungen? Mit wem können Sie reden, der schon mit ihm zu tun hatte? Was können Sie herausfinden? Nennen wir es Marktaufklärung, Marktrecherche, Hausaufgaben, Lernen. Wenn der Kunde groß genug ist, daß Sie ihn wollen, ist er auch groß genug, daß Sie daran arbeiten.

7. *Was sind die Entscheidungskriterien?* Wie wird die Entscheidung getroffen? Auf welcher Basis? Was ist von all den Dingen, die ins Kalkül gezogen werden, wichtiger? Was weniger wichtig? Und wie stellen Sie sich darauf ein, wie die Entscheidung getroffen wird?

8. *Was sind die Stadien des Besuchs?* Key Accounts erfordern viele Besuche. Nicht nur einen Besuch, sondern einen, der zu einem zweiten führt, und so weiter. Und in jedem Stadium muß etwas erreicht werden, also müssen Sie das erste Stadium planen, das Coaching, das Sondieren, das Herausfinden, wer die Schlüsselfiguren sind, das Identifizieren des Coachs. Im zweiten Stadium müssen Sie mit der Person reden, die das Problem hat, und genau herausfinden,

worum es ihr geht und mit wem sie darüber redet. Das dritte Stadium ist vielleicht, daß Sie Ihre Stärken und Schwächen im Vergleich mit Ihren verwundbaren Punkten analysieren.

9. *Wo sind die sogenannten KIPS oder „key intervention points"?* KIPS sind die Stellen, wo Sie wirksam eingreifen können. Stellen Sie sich die Frage: An welchen Stellen kann ich etwas bewirken? Wo kann ich etwas tun? Zu Beginn der Verhandlungen? Mittendrin? Wenn die Verhandlungen aus der Spur geraten? Gibt es jemanden, den Sie anrufen können? Bringt es etwas, wenn jemand aus der obersten Riege in Ihrer Firma jemanden aus der obersten Riege dort anruft? Wo können Sie wirklich wirksam eingreifen? Das ist die entscheidende strategische Frage bei Key Accounts.

Kommen wir nun zu den Vorteilen des strategischen Coachings: Strategisches Coaching erlaubt Ihnen, den Wert Ihrer Zeit zu maximieren. Es ist sehr motivierend für Ihre Mitarbeiter, regelmäßig mit Ihnen an den Key Accounts zu arbeiten, weil es Ihnen regelmäßig Interaktion und Feedback verschafft. Und regelmäßiges Feedback ist absolut wesentlich für die Moral und Motivation Ihrer Verkäufer.

Key-Account-Coaching ein hervorragendes Schulungswerkzeug. Dadurch können Sie sich selbst durch Lehren und Trainieren multiplizieren und bekommen mehr Hebelwirkung, was beträchtliche Umsätze erzeugen kann. Wenn Sie erfolgreich sind, ist der Gewinn gewaltig.

Ihr Erfolg bei den Key Accounts ist nicht nur ein entscheidender Ergebnisbereich und von daher wichtig, sondern auch ein entscheidender Erfolgsfaktor für Sie und Ihr Unternehmen und vor allem für Sie der schnellste Weg zum Aufstieg. Und viele Verkäuferkarrieren bauen darauf auf, auf Ihrer Fähigkeit, einen Key Account zu entwickeln und zu erhalten, daß es die ganze zukünftige Richtung der Firma prägt. Darum ist es ein entscheidender Teil Ihrer Aufsichtstätigkeit, Ihrer Feldarbeit, Ihres Coachings in Fähigkeiten und Strategie, Ihrer Interaktion mit Ihren Verkäufern, daß sie dabei helfen, Key Accounts zu erkennen, zu entwickeln, zu durchdringen und auszuschöpfen. Wenn Sie lernen, das gut zu machen, kann es eines Ihrer wichtigsten Mittel sein, um in Ihrer Karriere an die Spitze zu kommen.

ÜBUNG

1. Wir wissen, daß das Erfassen, Durchdringen und erhalten von Key Accounts wesentlich für Ihren Erfolg ist.

   Listen Sie Ihre bestehenden Key Accounts nach Gebieten auf. Halten Sie fest,
   1) ob sie angreifbar für die Konkurrenz sind,
   2) ob der Account noch weitere Möglichkeiten bietet,
   3) Ihre primäre Strategie für den Account.

Gebiet: ______________________________

Key Account	**Angreifbar J/N**	**Weitere Möglich-keiten J/N**	**Ihr letzter Besuch**	**Zukünftige primäre Strategie**

17 Kommunikationskanäle und -netzwerke

Überblick

Viele Probleme in Ihrem persönlichen Leben wie im Geschäftsleben resultieren aus schlechter Kommunikation und Mißverständnissen. Indem Sie die zusätzliche Anstrengung auf sich nehmen, Informationen zu liefern und zu klären, können Sie sich viele Stunden sparen, um unnötige Probleme zu lösen.

Sie müssen in verschiedenen Richtungen und auf verschiedene Weise kommunizieren. Dieses Kapitel behandelt die vielen Formen der Kommunikation, die im Verkaufsmanagement verbreitet sind.

Ziele

Bis zum Ende dieses Kapitels werden Sie folgendes lernen:

- Drei entscheidende Kommunikationswerkzeuge.
- Drei Wege, um durch Kommunikation zum Erfolg zu kommen.
- Fakten über Besuchsberichte, Kundenanalysen und Spesenabrechnungen.
- Über den effektiven Umgang mit dem Telefon.

Sie wissen bereits daß volle 85 Prozent Ihres Erfolgs als Verkaufsmanager von Ihrer Fähigkeit abhängen, effektiv zu kommunizieren. Volle 99 Prozent alle innerbetrieblichen und zwischenmenschlichen Probleme entstehen durch schlechte Kommunikation. Ungenaue und unvollständige Information verursacht mehr Probleme, als Sie denken, und interessanterweise ist der entscheidende Motivator sowohl für Ihre Vorgesetzten als auch für Ihre Verkäufer, immer informiert zu sein. Die Leute wollen wissen, was läuft, keine Gerüchteküche, sie wollen von neuen Marschrichtungen, Informationen, Veränderungen und Problemen frühzeitig erfahren. Kommen wir also zu Kommunikationskanälen, die Sie nutzen können, um effektiver zu arbeiten. Vergessen Sie nie: Kommunikation ist eine Kunst, die man lernen kann. Wie schon gesagt, Reden ist nicht gleich Verkaufen. Die Fähigkeit, aufgrund Ihrer Machtposition anderen Anweisungen zu geben, ist noch keine Kommunikation. Hier sind die drei entscheidenden Kommunikationswerkzeuge eines effektiven Managers.

1. *Das persönliche Gespräch.* Daran arbeiten Sie ständig. Ihre Fähigkeit, unter vier Augen zu interagieren, ist entscheidend für Ihren Erfolg im Leben. Viele werden gebremst, weil sie keinen Blickkontakt halten können, keinen festen Händedruck haben, sich nicht auf Gesprächspartner zu neigen, nicht aufmerksam zuhören, zuviel reden und so weiter.

2. *Die Präsentation vor Gruppen und vor allem Meetings.* Meetings sind eine der wichtigsten Werkzeuge eines Managers. Wie Sie sich auf einem Meeting verhalten, sich darauf vorbereiten, wie Sie Fragen stellen und beantworten. Wie Sie ein Meeting leiten und Beiträge dazu liefern, all dies sind entscheidende Faktoren. Und ich kenne Manager, deren Karrieren beschleunigt wurde, weil sie in Meetings mit Vorgesetzten ausgezeichnet vorbereitet waren, aber auch solche, die wegen ihrer schwachen Leistung gebremst und schließlich degradiert und an den Rand gedrängt wurden.

3. *Der schriftliche Bericht.* Gerade die Fähigkeit, sich auf dem Papier gut auszudrücken, Briefe, Berichte, Pläne zu schreiben, ist sehr wichtig. Wenn Sie das nicht beherrschen, dann machen Sie es sich zum Ziel, sehr gut darin zu werden, denn es kann Sie auf subtile Weise vorwärts bringen oder ausbremsen.

Kommunikation erfolgt in drei Richtungen: nach oben, nach unten und zur Seite. Es spielt keine Rolle, wie gut Sie sind, wenn Ihr Chef es nicht weiß. Sie müssen aber auch dafür sorgen, daß Sie die Leute unter Ihnen gut informiert halten, besonders Ihre Verkaufsmannschaft. Und auch die Kommunikation mit all den Leuten, über die Sie keine Kontrolle haben, deren Kooperation Sie jedoch brauchen, um Ihrer Verantwortung sowohl nach oben als auch nach unten gerecht zu werden, ist von erheblichem Gewicht. In der Kommunikation stehen Sie sozusagen genau hier in der Mitte, und Ihre Kommunikation läuft in alle Richtungen. Sie müssen einen offenen Fluß in alle Richtungen haben.

Betrachten wir erst einmal die Aufwärts-Kommunikation. Was müssen Sie dazu tun? Vor allem müssen Sie über Umsatzergebnisse informieren: Umsätze, Umsatzsteigerungen, Umsatzprobleme, Umsatzprognosen. Aber es gilt die Regel: Keine Überraschungen! Nichts ärgert Ihre Vorgesetzten mehr, als wenn Sie nicht wissen, was vor sich geht, und es dann plötzlich herausfinden.

Zur Abwärts-Kommunikation gehören verschiedene Elemente. Sie hat besonders mit allem zu tun, was eine Person braucht, um ihren Job zu machen. Je mehr Information jemand über seinen Job hat, desto zufriedener, positiver und motivierter ist er. Vor allem muß er die Politik kennen. Sie müssen ihm erklären, was in Ihrem Unternehmen vor sich geht. Sie müssen über alle Veränderungen in bezug auf Leute, Produkte, Dienstleistungen, Preise Bescheid wissen. Sie brauchen alle möglichen Informationen, und es gilt die Regel: Lieber zuviel als zuwenig. Geben Sie Ihren Mitarbeitern mehr Informationen. Sie brauchen die nötigen Informationen, um ihren Job im Griff zu behalten. Einer der wichtigsten Kommunikationskanäle bei der Aufwärts- wie auch der Abwärts-Kommunikation sind Besuchsberichte. Dadurch wissen Sie, was vor sich geht, und können dies auch an Ihre Vorgesetzten weiterleiten. Sie brauchen wöchentliche und monatliche Besuchsberichte. Auf diese Weise fühlen Sie den Puls Ihrer Verkaufsmannschaft. Wichtig sind auch Besuchsberichte über die Vergangenheit und Berichte über künftige Vorhaben. Das gibt Ihnen eine gute Vorstellung, was sich draußen tut, und Sie bekommen rechtzeitig Feedback, um Dinge korrigieren zu können.

Sorgen Sie dafür, daß Besuchsberichte stark vereinfacht werden. Gute Verkäufer mögen keinen Papierkram, also reduzieren Sie die Papierflut, damit sie mehr Zeit zum Verkaufen haben. Was Sie nicht brauchen, sollten Sie auch nicht verlangen. Lassen Sie sich mit den Besuchsberichten auch Informationen über die Kunden geben. Kundeninfos in den Akten sind sehr wichtig. Harvey McCay ist berühmt für die McCay 66

– 66 Fragen über den Kunden, die in jeder Kundenakte beantwortet werden sollen. Wenn also dem Verkäufer etwas passiert und jemand anderes einspringen muß, sind alle Informationen über den Kunden an einem Ort zu finden und regelmäßig auf den neuesten Stand gebracht.

Richten Sie sich in puncto Besuchsberichte flexibel nach den Erfolgen Ihrer Leute. Junge Verkäufer brauchen Besuchsberichte, um in den Rhythmus zu kommen, die Dinge zu tun, über die sie berichten müssen. Mit erfahreneren Leuten können Sie flexibler sein, denn die sind allergisch gegen Besuchsberichte, weil sie sich für professionell genug halten.

Was immer Sie tun, bestehen Sie auf prompter Erledigung. Und wenn Sie einen Bericht bekommen, werten Sie ihn sofort aus, und reagieren Sie darauf. Machen Sie ganz klar, daß Sie diese Besuchsberichte sorgfältig durchsehen und Ihren Leuten entsprechende Rückmeldung geben.

Im Hinblick auf die Kundenanalyse ist ein anderer wichtiger Kommunikationskanal, daß Sie über Ihre Kunden informiert sein wollen. Also bitten Sie Ihre Verkäufer regelmäßig, die Konten auszuwerten und zu erörtern. Sie können zum Beispiel jede Woche Ihre Key Accounts inspizieren oder jeden Monat alle Konten oberhalb einer bestimmte Schwelle. Je mehr Aufmerksamkeit Sie Ihren größeren und mittleren Konten widmen, desto mehr achten auch Ihre Verkäufer darauf. Und wenn Sie nicht nachfragen und regelmäßig überprüfen, fallen eine Menge Dinge unter den Tisch.

Ein weiterer wichtiger Kommunikationskanal sind die Provisionsabrechnungen. Sie spielen eine wichtige Rolle im Verkaufsgeschäft, und sie gehören zu den Dokumenten, die wirklich jeder Verkäufer gründlich durchliest. Deshalb sollten Sie zwei Dinge beachten: Provisionsabrechnungen müssen einfach und leicht verständlich sein, denn komplizierte Abrechnungen wirken sich nachteilig auf die Motivation aus. Darum nehmen Sie sich Zeit, darüber zu sprechen. Fragen Sie Ihre Mitarbeiter, ob sie irgendwelche Fragen haben. Wenn Ihre Verkäufer Fragen und Probleme haben, gehen Sie darauf ein, denn Provisionen und Einkommen sind ein sehr heikles Thema. Die Leute sind sehr empfindlich, wenn es um ihren Brotkorb geht, wie die Chinesen sagen. Wenn etwas ihren Brotkorb bedroht, ob es eine Unklarheit oder ein Mißverständnis ist oder eine vermeintliche Ungerechtigkeit bezüglich der Provision, dann werden die meisten sehr empfindlich, was sich verheerend auf ihre Verkaufstätigkeit auswirkt.

Auch Spesenabrechnungen gehören zu den Kommunikationskanälen. Es ist Ihre Sache, nicht nur dafür zu sorgen, daß jeder sie macht, sondern auch dafür, daß sie leicht auszufüllen sind. Eine Spesenabrechnung, an der die Leute ein halbes Wochenende sitzen, kann keiner gebrauchen. Halten Sie sie einfach, leicht auszufüllen und leicht zu führen. Benutzen Sie Standardformulare. Füllen Sie die Felder aus, so daß der andere es mitverfolgen kann, und erklären Sie die Formulare sorgfältig. Ihre Mitarbeiter lernen nur, diese Dinge zu benutzen, wenn man mit ihnen darüber redet und sie einen Beispielbogen ausfüllen läßt, damit Sie sehen, daß sie es wirklich verstanden haben.

Überprüfen und erörtern Sie regelmäßig die Spesen. Und sei es auch nur, um zu sagen, daß sich die Spesen im Rahmen halten, oder um die eine oder andere Rückfrage zu stellen.

Ein anderer Kommunikationskanal, den Sie als Verkaufsmanager gut beherrschen müssen, ist das Telefon. Das Telefon kann ein wunderbares Werkzeug sein, aber auch entsetzlich viel Zeit kosten. Wenn Sie Mitarbeiter haben, mit denen Sie nur telefonisch Kontakt halten, sprechen Sie ein- oder zweimal in der Woche mit ihnen, aber planmäßig und nach Verabredung. Bereiten Sie eine Tagesordnung vor, damit Sie nicht erst einmal 15 Minuten über das letzte Fußballspiel reden. Faxen Sie die Tagesordnung, bitten Sie um Rückmeldung dazu, und wenn Sie Ihre Anliegen erörtert haben, fordern Sie zu Fragen auf. Fordern Sie Ihre Mitarbeiter auf, Fragen, Bedenken, Probleme zu äußern, geben Sie Anweisungen und Ratschläge.

Ein weiterer wichtiger Kanal, den Sie regelmäßig einsetzen sollten, um Ihre Mannschaft informiert zu halten, sind Newsletter: Newsletter für die Neuigkeiten aus der Firma, Rundbriefe für Veränderungen bei Preisen und so weiter. Das ist unerläßlich, und am besten ist es, dafür eine Mappe mit einem festen Platz einzurichten, so daß Ihre Verkäufer sie abheften und jederzeit wieder zur Hand nehmen können.

Im Blick auf Kommunikationskanäle gilt die Regel: Es kommt leicht zur Informationsüberfütterung, also immer vereinfachen. Streichen Sie, wo immer möglich. Filtern Sie alle eingehenden und ausgehenden Informationen heraus, die nicht gebraucht werden. Fragen Sie Ihre Mitarbeiter: „Welche der Informationen, die wir Ihnen schicken, benutzen oder lesen Sie regelmäßig?" Wenn möglich, streichen Sie von der Liste, was nicht beachtet wird. Warum? Weil gute Verkäufer meist schlecht mit Papierkram umgehen können, und wenn Sie hohe Anforderungen an die schriftlichen Unterlagen stellen, ziehen Sie dadurch Ihre Verkäufer vom Außendienst ab und belohnen Papierkram mehr als Umsätze.

Wenn Verkäufer 20 oder 30 Prozent ihrer Zeit damit verbringen müssen, Formulare für die Zentrale auszufüllen, demotiviert sie das, und Ihre besten Mitarbeiter würden, wie wir festgestellt haben, eher kündigen, als ständig Formulare auszufüllen. Sie wollen verkaufen. Überprüfen Sie deshalb regelmäßig bei jedem Stück Papier, ob es wirklich notwendig ist. Das gilt für Unterlagen, die Sie von Ihren Vorgesetzten bekommen, Material, das Sie nicht lesen, aber nach unten oder seitwärts weitergeben. Und vergessen Sie nie den obersten Grundsatz im Hinblick auf Kommunikationskanäle: Klarheit, Klarheit, Klarheit.

ÜBUNGEN

1. **Aufwärts-Kommunikation**

   a) Welche Werkzeuge benutzen Sie, um aufwärts zu kommunizieren?

   b) Wie können Sie Ihre Aufwärtskommunikation verbessern?

   c) Was müssen Sie tun, um Regel Nummer eins (keine Überraschungen) zu erfüllen?

2. **Abwärts-Kommunikation**

   a) Welche Werkzeuge setzen Sie gegenwärtig ein?

   b) Wie könnten sie verbessert werden?

3. a) Machen Sie eine Selbstanalyse, und bewerten Sie sich mit 1 bis 10 in den folgenden Kommunikationsformen:

Kommunikationsform	**Bewertung (1 bis 10)**
Mündlich – unter vier Augen	__________
Mündlich – Präsentation vor Gruppen	__________
Schriftlich	__________
Zuhören	__________

b) Wie ist Ihr Plan für eine gegebenenfalls nötige Verbesserung?

18 Vertriebskonferenzen

Überblick

Als Manager verbringen Sie mindestens ein Viertel Ihrer Zeit auf Meetings. Konferenzen sind ein wesentlicher Teil des Alltags in jeder Organisation. Je mehr Mitarbeiter involviert sind, und je größer die Komplexität der Aufgaben ist, desto notwendiger ist es, daß Leute sich in Gruppen treffen, um Probleme zu lösen, gemeinsame Entscheidungen zu treffen sowie Informationen weiterzugeben. Konferenzen sollten „Management in Aktion" sein. Sie haben die Gelegenheit, als Manager Kompetenz (oder Mangel daran) zu zeigen, andere zu begeistern, zu überzeugen und die Ziele der Organisation voranzutreiben.

Allerdings ist es mit Konferenzen wie mit der Werbung. Man schätzt, daß 50 Prozent des Geldes, das für Werbung ausgegeben wird, verschwendet ist, aber niemand weiß, welche 50 Prozent es sind. Man schätzt auch, daß die Hälfte der Zeit, die man in Konferenzen verbringt, vergeudet ist, aber niemand weiß, wie man die unnötige Hälfte ausschalten könnte.

Der Zweck dieses Kapitels ist, Ihnen zu zeigen, wie Sie Konferenzen effektiver managen können, so daß Sie den maximalen Ertrag der investierten Zeit herausholen.

Ziele

Bis zum Ende dieses Kapitels werden Sie folgendes lernen:

- Gründe, um Vertriebskonferenzen abzuhalten.
- Sechs Punkte zur Planung einer Konferenz.
- Die Struktur einer Vertriebskonferenz.
- Ideen für bessere Konferenzen.

Konferenzen sind wichtige Werkzeuge, mit denen Sie eine Vielzahl von Dingen bewirken können. Sie können sie nutzen,

- um Leute auszubilden und zu informieren,
- um Leute zu inspirieren, zu motivieren und mit neuem Schwung hinauszuschicken und
- um Umsätze zu steigern.

Nach jeder Konferenz sollte die Umsatzsteigerung die Kosten der Konferenz übersteigen. Jede Geschäftsinvestition sollte einen Ertrag bringen, und jede Konferenz sollte so geplant sein, daß der Ertrag das Doppelte oder Dreifache der Kosten ausmacht.

Sehen wir uns nun die Gründe an, warum Konferenzen wichtig sind. Sie eignen sich zum einen bestens, um neue Produkte und Dienstleistungen einzuführen. Dazu ist es sinnvoll, sie allen gleichzeitig vorzustellen und auch die Fragen alle gleichzeitig zu beantworten. Viele jährliche Konferenzen werden eigens dazu genutzt. Und ebenso, um neue Verfahrensweisen bekanntzugeben.

Konferenzen bieten auch die Möglichkeit, Dampf abzulassen. Verkäufer stauen eine gewaltige Menge Energie auf – negative Energie. Sie sind frustriert und kritisch, haben Probleme, Mißverständnisse, Fehlinformationen, Schwierigkeiten. Und richtig strukturierte Konferenzen geben Ihnen Gelegenheit, das alles loszuwerden. Konferenzen eignen sich auch für die Schulung in neuen Verkaufstechniken. Sie sind aber auch ein ausgezeichnetes Forum, um über die Konkurrenz und ihre Taktik zu sprechen. Was macht die Konkurrenz, und wie reagieren Sie darauf im Umgang mit sehr schwierigen Kunden oder Key Accounts? Und schließlich sind Konferenzen wichtig, um Erfolge und Leistungen anzuerkennen, also die Mitarbeiter herauszustellen, die hervorragende Verkaufsergebnisse erzielen.

Zur Planung einer Konferenz gehören sechs Dinge:

1. *Das Ziel der Konferenz ist, daß die Mitarbeiter sie positiv und zufrieden verlassen.* Sie sollen sich hinterher besser fühlen als vorher und sollen mehr Einsatzfreude für das Unternehmen haben. Sie sollen voller Energie hinausgehen, begierig, zurück an ihre Arbeit zu kommen.

2. *Legen Sie die Gründe, die Struktur und die Tagesordnung vorher fest.* Halten Sie nie eine Konferenz ab, ohne genau zu wissen, wozu. Fangen Sie beim Ziel an, und gehen Sie zurück zum Anfang. Was soll bei der Konferenz herauskommen? Was müssen Sie während der Konferenz tun, damit das Ziel auch verwirklicht wird?

3. *Schneiden Sie die Konferenz auf die Verkäufer zu.* Die Verkäufer sind der Mittelpunkt der Konferenz. Während 60 Prozent der Sitzung sollten die Verkäufer reden, teilnehmen, debattieren, im Podium diskutieren, Rollenspiele machen, denn je stärker die Verkäufer eingebunden sind, desto stärker sind sie auch in das Unternehmen eingebunden, desto besser werden sie arbeiten, desto zufriedener werden Sie sein und desto größer wird hinterher Ihr Ertrag sein.

4. *Diskussion und aktive Beteiligung sind entscheidend.* Planen Sie also die Konferenz so, daß möglichst viel Gelegenheit zur Diskussion und aktiven Beteiligung für alle besteht. Es so einzurichten, daß jeder eine Rolle hat, und wenn einer keine aktive Rolle auf der Tagesordnung hat, müssen Sie die Sitzung so strukturieren, daß jeder Anwesende sich beteiligen kann. Wer keinen Beitrag leisten kann, wird nicht so stark hinter dem stehen, was bei der Konferenz herauskommt.

5. *Bestimmen Sie den Ort nach der Funktion.* Mit anderen Worten: Entscheiden Sie, was Sie in der Konferenz erreichen wollen und tun werden, bevor Sie entscheiden, wo die Sitzung stattfindet. Ich war schon auf Hunderten von Konferenzen, und viele dieser Treffen finden am falschen Ort statt, weil der Ort als erstes festgelegt wird, und dann wundert man sich, warum es nicht gut läuft.

6. *Überlassen Sie nichts dem Zufall,* wenn Sie eine Konferenz planen. Verlassen Sie sich nie darauf, daß die Sache richtig gemacht wird. Die Grundregeln sind folgende: Sorgen Sie für richtige Beleuchtung, sorgen Sie für gute Klimatisierung, sorgen Sie für bequeme Stühle, sorgen Sie dafür, daß alle nötigen Materialien vorhanden sind, und überprüfen Sie alles doppelt und dreifach. Je bedeutender die Konferenz ist, desto wichtiger ist es, daß Sie jemanden haben, der sich ausschließlich um diese Einzelheiten kümmert. Aber verlassen Sie sich nie darauf, daß eine andere Einrichtung, ein Hotel oder Konferenzzentrum, die Sache für Sie organisiert, denn das ist tödlich.

Es gibt verschiedene Arten von Konferenzen. Der Standardtyp ist die jährliche oder halbjährliche Konferenz. Meiner Meinung nach sollten Sie mindestens einmal, besser zweimal im Jahr eine große Konferenz abhalten. Manche Unternehmen haben ihre Jahreskonferenz zu Beginn des Jahres oder zu Beginn oder Ende der Verkaufssaison und zusätzlich eine halbjährliche, workshopähnliche Veranstaltung, die etwas anders gestaltet ist. Auf der Jahreskonferenz wird vorwiegend gefeiert, während auf dem halbjährlichen Treffen gearbeitet, Schulungen durchgeführt und neue Produkte eingeführt werden. Solche Konferenzen sollten zwei bis drei Tage dauern. Auf jeden Fall muß es sich lohnen, vor allem dann, wenn Mitarbeiter über ein großes Gebiet verteilt sind, so daß es nicht praktikabel oder kosteneffektiv ist, sie häufiger zusammenzubringen.

Die monatliche Konferenz bietet sich an, wenn Mitarbeiter jeden Monat an einem Ort zusammenkommen können. Sie sollten zwei bis sechs Stunden dauern. Monatskonferenzen sind bei lokalen oder regionalen Verkaufsmannschaften anwendbar. Die wöchentliche Konferenz bietet sich an, wenn Sie Mitarbeiter haben, die alle vom selben Büro aus arbeiten. Sie sollte etwa ein bis zwei Stunden dauern. Diese Treffen sind etwas umfangreicher als die Kurzbesprechungen, auf die ich gleich kommen werde, aber sie decken auch weniger Material ab.

Schließlich gibt es noch die tägliche Konferenz. Ein wichtiger Gedanke dazu: Wenn Ihre Verkäufer harter Konkurrenz ausgesetzt sind, eine Wirtschaftsflaute herrscht oder Ihre Mitarbeiter demoralisiert sind, und Sie täglich eine Konferenz von 30 bis 60 Minuten abhalten, wo Sie über den Markt sprechen und ein Schulungsthema präsentieren oder vielleicht ein Trainingsvideo zeigen und die Verkäufer anschließend hinausschicken, dann steigen unweigerlich die Umsätze dramatisch.

Einer Ihrer Hauptjobs als Verkaufsmanagers ist es, zu lehren und zu trainieren. Wenn Sie das täglich tun, ist es so, als ob Sie jeden Morgen ins Fitneßstudio gehen und 30 bis 60 Minuten trainieren. Sie werden im Nu sehr viel fitter sein als bisher. Regelmäßige, tägliche Konferenzen sind also sehr wirkungsvoll. Sie können auch montags, mittwochs und freitags Konferenzen durchführen, wie es manche Firmen tun. Je öfter Sie Ihre Mitarbeiter zusammenbringen, desto mehr Zusammenhalt, Moral, Motivation, positives Denken und Lernerfolg werden Sie ernten.

Im wesentlichen gibt es sieben Schritte, um eine längere Konferenz zu strukturieren, und darauf werden wir jetzt näher eingehen.

1. *Starten Sie immer positiv.* Starten Sie mit Erfolgsgeschichten. Starten Sie optimistisch, begrüßen Sie die Leute, danken Sie ihnen, stellen Sie sie vor, und erzählen Sie ihnen von den Erfolgen der Firma.

2. *Machen Sie klar, daß Sie ein Forum für Probleme schaffen werden.* Ein Kunde kann nicht kaufen, wenn er noch einen Einwand im Hinterkopf hat, und Ihre Verkäufer können sich nicht auf eine Konferenz einlassen, wenn sie nicht Gelegenheit haben, ihre Probleme loszuwerden. Schaffen Sie also frühzeitig ein Forum dafür, am besten gleich am ersten Morgen, damit die Leute sich aussprechen können.

3. *Geben Sie Bekanntmachungen.* Denken Sie darüber nach, wann der beste Zeitpunkt für Bekanntmachungen ist, positive Bekanntmachungen, weniger positive, neue Verfahren, neue Produkte, neue Dienstleistungen und so weiter. Das gehört zur Konferenz dazu, aber weil es nicht sonderlich erbaulich ist, empfiehlt es sich, es zwischen interessanteren Aktivitäten einzubauen.

4. *Beteiligen Sie die Verkäufer.* Das muß Ihr Grundsatz sein, die Verkäufer an allen Teilen der Konferenz aktiv teilhaben zu lassen und diese daraufhin zu strukturieren. Übrigens ist es gerade bei größeren Konferenzen ganz hilfreich, die Mitarbeiter an runden Tischen sitzen zu lassen. In dieser Konstellation haben sie viel mehr Gelegenheit, miteinander zu reden.

5. *Sie selbst als Verkaufsmanager sollten eher ein Anfeuerer sein als derjenige, der die Konferenz leitet.* Sorgen Sie lieber dafür, daß jeder zu Wort kommt und daß auch diejenigen, die hinten sitzen, sich beteiligen. Halten Sie sich zurück, und seien Sie still. Planen Sie so, daß die Teilnehmer die Konferenz abhalten.

6. *Bauen Sie formelle und informelle Veranstaltungen ein.* Formelle Treffen sind solche, bei denen alle zusammenkommen und eine konkrete Tagesordnung besteht. Informelle Treffen geben den Mitarbeitern Gelegenheit, unter sich zusammenzukommen – in kleineren Gruppen und so weiter. Oft wird gerade in den informellen Gesprächen und Begegnungen die Moral am stärksten aufgebaut, die Teams zusammengeschweißt und die Kenntnisse vermehrt.

7. *Der wichtigste Bestandteil einer großen jährlichen oder halbjährlichen Konferenz ist die Anerkennung für Erfolg.* Erfolg anerkennen heißt, Sie rufen Ihre besten Leute nach vorn und verleihen ihnen Preise in

einer feierlichen Atmosphäre. Geben Sie ihnen Anerkennung, damit jeder sehen kann, daß die Mitarbeiter, die gut gearbeitet haben, vom Verkaufsmanager besonders beachtet und belohnt werden. Eine Sache, die Verkäufern gefällt, ist, mit dem Geschäftsführer der Firma oder anderen leitenden Mitarbeitern zu frühstücken oder zu essen, also laden Sie Ihre Spitzenleute dazu ein. Sie könnten auch eine Art „Präsidentenrat" bilden, wo vielleicht Ihre zehn oder sieben besten Verkäufer zu besonderen Besprechungen mit leitenden Mitarbeitern zusammenkommen.

Ergänzen möchte ich noch zwölf Ideen für bessere Konferenzen.

1. *Starten Sie mit Musik.* Wenn Sie eine Konferenz eröffnen, sorgen Sie dafür, daß Musik im Raum ist, wenn die Leute hereinkommen. Bringen Sie nötigenfalls eine Verstärkeranlage mit, und lassen Sie schwungvolle, optimistische, fröhliche Musik spielen. Gut begonnen ist halb gewonnen, und ein guter Start ist etwas Tolles. Sie können auch zur Eröffnung ein Video mit einer besonders motivierenden Ansprache oder dergleichen vorführen.

2. *Heißen Sie die Leute willkommen,* begrüßen Sie sie, danken Sie ihnen fürs Kommen. Wichtig für eine erfolgreiche Ansprache ist, die Erwartung aufzubauen. Sagen Sie ihnen, daß dies eine der besten Konferenzen wird, auf denen Sie je gewesen sind, und machen Sie sie neugierig auf das, was Sie geplant haben.

3. *Fragen Sie nach Problemen.* Kontaktieren Sie dazu die Mitarbeiter einige Wochen vor der Konferenz, und fragen Sie sie, welchen Problemen, welchen Einwänden sie auf dem Markt begegnen, welchen Schwierigkeiten mit der Konkurrenz und so weiter. Dann bauen Sie diese Dinge in die Tagesordnung ein. Sie wissen ja: Eine gute Konferenz sollte Ihren Leuten gehören, nicht Ihnen.

4. *Bilden Sie Kleingruppen.* Mit großen Gruppen kann man sich schwer identifizieren, also bilden Sie Gruppen von fünf bis sieben Mitarbeitern. Darum empfehlen sich auch runde Tische, wo sie gemeinsam Probleme diskutieren und Ideen austauschen können, wie man mit einem bestimmten Einwand oder mit Bedenken gegen den Preis umgeht, mit einem bestimmten Konkurrenten fertig wird und so weiter.

5. *Zu einer erfolgreichen Konferenz gehören Podiumsdiskussionen.* Ein Podium voller Spitzenverkäufer ist ein wirkungsvolles Werkzeug.

Jeder kann zehn Minuten über einen bestimmten Aspekt des Verkaufens sprechen, etwa wie man bestimmte Einwände und Probleme überwindet, und dann eröffnen Sie die Diskussion, so daß jeder Fragen stellen kann.

6. *Laden Sie wohlgesonnene Kunden zu Ihren Konferenzen ein.* Lassen Sie den Kunden schildern, wie er die Verkaufsmannschaft wahrnimmt, wie er das Produkt oder den Service im Vergleich zur Konkurrenz empfindet, wie er die Firma und ihre Verfahrensweisen und die Verkäufer im Blick auf ihr Können und ihre Fähigkeiten sieht. Und lassen Sie ihn Fragen Ihrer Verkäufer beantworten. Das ist ein sehr interessanter Prozeß.

7. *Rollenspiele auf Konferenzen* sind eine sehr gute Möglichkeit für die Mitarbeiter, schnell die neuen Verkaufstechniken zu verinnerlichen, die Sie ihnen beibringen. Wenn Sie sie also im Umgang mit einem Einwand schulen, teilen Sie sie in Dreiergruppen auf, so daß immer einer beobachtet, wie die beiden anderen durchspielen, was sie gerade gelernt haben, und dann wird gewechselt, und ein anderer wird zum Beobachter. Auf diese Weise können alle üben, und kommen dann wieder zurück ins Forum. Nie vergessen, halten Sie sie immer in Bewegung, und beteiligen Sie sie.

8. *Planen Sie Zeit ein, um Probleme zu besprechen.* Kehren Sie schwerwiegende Probleme nicht unter den Tisch, sondern sagen Sie: „Gestern morgen haben wir über diese Probleme und Schwierigkeiten diskutiert, und wir haben uns Gedanken darüber gemacht und wollen folgendes dagegen unternehmen." Das gibt den Leuten das Gefühl, daß ihre Situation Sie wirklich interessiert.

9. *Lassen Sie Raum für Geselligkeit.* Spaß und Sport gehören dazu. Wer hart arbeitet, muß auch richtig feiern. Bei kürzeren Konferenzen geht es nur ums Geschäft, aber bei längeren geben Sie den Mitarbeitern Gelegenheit, sich zu Sportmannschaften zu formieren oder schwimmen, wandern oder essen zu gehen.

10. *Sorgen Sie für einen optimistischen Ausklang.* Sie brauchen eine gute, starke Eröffnung und einen optimistischen Ausklang. Ihre Mitarbeiter sollen sich unbesiegbar fühlen. Insbesondere großen Verkaufsorganisationen empfehle ich, die Konferenz mit einem guten, motivierenden Redner zu eröffnen und abzuschließen, jemandem, der alle Fäden der Konferenz zusammenbinden und die Verkäufer voller

Selbstbewußtsein und Zukunftserwartung nach Hause schicken kann. Manchmal kann ein guter Ausklang alle Schwierigkeiten überdecken, die sich während der Konferenz ergeben haben, weil man das, was am Ende passiert, am stärksten in Erinnerung behält.

11. *Bitten Sie um schriftliche Auswertungen.* Das ist wichtig. Bitten Sie die Teilnehmer, drei Dinge aufzuschreiben: Was ihnen am besten gefallen hat, was ihnen am wenigsten gefallen hat, und was sie sich fürs nächste Mal wünschen. Und diese drei Antworten werden Ihnen helfen, Ihre Konferenzen von Mal zu Mal zu verbessern.

12. *Nacharbeit ist immer wieder das Kennzeichen des professionellen Verkaufsmanagers.* Wenn Sie sich die Zeit nehmen, Ihren Verkäufern ihre Probleme, Schwierigkeiten, Herausforderungen und dergleichen zu entlocken, und alles aufschreiben, was die Mitarbeiter auf ihren Auswertungen notiert haben, was ihnen mehr und was ihnen weniger gefallen hat, dann machen Sie sich gleich im Anschluß an die Arbeit, und ergreifen Sie Maßnahmen. Verschicken Sie Memos, ändern Sie Verfahrensweisen, nehmen Sie Vorschläge an. Nichts bindet jemanden stärker an eine Firma als das Wissen, daß diese Firma auf ihn und seine Anliegen eingeht. Und durch Ihre Nacharbeit am Ende Ihrer Konferenzen, ob es nun halbstündige, zweistündige, Halbtages- oder noch längere Konferenzen sind, durch Ihre Nacharbeit machen Sie den Leuten deutlich, daß sie Ihnen und der Firma wichtig sind und daß Sie ihre Gedanken ernst nehmen.

ÜBUNGEN

1. Welche Konferenzen/Meetings halten Sie gegenwärtig ab?

   a) ____________________

   b) ____________________

   c) ____________________

   d) ____________________

   e) ____________________

2. Haben Sie eine Muster-Tagesordnung für diese Konferenzen? Eine für jede Konferenzart, die Sie wie eine Schablone verwenden können? Wenn ja, schreiben Sie sie auf. Wenn nicht, entwerfen Sie eine.

   ____

   ____

   ____

   ____

   ____

3. Was können Sie angesichts Ihrer vorhandenen Einrichtungen und Ressourcen ändern, um die Effektivität Ihrer Konferenzen zu verbessern?

   ____

   ____

   ____

   ____

   ____

19 Höchstleistung erbringen

Überblick

Ohne Feedback können Menschen nicht kontinuierlich wachsen. Wir haben uns bereits mit verschiedenen Arten von Feedback befaßt, Feld-Coaching zum Beispiel, aber keine Form des Feedbacks wird von Verkäufern ernster genommen als regelmäßige schriftliche Leistungsbewertungen.

Schriftliches Feedback ist einer der effektivsten Wege, den Mitarbeitern zu helfen, besser zu werden. Sie sind es Ihren Leuten, Ihrer Firma und sich selbst schuldig, hervorragende Leistungsbewertungen zu erstellen.

Ziele

Bis zum Ende dieses Kapitels werden Sie folgendes lernen:

- Der Zweck von Leistungsbewertungen.
- Die vier Schritte des Leistungsbewertungsprozesses.
- Zwölf Dinge, die Sie in einer Leistungsbewertung beurteilen sollten.
- Die Elemente des Prozesses.
- Fünf Punkte, die Sie nicht vergessen sollten.

Ihr Job ist es, durch andere Umsätze zu erzielen. Das ist die Definition eines Verkaufsmanagers. Nachdem Sie sie rekrutiert, interviewt, ausgewählt, geschult, hinausgeschickt und nachdem Sie sie dann gecoacht haben, müssen Sie ihnen Feedback über ihre Leistung geben. Für eine solche Leistungsbewertung gibt es zwei Möglichkeiten: Sie können ihnen formelle Bewertungen geben, oder Sie können Ihnen informelle Bewertungen geben, also Bewertungen, die nach jedem Coaching-Besuch stattfinden. Sie können Leistungsbewertungen regelmäßig oder unregelmäßig geben. Dabei ist wichtig: Damit Leistungsbewertungen hilfreich sind, müssen Sie sowohl formell als auch regelmäßig sein. Geben Sie Ihren Mitarbeitern viermal im Jahr Leistungsbewertungen, einmal in jedem Quartal. Andernfalls läuft es darauf hinaus, daß Sie einmal im Jahr eine Bewertung für die letzten drei Monate abgeben, und das reicht nicht. Und schließlich, Leistungsbewertungen können angenehm und unangenehm sein. Die meisten Verkaufsmanager und Verkäufer finden sie sehr unangenehm und vermeiden sie wie die Pest. Der Hauptgrund dafür ist schlechte Vorbereitung. Ich möchte versuchen, Ihnen ein paar Anregungen zu geben, wie Sie dieses Werkzeug zu Ihrem Vorteil nutzen können.

Was ist überhaupt der Zweck einer Leistungsbewertung? Zunächst ist es ein Instrument, um die Leistung zu verbessern. Wir kommen ständig darauf zurück, aber all Ihre Interaktionen mit Ihren Verkäufern dienen nun einmal der Leistungsverbesserung. Das ist Ihr oberstes Ziel, und bei einer Leistungsbewertung dürfen Sie nie vergessen, daß es dies ist, was Sie am Ende erreichen wollen. Ein Unterziel des ersten ist, rechtzeitig Feedback zu geben. Rechtzeitiges Feedback ist wichtig, damit die Mitarbeiter wissen, wie sie dastehen, bevor es zu spät ist. Wann immer Sie sehen, daß jemand an irgendeinem Punkt Feedback braucht, können Sie es ihm zwischendurch auf informelle Weise geben, zusätzlich zum formellen Feedback pro Quartal. Denn Probleme auf strukturierte Weise zu korrigieren, ist die sicherste Möglichkeit, sie zu beseitigen, und Probleme, die nicht systematisch oder rechtzeitig korrigiert werden, wachsen sich manchmal so sehr aus, daß der Verkäufer nicht mehr in der Lage ist, seinen Beitrag zu leisten. Der Hauptzweck von Leistungsbewertungen hängt mit all diesen zusammen, nämlich Selbstachtung aufzubauen. Persönliche Leistung beruht auf der Selbstachtung einer Person, wie sehr sie sich selbst mag, respektiert und schätzt. Das baut ihr Selbstvertrauen auf. Der Ertrag des Geldes, das die Firma in Leute investiert, kann nur entstehen, indem Sie Zeit investieren, um ihnen gutes, objektives, sorgfältiges und rechtzeitiges Feedback darüber zu geben, wie gut Sie Tag für Tag und Woche für Woche arbeiten. Zum Prozeß der Leistungsbewertung gehören vier Schritte, und zu jedem davon gehört Planung, denn Planung ist wirklich das Entscheidende. Planung und Vorbereitung ist das Kennzeichen eines Profis. Wenn Sie im voraus planen und sich vorbereiten, nehmen Sie sich die Angst davor, den Leuten Feedback zu geben, aber Sie nehmen auch ihnen die Angst und machen sie offener für Ihren Input. Und glauben Sie mir, Ihre Verkäufer müssen wissen, wie sie dastehen. Sie brauchen regelmäßiges Feedback von Ihnen, wenn sie sich je verbessern sollen.

Erster Schritt: Entscheiden Sie, was Sie bewerten wollen. Durchdenken Sie sorgfältig, was der Gegenstand der Bewertung sein soll. Das ist der Anfang der Vorbereitung. Zweitens, entwickeln Sie individuelle Ziele und Maßstäbe, individuelle entscheidende Ergebnisbereiche und Leistungsstandards. Wie wollen Sie sonst messen, ob sie erfüllt wurden oder nicht. Und legen Sie das schriftlich und objektiv nieder mit konkreten Maßstäben, die für andere nachvollziehbar sind. Drittens, beobachten Sie. Es gibt keinen Ersatz dafür, daß Sie mit hinausgehen, wie wir es ja schon unter Supervision und Coaching besprochen haben; Sie müssen sich ein Urteil bilden, Sie müssen beobachten und einstufen, wie der Verkäufer in jedem Bereich abschneidet. Und viertens, diskutieren Sie diese Maßstäbe mit jedem Verkäufer. Mit anderen Worten: Wenn die Leistungsbewertung überhaupt funktionieren soll, muß derjenige, der bewertet werden soll, wissen, worum es geht. Er muß wissen, wo die Latte hängt, über die er springen soll.

Es gibt zwölf wichtige Dinge, die Sie in einer Leistungsbewertung beurteilen sollten. Sie können sie auf unterschiedliche Weise beurteilen oder auch Punkte hinzufügen oder weglassen, aber dies sind die grundlegenden zwölf Punkte, über die jeder Verkäufer Feedback braucht.

1. *Das Umsatzergebnis.* Der Verkäufer hat eine Quote. Hat er die Quote erfüllt? Hat er sein Umsatzvolumen im letzten Quartal gesteigert oder verringert? Das Umsatzergebnis ist ein entscheidender Faktor. Sie können zu jedem dieser Punkte eine Bewertung von 1 bis 10 geben.

2. *Die Verkaufsqualität.* Damit ist die Mischung der verkauften Produkte gemeint, die Gewinnspannen dieser Produkte, die neu erschlossenen Märkte, ob er immer noch an dieselben Leute verkauft oder neue Märkte entwickelt. Also welche Qualität haben die Verkäufe? Denn die Qualität bestimmt weitgehend den langfristigen Erfolg.

3. *Die Verkaufsaktivitäten.* Verkaufsaktivitäten sind, wie Sie wissen, meßbar. Eine Verkaufsaktivität ist zum Beispiel die Anzahl der Besuche. Verkaufsaktivitäten können auch konkrete, meßbare Standards sein. Sie wissen ja, was gemessen wird, wird getan.
4. *Die Verkaufstechniken.* Nun können Verkaufstechniken direkt oder indirekt gemessen werden. Sie können sie indirekt anhand des Umsatzvolumens und der Qualität der Verkäufe messen. Aber direkt können Sie sie nur messen, indem Sie sich vor Ort ansehen, wie der Verkäufer es macht. Welche Probleme hat er bei der Akquisition, der Präsentation, beim Follow-up, bei der Entwicklung neuer Kontakte, beim Fragenstellen? Sie können die Verkaufstechniken auch einzeln bewerten.
5. *Die Jobkenntnis.* Wie gut kennt der Verkäufer die Firma? Wie gut kennt er die Produkte und Dienstleistungen? Wie gut kennt er die Konkurrenz? Wieviel Mühe gibt er sich zu verstehen, wie die Organisation funktioniert? Wenn jemand ständig fragt: „Warum machen wir das?“ oder „Wie lange machen wir das schon?“, dann nimmt er sich nicht genug Zeit, sich mit seiner Firma vertraut zu machen.
6. *Die Selbstorganisation.* Das heißt Zeitmanagement, Gebiets-Management, Ertrag der investierten Zeit. Wie organisiert er sich, um möglichst viel aus sich herauszuholen, wenn er draußen ist. Ein sehr heikler Punkt, aber es ist Ihr Job, ihn zu bewerten und Feedback darüber zu geben.
7. *Partizipation.* Das heißt, ist der Verkäufer ein guter Teamplayer? Nimmt er regelmäßig an Konferenzen teil? Kommt er zu firmeninternen Veranstaltungen? Geht er auf Messen, Seminare und Schulungen? Fügt er sich in die Firma ein, oder ist er ihr gegenüber gleichgültig? Das ist wichtig für die Moral, das Selbstvertrauen, die Kompetenz gegenüber Kunden und Kollegen.
8. *Der leidige Papierkram.* Werden Besuchsberichte, Spesenberichte und dergleichen vollständig erledigt? Sind die Berichte und Spesenabrechnungen akkurat? Werden sie pünktlich abgeliefert? Auch das gehört in eine Bewertung hinein.
9. *Die Spesendisziplin.* Wie gut geht er mit Spesen um? Falls er ein bestimmtes Budget hat, kommt er damit zurecht? Liegt er darüber? Liegt er darunter? Ein Freund von mir, ein Top-Verkaufsmanager, achtet darauf, wieviel seine Leute für Bewirtung ausgeben. Wenn

ihre Bewirtungsspesen zu niedrig werden, ermahnt er sie, daß sie nicht genug Zeit damit verbringen, mit ihren Kunden und potentiellen Kunden essen zu gehen. Er fordert die Leute auf, ihr Bewirtungsbudget zu steigern, weil er weiß, daß zwischen der informellen Zeit, die Verkäufer mit Kunden verbringen, und den wahrscheinlichen Abschlüssen ein direkter Zusammenhang besteht. Das kann auf Ihre Situation zutreffen oder auch nicht.

10. *Die Kundenbeziehungen.* Wie gut kommt der Verkäufer mit den Kunden aus, wie sehr mögen sie ihn, wie gut bedient er sie, wie gut ist sein Follow-up, wie gut kümmert er sich um ihre Probleme, wie sehr schätzen Sie ihn?

11. *Die firmeninternen Beziehungen.* Auch die sollten Sie immer bewerten. Wie gut kommt der Verkäufer mit anderen Abteilungen und Mitarbeitern der Firma aus?

12. *Die persönlichen Eigenschaften.* Persönliche Eigenschaften sind der heikelste Punkt der Bewertung, können aber wichtiger sein als so manches andere: das Image des Verkäufers, seine Erscheinung, seine Kleidung, seine Hygiene, seine Einstellung. Hat er eine positive Einstellung? Zeigt er viel Initiative? Ist er flexibel und verantwortlich? Ist er ein netter, positiver Mensch, mit dem es sich leicht arbeiten läßt, oder nicht? Und wenn nicht, dann kommen Sie zum Schluß auf diese Dinge zu sprechen, und machen Sie klar, wie diese Dinge Verkäufer davon abhalten können, das zu erreichen, was sie eigentlich erreichen könnten.

Zum Prozeß der Leistungsbewertung gehören verschiedene Elemente: Stellen Sie zunächst ein Bewertungssystem auf. Damit nehmen Sie all diese Bereiche und stufen Sie nach ihrer Wichtigkeit ein.

Sie können zum Beispiel 100 Punkte nehmen und diese 100 Punkte auf alle zwölf Kategorien verteilen. Und Sie können sagen, das Umsatzergebnis ist sehr wichtig und macht 40 von 100 Punkten aus. Auf die Selbstorganisation fallen vielleicht zwölf Punkte, auf Spesen und Spesenabrechnungen vielleicht nur fünf, aber verteilen Sie die 100 Punkte, um sich klarzumachen, wie wichtig die einzelnen Bereiche sind. Wenn jemand sehr gut in einem Bereich ist, der viele Punkte ausmacht, ist das viel wichtiger als ein schlechtes Ergebnis in einem Punkt, der nicht so wichtig ist.

Sobald Sie diese Bewertungsskala haben, gehen Sie alle Bereiche durch und benoten jeden auf einer Skala von 1 bis 10. Also, sagen wir, Sie haben eine Skala für die Verkaufsqualität und bewerten sie mit 6, oder Sie haben die Verkaufstechniken und bewerten Sie mit 8. So arbeiten Sie die ganze Liste durch. Und wenn Sie Unterkategorien haben, bewerten Sie jede einzelne davon mit 1 bis 10. Lassen Sie den Verkäufer dasselbe tun. Lassen Sie ihn sein eigenes Bewertungsformular mit all diesen Kategorien ausfüllen. Keine Geheimnisse. Sie sollten es eine Woche, zwei Wochen oder einen Monat im voraus bekommen.

Als nächstes setzen Sie eine spezielle ein- bis zweistündige Besprechung an, nur für die Leistungsbewertung, getrennt von Gehaltsverhandlungen oder anderen Konferenzen. Das läßt sich nicht nebenbei erledigen. Sie setzen sie frühzeitig an, damit jeder sich in Ruhe darauf vorbereiten kann. Dann legen Sie das Telefon still, halten sich die Zeit von Terminen frei, schließen die Tür, vielleicht gehen Sie sogar an einen anderen Ort außerhalb des Büros, wo Sie nicht unterbrochen werden. Das ist sehr, sehr wichtig, denn es geht um ein heikles Thema.

Praktizieren Sie die goldene Regel. Wenn Sie Leistungen bewerten, versetzen Sie sich in die Lage des Verkäufers, und treten Sie als Helfer auf. Sagen Sie, der Zweck dieser Bewertung ist nicht, Ihnen Vorhaltungen zu machen, sondern Ihnen zu helfen, erfolgreicher zu sein, indem ich Sie auf Bereiche hinweise, in denen eine Verbesserung Ihrer Karriere wirklich auf die Sprünge helfen könnte.

Vergessen Sie nicht, mit Lob anzufangen. Sie wissen bereits, wenn Sie mit Lob anfangen, machen Sie den anderen offener für das, was hinterher kommt. Loben Sie seine Stärken. Heben Sie Dinge hervor, in denen er besser geworden ist, seit Sie sich das letzte Mal unterhalten haben. Stützen Sie Ihre Bewertung auf Fakten. Warum? Weil viele Leute dazu neigen, subjektiv zu sein, und Sie sollten objektiv sein. Also finden Sie die Fakten heraus, und stützen Sie sich nicht nur auf Meinungen. Machen Sie nicht den Fehler, den Verkäufer mit anderen zu vergleichen. Befassen Sie sich nur mit dem einzelnen.

Gehen Sie gemeinsam mit dem Verkäufer die Liste durch, und vergleichen Sie die Noten, die Sie ihm gegeben haben, mit denen, die er sich selbst gegeben hat. Bei jeder Kategorie fragen Sie: „In diesem Punkt habe ich Ihnen eine 6 gegeben, was haben Sie sich selbst gegeben?" Der andere sagt vielleicht: „Eine 7." Und Sie sagen: „Ich habe Ihnen aus diesem Grund eine 6 gegeben, warum haben Sie sich eine 7 gegeben?" Sprechen Sie darüber, und seien Sie offen für die Perspektive des anderen. Richten Sie den Blick auf die Zukunft, statt zu tadeln. Und dann einigen

Sie sich auf Aktionspläne. Sobald Sie die Punkte abgehakt haben, einigen Sie sich, was sich in welchem Maße ändern soll. Und fragen Sie: „Was können wir tun, um das bis zum nächsten Treffen zu verbessern? Wie können wir uns in diesem Bereich steigern? Was können Sie konkret tun, um sich hier zu verbessern?“ Und halten Sie alles schriftlich fest. Das ist kein Tadel.

Machen Sie anschließend einen Zeitplan fürs Follow-up. Vereinbaren Sie, sich bis zur nächsten Bewertung mindestens alle 30 Tage zu treffen und darüber zu reden, wie der Verkäufer in den einzelnen Bereichen vorankommt. Sie wissen ja, ohne Follow-up tut sich nichts. Machen Sie aber Follow-up, und der andere weiß, daß er in Zukunft Rechenschaft ablegen muß, dann wird er sich Mühe geben, an diesen Punkten zu arbeiten. Schon die Tatsache, daß er auf die kritischen Punkte achtet, wird zu einer allmählichen Verbesserung führen, und das Wissen, daß Sie mit ihm darüber sprechen werden, wird ihn veranlassen, sich noch ein bißchen mehr Mühe zu geben.

Zum Schluß noch fünf Punkte, an die Sie bei Leistungsbewertungen denken sollten.

1. Machen Sie klar, daß dies keine Kritik ist.
2. Ziel muß sein, die Selbstachtung des anderen aufzubauen, denn der andere muß sich hinterher besser fühlen. Wenn der Verkäufer sich selbst und seine Zukunft nach der Leistungsbewertung nicht zuversichtlicher sieht, dann war sie ein Fehlschlag.
3. Sie sind Ihren Leuten Leistungsbewertungen schuldig. Dies ist eine Ihrer Pflichten als Manager.
4. Erstaunlicherweise bauen Leistungsbewertungen die Leute auf. Wenn Sie es richtig machen, werden sich Ihre Leute unschlagbar fühlen. Es ist wie das Abschlußexamen auf der Universität, solange Sie am Ende nicht Kritik üben, sondern auf die Bereiche hinweisen, an denen der Kandidat arbeiten kann.
5. Es ist unerläßlich für Ihren Erfolg als Verkaufsmanager, daß Sie lernen, gute Leistungsbewertungen durchzuführen. Arbeiten Sie hart daran, und üben Sie es, und zwar mit einem Verkäufer, mit dem Sie gut auskommen. Danach ist es Ihr Job, es alle drei Monate mit jedem Ihrer Verkäufer zu üben, bis Sie Ihr Ziel erreicht haben: ein Weltklasse-Verkaufsteam.

ÜBUNG

1.

a) Worüber sollten Ihre Mitarbeiter schriftliches Feedback erhalten? Listen Sie mindestens fünf Schlüsselbereiche auf.

1) ______________________________

2) ______________________________

3) ______________________________

4) ______________________________

5) ______________________________

b) Wie messen Sie die Leistungsstufen in diesen Bereichen? Was gehört zu einer hervorragenden Bewertung?

1) ______________________________

2) ______________________________

3) ______________________________

4) ______________________________

5) ______________________________

Was gehört zu einer akzeptablen Bewertung?

1) ______________________________

2) ______________________________

3) ______________________________

4) ______________________________

5) ______________________________

Was gehört dazu, eine unakzeptable Bewertung zu bekommen?

1) ______________________________

2) ______________________________

3) ______________________________

4) ______________________________

5) ______________________________

20 Der problematische Verkäufer

Überblick

Ein entscheidendes Talent eines Managers ist die Fähigkeit, ein Team effektiver, kompetenter Leute zu rekrutieren und aufzubauen. In der modernen Arbeitswelt werden alle Aufgaben von Teams geleistet – Gruppen von Leuten, die zusammen auf definierte Ziele hin arbeiten und interagieren.

Problematische Verkäufer können sich manchmal nicht nur auf die eigene Leistung negativ auswirken, sondern auch auf die Leistung anderer Teammitglieder. Weil menschliche Individuen so komplex sind, werden Sie sogar mit den besten Auswahlfähigkeiten nur eine Erfolgsrate von 66 Prozent erzielen. Sie müssen bereit sein, sich mit den 33 Prozent auseinanderzusetzen, mit denen es nicht klappt.

Ziele

Bis zum Ende dieses Kapitels werden Sie folgendes lernen:

- Die drei Arten von problematischen Verkäufern.
- Wie Sie problematische Verkäufer retten können.
- Der Prozeß des Entlassens.

Ich habe vor Tausenden von Verkaufsmanagern Seminare gehalten, und mir ist noch keiner begegnet, der nicht einen Problem-Verkäufer in seinem Team hatte. Es geht kein Weg daran vorbei, daß es Ihr Job ist, die Leistung des einzelnen und des Teams zu maximieren. Alles andere muß sich dem unterordnen, denn sonst erreichen Sie vielleicht manches, aber nicht Ihr Ziel, und das wird Ihrer Karriere schaden. Die Faustregel ist, daß nur etwa 25 Prozent aller Leute überhaupt als Verkäufer tätig sein sollten. Und viele geraten in die Verkaufsbranche, die dort eigentlich nicht hingehören. Tatsache ist auch, daß die meisten sich nicht verändern; sie sind, was sie sind, und unter Streß werden Sie es nur noch mehr.

In manchen Branchen, in denen jährlich viele Verkäufer rekrutiert werden, scheitert jedes Jahr ein Drittel, aber im Laufe Ihrer Karriere wird ein Drittel Ihrer Verkäufer erfolgreich sein. Und daran können Sie nichts ändern. Fluktuation ist ein Teil des Lebens, Mitarbeiter kommen und gehen, manchmal gehen sie freiwillig, manchmal nicht. Ich möchte Ihnen ein paar Anregungen zu Problem-Verkäufern geben und Ihnen zeigen, wie man mit ihnen umgeht.

Erstens gibt es drei Typen von Problem-Verkäufern. Der erste Typ ist jemand, der einfach aus irgendeinem Grund schlechte Umsätze macht. Wir sind Verkäufern begegnet, die seit zwei Monaten nichts mehr verkauft hatten, und durch ein bißchen Coaching und Beratung, ein bißchen Feldsupervision, ein Motivationsseminar, ein bißchen Schulung kam die Wende, und im Nu waren sie Top-Leute. Schlechte Umsätze sind normal.

Ein zweiter Typ Problem-Verkäufer ist jemand, der persönliche Probleme hat. Da verhält es sich ein bißchen anders. Dies sind Probleme, die nichts mit der Arbeit zu tun haben, sich aber dennoch darauf auswirken. Die Grundregel ist, daß Sie sich nicht in die persönlichen Probleme eines Verkäufers einmischen, es sei denn, sie schaden der Verkaufsleistung. Manche Menschen haben Probleme in der Ehe, andere mit Drogen und Alkohol, aber darum kümmern Sie sich nicht, solange sie nicht die Leistung beeinträchtigen, für die Sie verantwortlich sind. Und wenn, dann müssen Sie es sehr behutsam tun. Dazu sind die Leistungsbewertungen da.

Der dritte Typ Problem-Verkäufer macht gute Umsätze, ist aber eine problematische Person. Das ist eine echte Herausforderung für Sie als Verkaufsmanager, denn es passiert uns allen. Wir haben eine schwierige Person, die nicht mit uns auskommt, die exzentrisch, eigenwillig ist, manchmal Kunden verärgert, mit anderen in Streit gerät, aber die Umsätze stimmen. Was macht man mit guten Verkäufern, die vielleicht sogar ethische Probleme und dergleichen haben? Nun, Ihr Job ist es, ein Weltklasse-Verkaufsteam aufzubauen, und davor darf nichts Vorrang haben. Sie müssen lernen, mit dem guten Verkäufer umzugehen, der eine problematische Person ist, und nötigenfalls müssen Sie ihn auffordern, woanders hinzugehen und woanders erfolgreich zu sein. Sie können nicht Ihre Integrität opfern, nur weil er viel Umsatz macht. Aber hier ist ein wichtiger Punkt, der sich hundertfach bestätigt hat, wenn eine Firma Rückgrat zeigte und ein Verkaufsmanager jemanden gehen ließ, obwohl er phantastische Umsätze machte. Wissen Sie, was passiert? Die Umsätze steigen wieder auf dasselbe Niveau wie zuvor und noch höher, obwohl der Beitrag dieser Person nicht mehr da war. Machen Sie sich also keine Sorgen.

Noch einmal zurück zu den Leistungsbewertungen. Warum machen wir Leistungsbewertungen? Aus drei Gründen. Erstens liefern sie objektive Maßstäbe. Mit anderen Worten, es geht nicht um Ihre Meinung, Ihre Gefühle, Ihre Wut oder Verärgerung, sondern um Leistungsmaßstäbe, die Sie bei Problem-Verkäufern anwenden können. Zweitens sorgen gute Leistungsbewertungssysteme für klare Erwartungen. Durch sie wird regelmäßig ganz klar, was Sie von einer Person erwarten, aufgeteilt in Kategorien und Unterkategorien. Und drittens dient ein gutes Leistungsbewertungssystem als Basis für eine juristisch einwandfreie Trennung. Es ist gar nicht so einfach, jemanden zu entlassen. Rechtsanwälte reichen auf Verdacht Klagen ein, aber wenn Sie gute Leistungsbewertungen gemacht haben, bei denen der Betreffende sich verpflichtet hat, bestimmte Dinge innerhalb einer bestimmten Zeit zu ändern, und es dann nicht getan hat, dann hat die Klage keine Chance. Das bringt uns zum nächsten Punkt: Wie lösen Sie das Problem beziehungsweise retten Sie den Problem-Verkäufer?

Hier sind sieben Schlüssel, um den Problem-Verkäufer zu retten:

1. Ihr erster Instinkt muß es immer sein, die Investition zu retten. Ihre Firma hat eine Menge Geld in diese Person investiert, und ein Personalwechsel ist sehr teuer. Also auch wenn Sie aus irgendeinem Grund wütend oder verärgert über die Person sind, muß Ihre erste Frage lauten: Wie kann ich diese Situation retten? Das ist zumindest Ihr Ausgangspunkt.

2. Machen Sie den Problemverkäufer (PV) auf das Leistungsproblem aufmerksam. Ich habe festgestellt, daß die Leute oft nicht wissen, daß Ihre Leistung nicht zufriedenstellend ist. Sie wissen oft nicht einmal, daß sie auf dünnem Eis stehen oder daß Sie verärgert oder wütend sind. Also setzen Sie sich mit ihm zusammen, und sagen Sie: „Wir haben hier ein Problem, über das ich mit Ihnen reden möchte, denn da muß etwas geschehen." Ich habe erlebt, wie Leute eine 180-Grad-Kehrtwendung machten, als man ihnen das Problem vor Augen hielt.

3. Noch einmal, Ihr erster Instinkt ist, die Person zu retten, reden Sie also klar und deutlich. Reden Sie nicht um den heißen Brei. Viele Probleme enden vor Gericht, weil ein Verkaufsmanager nicht offen mit dem Betreffenden reden mochte. Erklären Sie, daß Sie ein bestimmtes Volumen erwarten, eine bestimmte Menge an Verkaufsaktivitäten, daß Sie dies nicht bekommen und daß sich das unverzüglich ändern muß.

4. Vergessen Sie nicht, daß Sie zum Helfen da sind. Bitten Sie um Feedback. Woran liegt das? Geben Sie dem PV Gelegenheit, es Ihnen zu sagen. Vielleicht liegt eine besondere Situation vor. Ein Todesfall oder eine schwere Krankheit. Vielleicht hat er einen schweren finanziellen Rückschlag erlitten und ist darüber deprimiert. Hören Sie also zu, stellen Sie Fragen, und zeigen Sie Verständnis. Denken Sie an die Regel: Erst verstehen, dann verstanden werden.

5. Richten Sie den Blick auf die Zukunft. Sagen Sie: „Schön, von jetzt an erwarte ich, daß Sie das und das tun." „In Zukunft brauche ich das von Ihnen." „In den nächsten 30 Tagen ...". Das ist aus Sicht des Verkäufers eine viel positivere Perspektive.

6. Einigen Sie sich, was sich in welchem Maße ändern muß. Ganz konkret, schreiben Sie es auf. Stellen Sie klar, was Sie wollen, und halten Sie es in einem Memo fest.

7. Follow-up. Machen Sie einen Zeitplan, um die Leistungsverbesserungen zu überprüfen. Ohne diesen Zeitplan und einen Termin für die Leistungsverbesserungen hatten Sie nichts als ein belangloses Gespräch.

Damit sind wir beim Thema Entlassung, und das erste, was ich dazu sagen möchte, ist, daß Entlassen die Kehrseite des Einstellens ist. Es gehört einfach dazu. Es ist wie ein- und ausatmen. Wer einstellt, muß auch bereit sein zu entlassen. Im Grunde ist sogar die Fähigkeit, Mitarbeiter zu entlassen, eine wesentliche Management-Fähigkeit. Wenn Sie das nicht können und auch nicht lernen können, sind Sie nicht qualifiziert, im Management zu bleiben. Sie müssen buchstäblich jemandem Platz machen, der fähig und willens ist, das zu tun, was notwendig ist.

Ihre Bereitschaft, jemanden zu entlassen, wenn Sie seine Leistung nicht verbessern können, verhindert oft, daß Sie es tatsächlich tun müssen. Ich habe immer wieder erlebt, wie Verkäufer und Mitarbeiter, die wissen, daß der Manager nicht den Mumm hat, sie zu feuern, sich gegen Disziplin und Feedback stur stellen. Wenn sie hingegen wissen, daß ihr Vorgesetzter sie entlassen kann, verhalten sie sich ganz anders. Bedenken Sie, wenn Sie einen inkompetenten Mitarbeiter haben, steht Ihre Glaubwürdigkeit auf dem Spiel, denn jeder beobachtet Sie, wie Sie damit umgehen werden. Wie Sie mit einem inkompetenten Verkäufer umgehen, ist ein entscheidendes Merkmal Ihrer Kompetenz, Ihres Charakters und Ihrer Fähigkeit.

Wenn Sie einen inkompetenten Verkäufer im Team haben, wer wird dann von Ihren Vorgesetzten als inkompetent eingestuft? Sie! Wer jemand Inkompetenten einstellt, ihm seine Aufgaben delegiert, ihn beaufsichtigt und ihn dort beläßt, steht selbst als inkompetent da. Und je länger Sie ihn in Ihrem Stab haben, desto inkompetenter sind Sie in den Augen derer, die Ihr Schicksal kontrollieren. Sie tun niemandem einen Gefallen, wenn Sie inkompetente Leute in ihrer Stellung belassen. Oft sabotieren Sie nur Ihre eigene Karriere.

Der problematische Verkäufer ist oft ein Demotivator und ein Streßfaktor. In Studien zeigt sich immer wieder, daß 70 Prozent der Leute, die entlassen werden, genau wissen, daß Sie nicht genug leisten, und sich schon gefragt haben, wann es wohl passieren wird. Und 70 bis 80 Prozent derjenigen, die mit ihnen zusammenarbeiten, sind sauer, weil Sie so lange brauchen, um die inkompetente Person zu entlassen, die einen negativen Schatten auf die Mitarbeiter wirft, die hart arbeiten und ihre Sache gut machen. Manchmal kann die Entlassung einer negativen Person die Moral und Motivation der ganzen Mannschaft verbessern. Maximale Leistung Ihrer Organisation erfordert Harmonie und Zufriedenheit. Sie erfordert gute Moral. Ihr Job ist es, ein Gewinner-Team aufzubauen, und dazu müssen Sie gewissenhaft alle Elemente entfernen, die Ihr Team vom Gewinnen abhalten.

Bei der Entlassung eines Mitarbeiters sind zehn Punkte zu beachten. Dieser Prozeß ist gründlich erforscht worden. Ich selbst habe ihn angewendet und Tausenden von Leuten beigebracht. Er ist in zahllosen Veröffentlichungen festgehalten. Er ist juristisch korrekt und der einfachste, schmerzloseste und streßfreiste Weg, jemanden gehen zu lassen, damit er anderswo erfolgreich ist. Wenn Sie merken, daß Sie jemanden nicht retten können, daß er nicht in die Firma paßt, daß er gehen muß, gilt folgende Regel:

1. *Treffen Sie die notwendige Entscheidung.* Sagen Sie nicht, na ja, mal sehen, wie ich mich am Montag fühle, oder mal abwarten, wie es diese Woche oder diesen Monat läuft. Entscheiden Sie. Brechen Sie innerlich die Brücken hinter sich ab, und beschließen Sie, sich morgen früh um zehn Uhr mit dem Betreffenden zusammenzusetzen und zu tun, was notwendig ist.

2. *Tun Sie es am besten am Montag, Dienstag oder Mittwoch.* Der Grund dafür ist einfach: Wenn Sie jemanden am Montag, Dienstag oder Mittwoch entlassen, kann er sofort losgehen und sich einen neuen Job suchen. Oft wird er schon am Ende der Woche wieder angestellt sein und zur Überraschung vieler Verkaufsmanager in einer anderen Firma sogar mehr verdienen.

3. *Sprechen Sie Entlassungen in einem separaten Büro oder an einem anderen Ort aus.* Tun Sie es nie in Ihrem eigenen Büro, denn Sie wollen hinterher aufstehen und gehen. In vielen Firmen ist es üblich, jemanden zum Mittagessen einzuladen und ihn bei dieser Gelegenheit zu entlassen. Auf jeden Fall aber sprechen Sie Entlassungen immer an einem separaten Ort aus.

4. *Wenn es soweit ist, praktizieren Sie das Zen des Feuerns.* Anders ausgedrückt, praktizieren Sie die Goldene Regel. Tun Sie es entspannt, tun Sie es zurückhaltend, tun Sie es auf positive Art. Seien Sie fest, fair und unemotional. Entlassen Sie nie jemanden im Zorn oder wenn Sie erregt sind. Machen Sie ihm keine Vorwürfe, dazu ist es zu spät. Wenn es Zeit ist, jemanden zu entlassen, reden Sie nicht lange über die Gründe. Entlassen Sie ihn einfach. Und seien Sie zurückhaltend, freundlich und behutsam.

5. *Wenden Sie die Technik der kaputten Schallplatte an.* Die kaputte Schallplatte ist eine Selbstbehauptungsübung, und sie besteht in diesem Fall darin, daß Sie sich mit dem Betreffenden zusammenset-

zen und sagen: „Stefan, Susanne, ich habe lange nachgedacht und bin zu dem Schluß gekommen, daß dies nicht der richtige Job für Sie ist und Sie nicht die richtige Person für diesen Job sind. Und ich glaube, Sie wären in einer anderen Tätigkeit zufriedener." Dagegen wird der andere unweigerlich Einwände erheben. Er wird sich aufregen und wütend werden. Er wird auftreten wie ein Anwalt und sein Plädoyer halten. Er wird mit Ihnen über Ihre Schlußfolgerung diskutieren wollen. Aber Sie wiederholen wie eine kaputte Schallplatte und immer nur den letzten Satz: „Ja, ich verstehe, aber ich glaube, Sie wären in einer anderen Tätigkeit zufriedener." Was ist mit diesem und jenem? Und haben Sie nicht das und das gesagt? „Ja, ich weiß, aber ich glaube wirklich, Sie wären in einer anderen Tätigkeit zufriedener." Und verkneifen Sie sich Vorwürfe. Kramen Sie nicht die Vergangenheit hervor, und nennen Sie keine Gründe, denn damit lassen Sie sich nur auf eine Debatte ein, die zu einem Rechtsstreit führen kann.

6. *Bleiben Sie hart.* Geben Sie nicht nach. Werden Sie nicht weich. Sagen Sie nicht, na gut, ich denke noch einmal darüber nach, versuchen wir es noch einmal eine Woche. Wenn Sie einmal soweit sind, jemanden zu entlassen, machen Sie einen sauberen Schnitt, und weichen Sie nicht von Ihrer Absicht ab.

7. *Halten Sie das Abfindungspaket im voraus bereit.* Wenn der andere es endlich einsieht, manchmal nach sieben Wiederholungen von „ja, aber das ist nicht der richtige Job für Sie, und Sie sind nicht die richtige Person für diesen Job, und ich glaube, Sie wären in einer anderen Tätigkeit zufriedener", dann wird er als nächstes fragen: „Und was jetzt?" Sie haben die Antwort bereit. Sie bereiten das Abfindungspaket vor, damit Sie es ihm erklären können. Und seien Sie dabei immer fair und großzügig. Egal, was in der Vergangenheit passiert ist, egal, wieviel Frust Sie erlebt haben, seien Sie immer übermäßig fair und großzügig, wenn Sie jemanden entlassen.

8. *Die Cover Story.* Wenn der andere akzeptiert hat, daß er gehen wird, und die Abfindung, die soziale Absicherung und die Gehaltszahlungen für die nächsten ein, zwei, drei Monate akzeptiert hat, einigen Sie sich auf eine Cover Story, die Sie als Kündigungsgrund angeben. Die beste Cover Story ist natürlich eine Kündigung seinerseits. Sagen Sie ihm, Sie möchten ein Kündigungsschreiben, in dem es heißt, er habe sich aus persönlichen Gründen zur Kündigung entschlossen.

9. *Bleiben Sie bei der Cover Story, auf die Sie sich geeinigt haben.* Es ist sehr wichtig, die Selbstachtung des anderen zu schützen, denn vergessen Sie nicht: Er ist kein schlechter Mensch, nur weil er in diesem Job nicht erfolgreich war. Sie sind zumindest teilweise mitverantwortlich, weil Sie ihn ja eingestellt haben, und er hat einfach nicht zu diesem Job gepaßt. Es hat nicht funktioniert. Und wenn dann jemand fragt, warum der und der gegangen ist, sagen Sie, er hatte das Gefühl, daß er hier nicht richtig war. Er wollte mehr Herausforderung. Er wollte etwas anderes machen.

10. *Denken Sie daran, daß Entlassen ein Charaktertest ist.* Daran zeigt sich, aus welchem Holz Sie geschnitzt sind. Wer nicht feuern kann, hat keinen Mumm. Es ist ein Maß für Ihre Qualität als Manager. Interessanterweise ist nach all unseren Studien das Hauptproblem beim Entlassen die Angst der Leute vor Konfrontationen. Sie fürchten sich vor heftigen Wortwechseln, die den anderen zum Explodieren bringen, und genau das läßt sich vermeiden, wenn Sie sich an das halten, was wir gerade erläutert haben. Ihre Fähigkeit, Mitarbeiter zu entlassen, ist das Kennzeichen eines überlegenen Verkaufsmanagers. Und ich habe in vielen Jahren die Erfahrung gemacht: Wenn Sie die Fähigkeit entwickeln, Mitarbeiter zu entlassen, dann werden Sie mit der Zeit keine Angst mehr davor haben; Sie werden ein besserer Verkaufsmanager sein, Sie werden selbstbewußter sein, Sie werden einen stärkeren Charakter haben, und Sie werden viel erfolgreichere Verkaufsteams aufbauen und sich den dauerhaften Respekt derjenigen erwerben, die am meisten für die Förderung Ihrer Karriere tun können.

ÜBUNGEN

1. Benutzen Sie objektives, nicht emotionales, „Zero based Thinking", um Ihr Team zu motivieren.

   Zero Based Thinking: „Nach dem, was ich heute weiß, wen würde ich nicht wieder einstellen?"

   Listen Sie jedes Teammitglied auf.

Teammitglied	**Zero Based J/N**	**Warum?**
____________	____________	____________
		____________
____________	____________	____________
		____________
____________	____________	____________
		____________

2. Wann werden Sie sich mit den Personen treffen, die Sie nicht wieder einstellen würden? Was werden Sie bei dieser Besprechung tun? Denken Sie daran, Ihr erster Instinkt muß es sein, die Investition zu retten.

Person	**Datum**	**Zu ergreifende Maßnahme**
____________	________	____________
____________	________	____________
____________	________	____________
____________	________	____________
____________	________	____________
____________	________	____________

21 High Performance Management

Überblick

Der Job eines Verkaufsmanagers ist stark mit Streß belastet. Viel Energie und Klarheit sind nötig, um hohe Leistungen zu erzielen. Ihre persönlichen Lebensgewohnheiten, zum Beispiel Essen und Schlafen, können erhebliche Auswirkungen auf Ihre beruflichen Leistungen haben. Außerdem ist Ihre Fähigkeit, mit Druck von oben, unten und seitwärts fertigzuwerden, entscheidend für Ihre berufliche Zufriedenheit und Leistungsfähigkeit.

Ziele

Bis zum Ende dieses Kapitels werden Sie folgendes lernen:

- Schlüssel zu Höchstleistungen durch bessere Gesundheit.
- Sieben Hauptursachen für Streßreaktionen.
- Gegenmittel gegen Streß.

Ich möchte Ihnen nun ein paar Anregungen geben, mit deren Hilfe Tausende von Managern Ihre Leistung sowohl im beruflichen als auch im persönlichen Bereich dramatisch verbessert haben. Als Manager haben Sie nicht das Ziel, Durchschnitt zu sein, sondern Riesenerfolge zu produzieren. Sie wollen an die Spitze Ihres Gebietes, und dazu brauchen Sie viel Gesundheit und Vitalität. Ihre Fähigkeit, Geld zu verdienen, ist Ihr kostbarstes Gut. Sie sorgt dafür, daß Geld in Ihr Leben fließt, und der Schlüssel zu dieser Fähigkeit ist Ihre geistige, emotionale und körperliche Energie. Es ist allgemein anerkannt, daß die wichtigste Ressource einer Person oder einer Firma ihre Funktionsfähigkeit ist. Und Ihr wichtigstes Gut, auf das sich Ihre Fähigkeit, Geld zu verdienen, stützt, ist Ihre körperliche, geistige und emotionale Energie.

Betrachten wir einen Augenblick die körperliche Gesundheit. Es gibt nichts Wichtigeres auf der Welt als Ihre körperliche Gesundheit. Manchmal wissen wir sie gar nicht zu schätzen, bis wir sie verlieren, aber etliche Studien und Forschungsergebnisse der letzten Jahre haben uns ein paar sehr, sehr gute Wege gezeigt, wie ganz kleine Veränderungen unseres Verhaltens unsere Energie und Vitalität, unsere Gesundheit, Zufriedenheit, unser Wohlbefinden und unsere berufliche Leistungsfähigkeit beträchtlich verbessern können. Ich möchte Ihnen nur drei Schlüssel nennen.

Den ersten kennen Sie alle: richtige Ernährung. Wir wissen heute, daß die Nahrung, die Sie zu sich nehmen, Ihrem Körper entweder Energie abzieht oder nicht, je nachdem, was Sie essen. Wenn Sie das richtige essen, haben Sie beständig viel Energie, Sie haben keinen Hunger, Sie sind morgens und nachmittags nicht schläfrig, Sie brauchen weniger Schlaf und leisten viel mehr. Der Schlüssel ist wenig Fett. Fette aller Art in allen Nahrungsmitteln scheinen der große Feind der menschlichen Gesundheit zu sein, sei es Butter, Fette in Fleisch und Geflügel, Fette bei verschiedenen Zubereitungsarten oder Backwaren und Zucker oder was auch immer. Entscheidend ist, Fett zu vermeiden, und schon dadurch wird sich Ihr Energie- und Vitalitätslevel wesentlich verändern.

Als nächstes brauchen Sie komplexe Kohlenhydrate. Das sind Kohlenhydrate, an denen der Körper arbeiten muß, um sie zu verdauen. Sie sind enthalten in Obst, Gemüse, Vollkornprodukten und leichten Nahrungsmitteln wie Fisch und fettarmen Lebensmitteln. Außerdem brauchen Sie jede Menge Wasser. Wenn Sie nichts anderes täten als Desserts, Fette, Salz, Brot und andere Produkte aus Weißmehl zu meiden und eine Menge komplexer Kohlenhydrate zu essen, würde das allein Ihren Energielevel und Ihre Gesundheit beinahe über Nacht verändern.

Für Ihre körperliche Gesundheit benötigen Sie ausreichend Bewegung. Ihr Körper ist dazu da, benutzt zu werden. Fast all unsere Probleme mit unseren Muskeln, unseren Hüften, unseren Beinen, unserem Rücken und so weiter rühren daher, daß wir unseren Körper nicht regelmäßig gründlich gebrauchen. Die Faustregel ist, treiben Sie dreimal in der Woche Sport. Jeweils 30 bis 60 Minuten, am besten Herz-Kreislauf-Übungen. Zum Beispiel ein strammer Marsch, Joggen, Schwimmen, Treppensteigen oder Radfahren. Oder auch Streckübungen oder Hanteltraining können hilfreich sein. Aber wenn Sie regelmäßig Sport treiben, haben Sie mehr Energie, Sie sind cleverer, weil mehr Blut durch Ihr Gehirn fließt, und man hat in Tests festgestellt, daß Männer und Frauen, die Sport treiben, viel wacher, kreativer, schneller, entspannter und kompetenter in ihrer Arbeit sind als Leute, die sich nicht bewegen.

Ein nicht zu vernachlässigender Schlüssel zu guter körperlicher Gesundheit ist ausreichende Erholung. Tatsache ist, daß Ihre Arbeit hart ist. Als Verkaufsmanager mit Leuten umzugehen ist einer der härtesten Jobs, die es gibt, und davon müssen Sie sich erholen. Die Regel ist: Sie brauchen sieben oder acht Stunden Schlaf pro Nacht. Die Alameda-Studie, die 20 000 Männer über einen Zeitraum von etwa 25 Jahren beobachtete, ergab, daß regelmäßig sieben bis acht Stunden Schlaf pro Nacht entscheidend für die Langlebigkeit sind. Eines der wichtigsten Rezepte für den Erfolg ist, früh zu Bett zu gehen und früh aufzustehen. Erfolglose Leute gehen spät ins Bett, stehen müde auf und drehen sich im Kreis, bevor sie an die Arbeit gehen. Also: Schlafen Sie reichlich, und nehmen Sie mindestens einen Tag pro Woche frei. Ich dachte früher, ich würde viel mehr schaffen, wenn ich diesen zusätzlichen Tag arbeite, bis ich durch Experimente herausfand, daß, wenn Sie einen vollen Tag pro Woche frei nehmen, an dem Sie überhaupt nicht arbeiten, nichts tun, nicht ein Stück Papier in die Hand nehmen, Sie in den übrigen sechs Tagen mehr zustande bringen, als wenn Sie durchgearbeitet hätten. Nehmen Sie auch regelmäßig Urlaub.

Kommen wir nun zum anderen Faktor der Hochleistung. Die körperliche Seite ist der eine Faktor. Der andere hat mit dem Denken zu tun. Wir sagten ja bereits, Management ist ein geistiges Spiel. Management hat sehr viel, fast alles damit zu tun, wie Sie Ihren Verstand gebrauchen, und das bringt uns zum Thema Streß. Wir wissen, daß wenig Streß gleich Hochleistung ist, und das wollen Sie. Viel Streß dagegen ist gleich niedrige Leistung. Sprechen wir also über einige Streßfaktoren.

Zunächst einmal: Ereignisse selbst erzeugen noch keinen Streß. Es gibt keine streßerzeugenden Ereignisse. Wissen Sie, warum? Weil es Situationen gibt, in denen zwei Leute demselben Ereignis ausgesetzt sind, und einer davon verliert die Fassung, der andere nicht. Das Ereignis selbst ist neutral. Erst Ihre Reaktion auf ein Ereignis erzeugt den Streß. Ihre Entscheidung, wie Sie auf ein Ereignis reagieren. Denn das ist Ihre eigene Verantwortung. Jeder von uns kann frei wählen, wie wir auf ein bestimmtes Ereignis reagieren. Eine Situation kann Sie an einem Tag sehr wütend machen, am nächsten Tag haben Sie dieselbe Situation, und sie läßt Sie völlig kalt. Sie sind immer verantwortlich für Ihre Reaktionen, und Ihre Reaktionen sind es, die entweder Streß enthalten oder nicht. Sie können streßfrei leben, indem Sie sich dazu entschließen.

Hier sind die sieben Hauptursachen für Streßreaktionen in Ihrem täglichen Leben. Nummer eins auf der Hitparade ist Kontrollverlust, eine verbreitete Ursache von Streß, Unbehagen, Anspannung, Angst, Schlaflosigkeit und etlichen psychosomatischen Störungen. Er ist das Gefühl, von anderen Leuten, Ereignissen oder Umständen kontrolliert zu werden. Schauen Sie sich in Ihrem Leben um, und fragen Sie sich, in welchen Situationen Sie am stärksten das Gefühl der Kontrolle haben. Dort sind Sie auch am positivsten. Wo Sie sich von anderen Leuten, Umständen, Anforderungen oder Druck kontrolliert fühlen, haben Sie selbst keine Kontrolle mehr. Die zweite wichtige Ursache von Streß und negativen Emotionen ist Leistungsdruck. Leistungsdruck ist für eine riesige Zahl psychosomatischer Erkrankungen verantwortlich, für Schlaflosigkeit, Rückenschmerzen, nervliche Belastungen, Kopfschmerzen und so weiter, dieses Gefühl: Ich muß, ich muß, ich muß. Wenn nicht, kriege ich Ärger. Ich muß. Ich muß das schaffen. Wenn Sie dieses „Ich muß" und diesen Leistungsdruck in sich spüren, fast als ob da ein stechender Schmerz in Ihrem Rücken wäre, dann haben Sie sich in zu kurzer Zeit zuviel aufgelastet.

Eine weitere wichtige Ursache für Streß ist die sogenannte unvollständige Aktion. An einer unvollständigen Aktion beteiligt zu sein oder sie auch nur zu beobachten, kann großen Streß verursachen. Und die häufigste Erscheinungsform der unvollständigen Handlung ist die „Verschieberitis". Wann immer Sie eine wichtige Aufgabe vor sich herschieben, die dann immer schwerer auf Ihnen lastet, empfinden Sie immer mehr Streß. Und natürlich liegt das Gegenmittel für diese Dinge auf der Hand.

Auch die Angst vor Versagen verursacht Streß. Nicht das Versagen selbst, sondern die Angst davor. Die meisten Leute können Enttäuschungen, Rückschläge, Hindernisse und vorübergehende Mißerfolge verkraften, aber die Furcht vor dem Versagen verursacht den Streß.

Eine andere wichtige Streßursache ist Verleugnung der Realität. Dahinter verbirgt sich im wesentlichen die Weigerung, uns einer unangenehmen Tatsache zu stellen, die uns in unserer Arbeit ins Gesicht starrt, etwa, wenn der Umsatz im Keller ist oder wir ein Problem in unserem persönlichen Leben haben, mit dem wir uns nicht auseinandersetzen wollen. Wann immer Sie sich aus irgendeinem Grund ängstlich oder unbehaglich fühlen, fragen Sie sich also, ob es in Ihrem Leben etwas gibt, dem Sie ausweichen? Und was könnte es schlimmstenfalls sein? Wir kommen gleich noch einmal darauf zurück.

Eine Quelle negativer Emotionen ist Zorn. Und Zorn wird immer durch Angst und durch Frustration ausgelöst. Sie haben beispielsweise etwas Bestimmtes erwartet, und es ist nicht eingetreten. Oder Sie haben Angst bekommen, weil etwas Unerwartetes geschehen ist, oder Sie sind enttäuscht oder frustriert über etwas. Die Reaktion ist Zorn. Wir werden immer zornig, wenn wir uns angegriffen oder verletzt fühlen. Und Zorn wird immer von Schuldzuweisung begleitet.

Und die letzte häufige Streßursache sind konditionierte Reaktionen. Das sind Reaktionen, die wie bei dem Pawlowschen Hund aus reiner Gewohnheit eintreten. Wir hören den Namen einer Person und werden wütend. Wir hören von einer Situation und reagieren auf eine bestimmte Weise. Und wenn Sie immer wieder regelmäßig zornig oder negativ reagieren, dann wird es bald zur Gewohnheit, und Sie sind nicht mehr in der Lage, es zu kontrollieren. Der Schlüssel zu konditionierten Reaktionen ist, daß Sie anfangen, Ihre inneren Reaktionen zu kontrollieren.

Und nun zu den Gegenmitteln gegen Streß, den Schlüsseln zur Hochleistung. Gegenmittel Nummer eins ist Kontrolle. Kontrolle bekommen Sie, indem Sie Verantwortung akzeptieren und übernehmen. Und das geht ganz einfach. Es ist so einfach, daß es schon peinlich ist: Sie brauchen nur, wann immer Sie sich aufregen, die Worte zu sagen: „Ich bin verantwortlich. Ich bin verantwortlich. Ich bin verantwortlich.

Vielleicht nicht für meine Situation, vielleicht nicht für die Beule in meinem Auto oder den Umsatzabfall, aber ich bin verantwortlich dafür, wie ich auf diese Situation reagiere. Ich bin verantwortlich."

Eine andere Möglichkeit, Streß zu kontrollieren, ist Tiefenatmung, wie im Sport. Ihr ganzer Körper entspannt sich, wenn Sie siebenmal tief mit dem Zwerchfell einatmen, langsam bis drei oder fünf zählen und dann die Luft wieder ausströmen lassen. Das ganze siebenmal, der Streß fällt ab, und Sie haben wieder alles unter Kontrolle.

Sie können den „Katastrophenbericht" ausfüllen. Der Katastrophenbericht ist etwas, das alle hochleistungsfähigen Männer und Frauen anwenden. Wann immer Sie vor einer Situation stehen, aus der Sie keinen Ausweg wissen, lassen Sie sich dadurch nicht in Streß bringen, sondern tun Sie vier Dinge:

1. Definieren Sie die Situation. Worum mache ich mir Sorgen? Eine richtige Diagnose ist die halbe Heilung.
2. Was kann schlimmstenfalls passieren, wenn es zum äußersten kommt?
3. Beschließen Sie, das Schlimmste zu akzeptieren, wenn es dazu kommen sollte. Sagen Sie: „Wenn es passiert, akzeptiere ich es. Es wird mich nicht umbringen, es wird nicht das Ende der Welt sein."
4. Fangen Sie sofort an, das Schlimmste zu verbessern, und sorgen Sie dafür, daß das Schlimmste nicht eintritt. Ganz einfach. Was macht Ihnen Sorgen? Was ist das Schlimmste, das passieren kann? Wenn es passiert, akzeptieren Sie es, und machen Sie sich an die Arbeit, denn gezieltes Handeln ist der Schlüssel gegen Streß und Sorge. Arbeiten Sie so intensiv an Ihrem Problem, daß Sie keine Zeit haben, sich Sorgen darum zu machen.

Eines der besten Mittel gegen Streß ist intensive Bewegung. Damit sind wir wieder beim Anfang, beim Sport. Machen Sie sich auf, besonders zum Wandern. Wandern ist eine wunderbar entspannende Bewegungsform.

Natürlich gibt es noch eine Möglichkeit: den totalen Ausbruch. Brechen Sie aus, machen Sie Pause, in den meisten Fällen heißt das: Schlafen Sie! Vince Lombardi sagte einmal: „Die Müdigkeit macht uns alle zu Feiglingen. Einmal richtig ausschlafen und ausruhen und das Problem für 24 Stunden zur Seite schieben wird oft schon Ihre Perspektive total verändern.“

Schließlich gibt es noch das Selbstgespräch. Ihre Emotionen sind weitgehend davon bestimmt, wie Sie mit sich selbst reden oder sich Dinge erklären. Wenn also etwas falschläuft, sagen Sie etwas Richtiges. Wenn etwas schiefgeht, sagen Sie: „Das ist gut“, und dann befassen Sie sich damit. Suchen Sie nach der wertvollen Lektion in allem, was Ihnen passiert, nach der guten Seite. Reden Sie positiv mit sich selbst, und was immer geschieht, sagen Sie nicht, es ist ein Problem, sondern es ist eine Situation. Oder es ist keine Situation, es ist eine Herausforderung. Eine Herausforderung ist etwas, woran man wächst. Oder, das ist keine Herausforderung, das ist eine Chance. Schauen wir uns diese Schwierigkeit an, und sehen wir, was wir lernen können. Denn erinnern Sie sich: All den großen Wendepunkten Ihres Lebens, all den besten Zeiten gingen Phasen des emotionalen Aufruhrs voraus, wo nichts klappte, sei es in Beziehungen, im Beruf, in den Finanzen, mit Freunden oder was auch immer.

Die Schlüssel zur Hochleistung sind also körperlicher und geistiger Art, also essen Sie richtig, bewegen Sie sich, verschaffen Sie sich genug Erholung, und kontrollieren Sie dann Ihr Denken. Sagen Sie: „Ich bin verantwortlich. Ich bin am Ruder.“ Reden Sie positiv mit sich selbst. Dann wird Ihnen alles, was Sie anfangen, besser gelingen.

ÜBUNGEN

1. Wie können Sie Ihre Ernährung und damit Ihren Energielevel verbessern?

2. Wie sind Ihre Schlafgewohnheiten? Machen sie Sie müde und gestreßt? Können Sie sie zu Ihrem Nutzen verändern? Wie?

3. Gibt es Leute, Dinge oder Umstände, die Sie auf die Palme bringen (konditionale Reaktionen)? Welche? Was können Sie dagegen tun?

22 Time-Management

Überblick

Zeit ist die unverzichtbare, unersetzbare Ressource für alle Leistungen überhaupt. Wir alle haben gleich viel Zeit. Jemand hat gesagt, daß die wahrhaft Erfolgreichen in unserer Gesellschaft sich von den anderen darin unterscheiden, daß sie beschlossen haben, ihre Zeit anders zu nutzen.

Time-Management ist Lebens-Management. Der Lohn dafür, ein hervorragender Time-Manager zu werden, ist hoch. Eine der wichtigsten Regeln für den Erfolg ist: „Bilde gute Gewohnheiten aus, und mache sie zu deinen Meistern."

Ziele

Bis zum Ende dieses Kapitels werden Sie folgendes lernen:

- Die Bedeutung des Planens.
- Sieben Zeitdiebe, die Sie ausschalten müssen.
- Wie Sie proaktiv sein können.
- Sieben Schlüssel, um die Produktivität zu steigern.

Über Effektivität im Verkaufsmanagement kann man nicht reden, ohne auch über Time-Management zu sprechen, darüber, wie Sie als Verkaufsmanager Ihre Zeit besser nutzen können. Alle Spitzenmanager wissen, daß Zeit die unverzichtbare Ressource allen Erfolgs ist. Sie ist das Rohmaterial der Produktivität. Sie ist Ihr kostbarstes Gut. Und gute Zeitmanager, gute Verkaufsmanager, gehen mit ihrer Zeit um wie mit schwer verdientem Geld.

Die Regel lautet: Ihre Ergebnisse bestimmen Ihren Lohn, nicht Ihre Aktivitäten, sondern die Ergebnisse, die Sie erzielen. Stellen Sie sich vor, Sie sind ein Rohr, in das auf der einen Seite Zeit und Ressourcen hineingesteckt werden, dann finden im Innern Aktivitäten statt, und am anderen Ende kommen Ergebnisse heraus. Die Frage ist: Was muß herauskommen, damit Sie erfolgreich sind? Sie brauchen also Klarheit, Klarheit und noch einmal Klarheit, was Ihre gewünschten Ergebnisse betrifft. Sie müssen genau wissen, was Sie erreichen wollen, nicht nur, was Sie tun müssen, um es zu erreichen.

Eine weitere Voraussetzung ist: Sie müssen Ihre Arbeit kontrollieren, sonst kontrolliert Ihre Arbeit Sie. Haben Sie schon einmal beim Autofahren herumgealbert? Die Hände vom Steuerrad genommen, so daß der Wagen nach links oder rechts abdriftete? Wenn Sie Ihre Arbeit nicht mit fester Hand steuern, fängt die Arbeit an, Sie zu steuern, und Ihr ganzes Arbeitsleben driftet ab. Wie Sie wissen, ist Kontrollverlust eine Hauptursache für Frustration, Angst, Streß und alles Negative.

Wie bekommen wir unsere Zeit und unser Leben unter Kontrolle? Der Ausgangspunkt ist uns bereits bekannt: Planung. Planung heißt klare Ziele und Vorgaben. Fragen Sie sich ständig: Was versuche ich zu tun? Wie versuche ich es zu tun? Und hier sind fünf wichtige Punkte oder Fragen, die Sie immer wieder beantworten müssen. Die effektivsten Verkaufsmanager oder Manager auf allen Gebieten stellen sich diese Fragen ständig.

1. *Wofür werden Sie bezahlt?* Wenn Ihr Sohn oder Ihre Tochter Sie fragen würde, „Papa, wofür geben die in der Firma Dir das Geld?“, was würden Sie mit wenigen Worten darauf antworten? Wenn Ihr Chef Sie fragen würde, „wofür bezahlen wir Ihnen Ihr Gehalt?“, was würden Sie ihm sagen? Bedenken Sie, Sie werden nicht für irgendwelche Aktivitäten bezahl, sondern dafür, daß Sie konkrete Ergebnisse erzielen, die für Ihre Firma einen finanziellen Wert darstellen und für die sie bereit ist, Ihnen Geld zu geben. Und wenn Sie Ihren

Geldwert steigern wollen, müssen Sie natürlich die Ergebnisse steigern, die die Antwort auf diese Frage sind.

2. Die zweite Frage zu klaren Zielen und Vorgaben ist: *Was sind Ihre wertvollsten Aktivitäten?* Was sind Ihre wertvollsten Aktivitäten? Durch welche Dinge, die Sie tun, tragen Sie am meisten zu Ihrer Arbeit bei? Was sind Ihre entscheidenden Schlüsselbereiche? Was sind die wichtigsten Dinge, die zu erreichen Sie eingestellt wurden? Sie wissen, Sie haben entscheidende Schlüsselbereiche wie Organisieren, Planen, Mitarbeiterrekrutierung, Delegieren, Supervision. All unsere Probleme im Beruf kommen daher, daß wir in einem oder mehreren unserer entscheidenden Schlüsselbereiche versagen. Dies sind die Dinge, die andere Leute von Ihnen erwarten.

Was sind die Hebelpunkte in Ihrer Arbeit? Welche Dinge, die Sie tun können, verschaffen Ihnen Hebelwirkung und versetzen Sie in die Lage, sich zu multiplizieren? Zum Beispiel, Verkäufern beizubringen, wie sie effektiver sein können, ist ein Weg, um Hebelwirkung zu erreichen. Auf diese Weise können Sie Ihre eigene Fähigkeit mit der Zahl der Leute multiplizieren, die Ihnen unterstellt sind. Neue Techniken trainieren, Konferenzen abhalten und die Fähigkeiten und Kenntnisse Ihrer Mitarbeiter verbessern sind Dinge, die Ihnen große Hebelwirkung verschaffen und Ihre Fähigkeiten multiplizieren. Sehen Sie sich selbst immer als Multiplikationszeichen.

Und schließlich die wichtigste Frage von allen, denke ich, ist: Was können Sie und nur Sie besonders gut tun, das wirklich einen Unterschied ausmacht? Sie werden feststellen, daß die Antwort auf diese Frage der Schlüssel zum Time-Management ist. Sie ist der Schlüssel zur persönlichen Effektivität, weil es nur selten mehr als ein oder zwei Dinge gibt, die Sie und nur Sie tun können. Das kann das Einstellen sein. Oder das Entlassen. Das kann Training sein. Oder Planung. Das kann die Umstrukturierung der Verkaufsgebiete sein. Alle Dinge, die Sie und nur Sie tun können, aber wenn Sie sie wirklich gut machen, dann macht es einen gewaltigen Unterschied aus.

Das bringt uns zu einer Grundregel: Bevor Sie etwas tun können, müssen Sie aufhören, etwas anderes zu tun. Bevor Sie von einer Sache mehr tun können, müssen Sie von einer anderen weniger tun. Sie müssen also Zeitdiebe ausschalten. Diese Zeitdiebe sind Ihnen als Verkaufsmanager vertraut, und indem Sie sie ausschalten, gewinnen Sie mehr Zeit, um die Dinge zu tun, die die Antworten auf Ihre Fragen sind. Also, hier sind die großen Sieben:

1. *Der Mangel an klaren Zielen und Plänen.* Damit meine ich schriftlich festgelegte Ziele und Pläne, die Ihren Vorgesetzten klar sind, die Ihnen klar sind, die jedem klar sind, der verantwortlich dafür ist, sie zu erreichen. Klarheit, Klarheit, Klarheit. Ich habe früh gelernt, daß die besten Leute, die erfolgreichsten Männer und Frauen im Leben leidenschaftliche Planer sind. Sie sind ständig am Planen. Sie denken auf dem Papier. Sie sind immer am Schreiben und Umschreiben, To-do-Listen aufstellen und organisieren, und damit sind wir beim zweiten Zeitdieb.

2. *Der Mangel an Prioritäten und Mangel an Gründen.* Was ist wichtig, und warum tun Leute bestimmte Dinge? Sie und jeder, der Ihnen unterstellt ist, muß wissen, warum etwas zu tun ist und warum eine Sache wichtiger ist als eine andere. Sie wissen aus eigener Erfahrung, wie frustrierend es ist, wenn Mitarbeiter Dinge tun, die niedrige Priorität haben, und Sie fragen, warum machen Sie das? Und sie sagen, ich dachte, es wäre wichtig. Die Verantwortung fällt immer zurück auf den Manager, weil er es nicht klargemacht hat.

3. *Der allgegenwärtige Konflikt zwischen dem Dringenden und dem Wichtigen.* Dringende Dinge sind die, die einem direkt vor der Nase liegen. Das Telefon klingelt, jemand kommt zur Tür herein, ein Memo ist zu unterzeichnen und so weiter. Das sind dringende Dinge. Die wichtigen Dinge dagegen sind diejenigen, die langfristige Konsequenzen haben. Zum Beispiel sind Büroarbeit, Papierkram, Planung und Organisation alle dringend, aber was ist am wichtigsten? Das Wichtigste ist, hinauszugehen und neue Verkäufer zu coachen, zu beraten und zu trainieren. Das hat die größten langfristigen Auswirkungen auf Ihre Karriere. Fragen Sie also immer: Was sind die Konsequenzen dieses Handelns? Eine Kaffeepause hat keine Konsequenzen. Einen hervorragenden Verkäufer in einem entscheidenden Aspekt des Verkaufens zu korrigieren, kann hingegen enorme Konsequenzen für Ihr Gesamtvolumen in einem Jahr haben.

4. *Der Konflikt zwischen dem trivialen Vielen und dem entscheidenden Wenigen.* Wie Sie wissen, stammt das aus dem Pareto-Prinzip, der 80/20-Regel, die besagt, daß 20 Prozent Ihres Tuns zu 80 Prozent Ihrer Ergebnisse führen. Der große Fehler und Zeitdieb ist, daß wir unsere Zeit oft gleichmäßig auf die Anzahl der Punkte verteilen,

anstatt sie proportional nach dem Wert der einzelnen Punkte zu verteilen. Sie müssen 80 Prozent Ihrer Zeit an Ihren wichtigsten 20 Prozent arbeiten und nur 20 Prozent Ihrer Zeit an den unteren 80 Prozent, nicht umgekehrt.

5. *Unterbrechungen durch das Telefon.* Daß das Telefon ein solcher Zeitdieb ist, liegt daran, daß viele von uns seine Sklaven sind. Wir sind Sklaven des Telefons. Als wir heranwuchsen, freuten wir uns auf Anrufe, weil sie unsere Verbindung zur Außenwelt waren. Darum sind wir jetzt als Erwachsene konditioniert wie Pawlowsche Hunde und fangen an zu sabbern, wenn wir das Telefon hören. Also hier ein paar Regeln zum Umgang mit dem Telefon.

   - Sehen Sie es als Arbeitswerkzeug, und fassen Sie sich kurz. Das geht so: Wenn jemand Sie anruft, sagen Sie sofort: „Hallo, was kann ich für Sie tun? Wie kann ich Ihnen helfen?“ Schneiden Sie den Small talk ab, und kommen Sie sofort zum Zweck des Anrufs.
   - Sie können sich Rückrufzeiten geben und sich geben lassen. Vermeiden Sie unnötige Anrufe, indem Sie sagen, wann Sie zu erreichen sind. Am besten ist es natürlich, mit bestimmten Leuten genau zu verabreden, wann Sie miteinander telefonieren wollen.
   - Lassen Sie Ihre Anrufe filtern und sammeln, und erwidern Sie sie alle nacheinander. Lassen Sie Ihre Anrufe sammeln, wenn Sie in Besprechungen sind, statt sklavisch dem Klingeln des Telefons zu folgen.

6. *Unangemeldete Besucher.* Einer der größten Zeitdiebe im Berufsleben sind Menschen. Leute, die hereinkommen und sagen: „Hallo, wie geht's? Haben Sie eine Minute Zeit?“ Und so weiter. Hier ein paar Tips.

   - Wenn jemand kommt und Sie keine Zeit für ihn haben, stehen Sie auf, und bleiben Sie stehen. Wenn Sie stehen, wird er sich nicht setzen, und das Gespräch fällt viel kürzer aus.
   - Wenn er fragt, ob Sie eine Minute Zeit haben, sagen Sie: „Ja, aber nicht jetzt. Können wir später darüber reden?“

- Wenn er sich nicht abschütteln läßt, nehmen Sie ihn am Arm, gehen Sie mit ihm hinaus, und sagen Sie: „Ich wollte gerade gehen, gehen wir zusammen." Oder: „Habe ich Ihnen das hier schon gezeigt?" Und gehen Sie mit ihm hinaus, um ihm etwas zu zeigen, schlagen Sie einen Haken, und gehen Sie zurück an Ihre Arbeit.

7. *Besprechungen.* Sie verbringen ungefähr 40 Prozent Ihrer Zeit in Besprechungen, sei es zu zweit oder in Gruppen. Und es ist sehr wichtig, Besprechungen sorgfältig zu handhaben, denn die meisten Leute haben den Eindruck, daß die Hälfte der Zeit, die sie in Besprechungen verbringen, vergeudet ist. Tip: Fangen Sie immer pünktlich an. Wenn die Besprechung um neun Uhr angesetzt ist, fangen Sie um neun Uhr an.

Hier noch ein Tip in bezug auf Verkäufer. Schließen Sie die Tür, sobald die Besprechung anfängt. Wenn Sie 8 Uhr 30 angesetzt haben, schließen Sie um 8 Uhr 30 die Tür, und lassen Sie niemanden mehr herein. Das werden Sie nur einmal machen müssen. Halten Sie immer eine Tagesordnung bereit. Selbst wenn Sie sie kurz vorher niederschreiben und schnell kopieren, haben Sie immer einen Fahrplan für die Besprechung zur Hand. Wenn Sie Ihre Tagesordnung durcharbeiten, ordnen Sie sie so, daß Sie die wichtigsten Punkte zuerst abhandeln, damit Sie, falls Ihnen die Zeit ausgeht, zumindest die 20 Prozent der Punkte, die 80 Prozent des Wertes ausmachen, erledigt haben.

Gehen Sie immer davon aus, daß jemand, der sich verspätet, überhaupt nicht kommt, und fangen Sie an. Lassen Sie nie die anderen warten, nur weil jemand noch nicht da ist. Das wäre eine Mißachtung derer, die sich die Mühe gemacht haben, pünktlich zu sein.

Das bringt uns zum nächsten Schlüssel zum Time-Management, nämlich denken, bevor Sie handeln. Seien Sie proaktiv statt reaktiv. Bedachtsamkeit ist der Schlüssel und die wichtigste Qualität im Management, und das heißt denken, bevor Sie handeln. Nehmen Sie in Ihrer Arbeit das Ruder in die Hand. Der erste Schlüssel dazu ist die To-do-Liste. Sie wissen ja, was Sie nicht schriftlich haben, ist nur Phantasie. Schreiben Sie alles auf, bevor Sie anfangen, und wenn etwas dazukommt, schreiben Sie es auf. Schon das allein verschafft Ihnen erhebliche Kontrolle über Ihren Arbeitstag.

Benutzen Sie die ABCDE-Methode. Ordnen Sie Ihre Liste nach Prioritäten. A sind die Dinge, die Sie tun müssen, die ernste Konsequenzen haben, wenn Sie sie nicht tun. B sind Dinge, die Sie tun sollten, die leichte Konsequenzen haben, wenn Sie sie tun oder nicht tun. C sind Dinge, die keine Konsequenzen haben. D sind Dinge, die Sie delegieren können, und E sind Dinge, die Sie eliminieren können. Sobald Sie Ihre Liste organisiert haben, indem Sie neben jeden Punkt einen dieser Buchstaben gesetzt haben, gehen Sie sie noch einmal durch, und ordnen Sie sie nach A1, A2 und so weiter. Arbeiten Sie die Liste ab. Fangen Sie mit A1 an, Ihrer wichtigsten Aufgabe.

Andrew Carnegie, einst einer der reichsten Männer in Amerika, der als schottischer Einwanderer mit 75 Cents anfing und zu einem der größten amerikanischen Stahlindustriellen wurde, sagte, er habe einmal einem Management-Berater 64 000 Dollar für einen einfachen Ratschlag bezahlt, nämlich diesen: Schreiben Sie alles auf, bevor Sie anfangen, ordnen Sie die Liste nach Prioritäten, dann fangen Sie mit der wichtigsten Aufgabe an und bleiben dabei. Dies bringt uns zu der nächsten Time-Management-Technik, die Sie einsetzen müssen: Konzentration auf eine Sache.

Konzentration auf eine Sache ist der Schlüssel zum Erfolg im Management. Ohne dies geht gar nichts. Konzentration fängt natürlich an, wenn Sie Ihr A1 gefunden haben, indem Sie sich gefragt haben, wie kann ich meine Zeit in diesem Moment am besten einsetzen? Fast immer nutzen Sie Ihre Zeit am besten, wenn Sie mit Ihren Verkäufern arbeiten.

Bleiben Sie bei einer Aufgabe, bis sie erledigt ist. Zwingen Sie sich, ohne Ablenkung dranzubleiben, bis sie 100 Prozent erledigt ist. Es klingt unglaublich, aber Sie können den Zeitbedarf für eine Aufgabe um bis zu 80 Prozent senken, indem Sie dranbleiben, bis sie erledigt ist.

Arbeiten Sie während Ihrer ganzen Arbeitszeit. Telefonieren Sie nicht mit Ihrer Familie. Holen Sie nicht Ihre Hemden aus der Wäscherei. Plaudern Sie nicht. Vergeuden Sie keine Zeit. Spielen Sie nicht. Lesen Sie nicht. Wenn Sie anfangen zu arbeiten, denken Sie daran, jetzt ist Arbeitszeit, nicht Spielzeit.

Der Hauptgrund, warum Menschen in Zeitdruck und ins Hintertreffen geraten, ist, daß sie bei der Arbeit zuviel Zeit vergeuden. Im Durchschnitt verbringt eine Person am Arbeitsplatz heute volle 30 Prozent ihrer Zeit mit Plaudern und Dingen, die nichts mit der Arbeit zu tun haben, und davon 15 bis 20 Prozent mit persönlichen Dingen, privaten Telefonaten und irrelevanten Dingen wie Zeitungen, Zeitschriften und dergleichen. Tun Sie das nicht. Arbeiten Sie während Ihrer ganzen Arbeitszeit. Fangen Sie morgens an, und arbeiten Sie den ganzen Arbeitstag. Sie werden staunen, wieviel Sie erledigt bekommen.

Schließlich noch sieben weitere Tips, die Ihnen helfen werden, Ihre Produktivität zu steigern.

1. *Arbeiten Sie härter und länger.* Sie müssen Ihren durchschnittlichen Arbeitstag von acht auf ungefähr zehn Stunden ausdehnen. Fangen Sie 45 bis 60 Minuten früher an, arbeiten Sie mittags durch, und hören Sie 45 bis 60 Minuten später auf. Diese zehn Stunden am Tag gegenüber acht Stunden machen den Unterschied zwischen großem Erfolg und Mittelmaß aus.

2. *Arbeiten Sie schneller.* Alle hochleistungsfähigen Männer und Frauen haben ein schnelles Tempo. Sie machen Dampf. Sie arbeiten schneller mit weniger Verzögerungen. Sie planen und organisieren alles, bevor Sie anfangen, und dann arbeiten sie in einem sehr forschen Tempo.

3. *Tun Sie mehr wichtige Dinge.* Das greift auf das zurück, was wir über Prioritäten gesagt haben. Wir empfehlen sogar, kreativ zu verschieben. Verschieben Sie kreativ die Dinge, die niedrige Priorität haben, damit Sie sich ganz auf die mit hoher Priorität konzentrieren können.

4. *Tun Sie die Dinge, in denen Sie besser sind.* Die Dinge, die Sie besser und schneller machen können, bei denen Sie weniger Fehler machen und mehr fertig bekommen. Diese Dinge sind übrigens wahrscheinlich auch die Antwort auf die Frage, wofür bezahlt werden?

5. *Arbeiten Sie zusammen.* Tun Sie Dinge mit anderen zusammen. Nutzen Sie Synergie. Holen Sie das Beste heraus. Lassen Sie alle in Teams zusammenarbeiten.

6. *Vereinfachen Sie.* Das ist mit das Wichtigste, was Sie tun können. Fragen Sie immer, warum machen wir das? Was würde passieren, wenn wir es nicht täten? Eliminieren Sie Schritte. Bei fast jedem Job können Sie ungefähr 30 Prozent der Schritte eliminieren, wenn Sie sich erst einmal hinsetzen und ihn analysieren. Tom Peters berichtet von einer großen Versicherungsgesellschaft, die von dem Zeitpunkt, wo ein Antrag eingeht, bis zu dem Zeitpunkt, wo er bearbeitet und

bewilligt ist, sechs Wochen braucht. Doch unter der Lupe stellte sich heraus, daß insgesamt nur ganze 17 Minuten an dem Antrag gearbeitet wurde, aber es dauerte sechs Wochen, weil der Prozeß so viele Stufen beinhaltet.

7. *Delegieren Sie soviel wie möglich.* Delegieren Sie alles, was Sie nur können. Delegieren Sie alles, damit Sie Zeit für die wichtigsten Dinge haben. Delegieren ist ein absolut unverzichtbarer Teil des Managements.

Zum Abschluß zum Thema Time-Management noch folgendes. Sie müssen ein Gefühl der Dringlichkeit entwickeln. Überwinden Sie die „Verschieberitis". Packen Sie die Aufgabe an. Um erfolgreich zu sein, müssen Sie einen Hang zum Handeln entwickeln. Sagen Sie sich immer wieder: „Tu es jetzt! Tu es jetzt!" Finden Sie den wichtigsten Grund heraus, aus dem Sie eingestellt sind. Finden Sie heraus, was Ihre wertvollsten Aufgaben sind.

ÜBUNGEN

1. Wofür stehen Sie auf der Gehaltsliste?

2. Wo liegt die Hebelwirkung in Ihrem Job?

3. Welche triviale Aufgabe frißt Ihnen viel Zeit weg?

4. Was werden Sie tun, um diese Probleme zu lösen?

5. Was tun Sie gegenwärtig, das Sie delegieren könnten?

23 Leadership

Überblick

Als Verkaufsmanager müssen Sie bei anderen Emotionen wecken. Ein einfacher und leichter Weg, Leadership von Management zu unterscheiden, ist, die Emotionen zu messen. Sind Ihre Leute begeistert bei der Sache, und streben sie danach, etwas Großes zu vollbringen? Leadership ist der entscheidende Unterschied.

Um gewöhnlichen Leuten außergewöhnliche Ergebnisse zu entlocken, brauchen Sie Leadership, „die Fähigkeit, Anhänger zu gewinnen". Sie müssen neuen Boden betreten, zu neuen Ufern aufbrechen und ein Vorbild für Innovation und Erfolg sein.

Ziele

Bis zum Ende dieses Kapitels werden Sie folgendes lernen:

- Fakten, die Sie im Umgang mit Mitarbeitern berücksichtigen müssen.
- Sieben Schlüsselqualitäten von Leadership.
- Prinzipien des Verkaufsmanagements.

Leadership ist nicht nur die wertvollste Qualität im Management, sie ist auch eine geistige Qualität. Sie hat mehr damit zu tun, wer Sie sind, als damit, was Sie tun. Wir haben bereits über Werkzeuge und Aufgaben von Leadership gesprochen. Leadership ist die Kunst, gewöhnlichen Menschen außergewöhnliche Leistungen zu entlocken. Eine andere gute Definition ist, daß Leadership eine unglaubliche Fähigkeit ist, Ergebnisse zu erzielen. Nicht durchschnittliche, sondern außergewöhnliche Ergebnisse. Und schließlich ist Leadership die Fähigkeit zu wählen, auf welchem Gebiet Sie und Ihr Verkaufsteam die Besten sein und die besten Leistungen bringen werden.

Sehen wir uns ein paar grundlegende Fakten über Verkaufsmanagement an. Menschen sind das wichtigste Element, denn sie sind Ihr Geschäft. Sie sind das entscheidende Element in der ganzen Produktivität. Als ich Verkaufsmanager war, dachte ich, die Probleme mit Mitarbeitern, die ich hatte, würden mich von meiner Arbeit abhalten. Dann wurde mir klar, daß die Mitarbeiter meine Arbeit sind. Alles andere war dem gegenüber nebensächlich. Und als ich meine Denkweise so änderte, daß die Menschen im Mittelpunkt standen und alles andere am Rand, veränderte sich meine ganze Tätigkeit und demzufolge meine Ergebnisse. Alle Produktivität kommt von Ihren Mitarbeitern. Darum ist es so wichtig, daß Sie als Leader sie sorgfältig auswählen, ihnen sorgfältig Aufgaben delegieren und sie gut trainieren.

Zweitens ist die grundlegende Aufgabe der Leadership, ein Maximum an ROI, an Ertrag der Investition, in den Mitarbeitern zu erzielen. Sie und Ihre Firma investieren eine enorme Menge Geld und Zeit in Ihre Mitarbeiter. Sie wenden eine enorme Menge an Provisionen und Gehältern, Ressourcen, Werbung, Supervision und so weiter auf. Ihr Job ist es, den Ertrag zu steigern, zu maximieren, indem Sie ihnen beibringen, sich selbst besser zu managen, besser zu verkaufen und ihre Zeit und ihr Gebiet besser zu organisieren. Und das Wunderbare ist, daß Mitarbeiter im Wert steigen können. Unter allen Ressourcen können Mitarbeiter im Wert steigen. Zum Beispiel ist eine Person vielleicht am Anfang nur 25 000 Dollar im Jahr wert. Doch multipliziert mit Ihnen und Ihrer Fähigkeit, zu motivieren, zu schulen, zu coachen, zu beraten, können sie den Wert dieser Person auf 50 000 Dollar für sich selbst und noch erheblich mehr für die Firma steigern. Ihr Job ist es also, Mitarbeitern zu helfen, ihren Wert sowohl für sich selbst als auch für die Firma zu steigern.

Der durchschnittliche Verkäufer arbeitet nur mit etwa der Hälfte seiner Kapazität. Was bedeutet das? Es bedeutet, daß ganze 50 Prozent Kapazität ungenutzt bleiben. Ihr Job ist es, diesem Verkäufer mit allem, was Sie tun, zu helfen, mehr von dieser Kapazität zu nutzen. Die Leadership-Rolle ist, die zusätzlichen 50 Prozent freizusetzen und zu kanalisieren. Mit anderen Worten, unter normalen Bedingungen können Sie, indem Sie Ihre Arbeit so strukturieren, daß diese 50 Prozent freigesetzt und kanalisiert werden, den Umsatz Ihres Gebiets verdoppeln. Und viele Verkaufsmanager tun das Jahr für Jahr, indem sie den folgenden Grundsatz anwenden.

Herausragende Leader erzeugen Emotionen. Inventar kann gemanagt werden, aber Menschen müssen geführt werden. Und Führung ist eine emotionale Sache. Managen heißt, Figuren auf dem Schachbrett zu bewegen und sie zu bestimmten Aktionen zu veranlassen. Aber Mitarbeiter begeistern heißt, Emotionen zu erzeugen. Und wenn Sie Emotionen erzeugen, wenn Sie Menschen begeistern, werden sie mehr für Sie produzieren, als Sie sich vorstellen können.

Leader geben ihren Mitarbeitern Kraft. Das bedeutet, daß die Mitarbeiter sich stärker, fähiger, selbstbewußter fühlen. Sie fühlen sich durch den Einfluß des Leaders stärker in der Lage, erfolgreich zu sein. Und eines der Dinge, die Sie in Ihrem Alltag immer wieder tun, ist loben, ermutigen, den Rücken stärken. Sie verteilen Preise und Prämien, Sie unterstützen, schulen, coachen und beraten, denn all diese Dinge helfen dem anderen, mehr Selbstvertrauen aufzubauen. Und wer viel Selbstvertrauen hat, der fühlt sich stark. Und wenn Ihre Mitarbeiter sich stark fühlen, dann gehen sie hinaus und erzielen phantastische Ergebnisse für Sie und Ihre Firma.

Es gibt sieben Schlüsselqualitäten der Leadership, die wir identifiziert haben. Sie gelten für Leader in der Verkaufsbranche wie auch in anderen Branchen.

1. *Ganz am Anfang steht die Vision,* die Fähigkeit, großc Zusammenhänge zu sehen und zu vermitteln. Leader haben die Fähigkeit, Menschen für die Firma, die Produkte und den Weg, den die Firma geht, zu begeistern. Und sie malen ein großes Bild davon, warum sie auf dem Markt sind. Sie erzählen Geschichten davon, wie ihre Produkte und Dienstleistungen Menschen wirklich in ihrem Leben und in ihrer Arbeit geholfen haben. Sie geben den Mitarbeitern das gute Gefühl, nicht nur jeden Tag auf Achse zu gehen, sondern Teil

von etwas Großem zu sein. Erinnern Sie sich an die Stelle in der Bibel, wo es heißt, wo keine Vision ist, geht das Volk unter. Wenn Ihre Verkäufer die Vision von etwas Größerem haben, als einfach nur Tag für Tag zu verkaufen, sind sie viel stärker und motivierter. Eine entscheidende Rolle der Leadership ist, eine Vision zu haben und diese zu vermitteln.

2. *Leader haben Mut.* Sie sind bereit, Risiken und Verpflichtungen einzugehen. Sie sind bereit, sich Problemen zu stellen. Sie sind bereit, Mißerfolge und Ablehnung auf sich zu nehmen, sich auf hohe Umsatzziele festzulegen, in schwierigen persönlichen Situationen einzugreifen und Probleme anzupacken, wenn sie sich ergeben. Denn das Wunderbare am Mut ist, je mehr Mut Sie zeigen, desto mehr Mut werden auch die Menschen um Sie herum zeigen.

3. *Verantwortlichkeit.* Sie können sich keinen Leader vorstellen, der nicht in hohem Maß Verantwortung auf sich nimmt. Wir haben über einen der Schlüssel gegen Streß gesprochen: „Ich bin verantwortlich." Verantwortlichkeit bedeutet, keine Ausreden. Schwache Menschen finden Ausreden, erheben Vorwürfe, beklagen sich, reden schlecht über andere. Doch herausragende Menschen sagen: „Es liegt an mir. Was mir nicht paßt, das ändere ich. Und wenn ich nicht bereit bin, etwas zu ändern, dann beklage ich mich auch nicht darüber." Leader akzeptieren Verantwortung.

4. *Integrität.* Viele meinen, dies sei die wichtigste von allen. Tatsächlich ist sie so grundlegend, daß ohne sie eigentlich nichts möglich ist, weil alle Beziehungen zu anderen Menschen auf Vertrauen basieren. Sie basieren auf Ihrem Wort. Sie basieren darauf, daß Ihre Mitarbeiter wissen und glauben, daß sie die Wahrheit sagen und Ihre Versprechen einlösen, daß sie Ihnen vertrauen können. Nichts unterminiert einen Leader schneller als der geringste Zweifel an seiner Glaubwürdigkeit. Bauen Sie also Ihre Glaubwürdigkeit auf, und erhalten Sie sie gewissenhaft.

5. *Realismus.* Jack Welch, der Präsident der General Electric Corporation, hält Realismus für die wichtigste Qualität der Leadership. Der Psychologe Abraham Maslow bezeichnet die Bereitschaft, sich selbst und das Leben zu sehen, wie es ist, als Kennzeichen der sich selbst verwirklichenden Person. Also keine Selbsttäuschung. Stellen Sie ehrliche, harte Fragen, und Sie bekommen ehrliche, harte Antworten. Sehen Sie die Welt so, wie sie ist. Keine rosaroten Brillengläser.

6. *Der Einsatz der eigenen Kräfte.* Nach den Studien von Warren Bennes und Burton Annis ist die Art, wie Sie sich selbst als kostbare Ressource nutzen, eine entscheidende Qualität von Leadership. Alle Leader denken sorgfältig und strategisch darüber nach, wie sie sich einsetzen. Sie arbeiten nur in Bereichen, wo sie einen Unterschied ausmachen können. Sie wenden ihre Talente nur da an, wo sie Hebelwirkung erzielen können. Sie tun nur Dinge, die sie hervorragend können. Und sie meiden Aufgaben, die sie nicht vorbildlich lösen können. Es ist also sehr wichtig, daß Sie darüber nachdenken, wie Sie sich einsetzen. Verbessern Sie Ihre Fähigkeiten, setzen Sie sich effektiver ein. Setzen Sie sich dort ein, wo Sie wirklich etwas bewirken können.

7. *Mit eigenem Beispiel vorangehen.* Führen Sie durch Ihr Beispiel. Gehen Sie voran. Seien Sie Vorbild. Setzen Sie sich selbst zum Maßstab. Ein Kennzeichen von Leadern ist, daß sie sich nicht mit anderen Menschen vergleichen. Leader vergleichen sich nur mit sich selbst. Und sie stellen sich vor: Wenn alle mich jetzt beobachten würden, würden sie dann an mir das Verhalten sehen, das ich mir von ihnen wünsche? Wie würde meine Firma aussehen, wenn alle so wie ich wären? Verhalten Sie sich also in jedem Moment so, als ob alle Sie beobachten und Sie zum Maßstab für alle anderen in Ihrer Organisation nehmen würden.

Starke Ergebnisorientierung zeichnet Leadership aus. Das ist eine der wichtigsten Qualitäten für den Erfolg. Der Schlüssel zur Leadership ist die Verpflichtung zum Gewinnen. Vince Lombardi sagte einmal, Gewinnen ist nicht alles, es ist das einzige. Ihr Job ist es nicht, einfach nur auf der Gehaltsliste zu stehen, Ihr Job ist es, ein überlegenes Team zu bilden. Ich erinnere noch einmal an drei Dinge:

1. *Jedes Problem kann eine Chance sein.* Ihre wahren Fähigkeiten, wie Sie sich unter Beschuß verhalten, wie Sie sich in einer Krise verhalten, wie Sie sich verhalten, wenn es brenzlig wird, das ist der Maßstab für Leadership.

2. *Jedes Hindernis kann ein Trittbrett sein.* Wann immer Sie ein Problem oder eine Schwierigkeit haben, fragen Sie: Wie kann ich das zu meinem Vorteil nutzen? Welche wertvollen Lektionen können wir daraus lernen? Wie können wir dieses Hindernis in einen Trittbrett zum Erfolg verwandeln?

3. *Ihre Position als Verkaufsmanager ist die erste Sprosse auf der Leiter zum großen Erfolg.* Sie sind jetzt auf dem Weg. Nun müssen Sie nur noch einen Fuß vor den anderen setzen, indem Sie alles beachten, was wir besprochen haben, und üben, üben, üben, und vor allem Ihre Bemühungen auf folgende Qualitäten gründen: erstens Beharrlichkeit, zweitens Entschlossenheit, drittens Willenskraft, und schließlich Selbstdisziplin. Hinter jedem großen Erfolg steht die persönliche Qualität der Selbstdisziplin.

Denken Sie an die berühmten Worte Henry Fords: „Ob Sie glauben, daß Sie etwas können, oder ob Sie glauben, daß Sie etwas nicht können, Sie haben auf jeden Fall recht.“ Das trifft auch für Sie zu. Sie können ein großer Leader werden, wenn Sie daran glauben und hart daran arbeiten.

ÜBUNGEN

1. Wie vermitteln Sie Ihren Leuten Stolz auf sich selbst?

2. Betrachten Sie sich als „kostbare Ressource". Wo vergeuden Sie Ihre Kraft? Wie ist Ihr Plan, um dieses Problem zu lösen?

3. Wo müssen Sie mehr Flexibilität zeigen?

4. „Aufklärung". Welche Fakten müssen Sie sich beschaffen? Welche Informationen, die Sie brauchen, haben Sie noch nicht? Welche Fähigkeiten, die Sie brauchen, haben Sie noch nicht?

24 Der Durchbruch zur Spitze

Überblick

Warum sind manche Menschen erfolgreicher als andere? Warum wachsen manche Leute, werden befördert, kommen rasch voran und finden mehr Befriedigung in ihrem Leben und in ihrer Arbeit?

Nach vielen Jahren der Forschung und des Studiums haben wir endlich die Antworten auf diese Fragen. Der Ausgangspunkt liegt in unserem eigenen Denken, unseren Erwartungen an uns selbst. Erfolgreiche Menschen haben das Zeug zur Größe in sich. Mit Verlangen und Anstrengung können Sie die „Winning Edges“ entwickeln, die kleinen Unterschiede in der Kompetenz, die sich in enorme Unterschiede bei den Resultaten umsetzen.

Ziele

Bis zum Ende dieses Kapitels werden Sie folgendes lernen:

- Die vier geistigen Gesetze.
- Sieben Wege, Ihr Denken zu kontrollieren.
- Wie Sie lebenslang ein Lernender bleiben.

Zum Schluß möchte ich Ihnen noch ein paar Ideen mitgeben, die Ihnen helfen werden, an die Spitze zu kommen. Jeder Job, auch Ihr jetziger, birgt unbegrenzte Möglichkeiten. Begrenzt sind Sie nur von Ihrer eigenen Vorstellungskraft. Vor allem haben Sie jetzt drei Möglichkeiten in der Hand: Erstens, Ihr Ziel der finanziellen Unabhängigkeit zu erreichen. Eines unserer wichtigsten Ziele ist, unser Berufsleben finanziell unabhängig zu beenden, und das können Sie, wenn Sie das ausnutzen, was Sie haben. Die zweite Möglichkeit ist, Ihr Potential auszuschöpfen. Sie können mehr sein, tun und haben als je zuvor. Sie können sich selbst zu Ihrem größten Vorteil nutzen. Und der dritte Schlüssel ist, Sie können Ihren Job als Trittbrett benutzen, um alles zu werden, wozu Sie fähig sind. Sich selbst verwirklichende, überlegene Männer und Frauen sind Menschen, die sich in einem ständigen Prozeß befinden, alles zu werden, wozu sie fähig sind. Aber Ihre Möglichkeiten werden durch Ihr Denken bestimmt und begrenzt.

Wir sagten von Anfang an, daß Bedachtsamkeit die Schlüsselqualität im Verkaufsmanagement ist. Sie ist auch die Schlüsselqualität für den Erfolg und die Zufriedenheit im Leben. Es kommt darauf an, wie Sie Ihr Denken nutzen, denn Denken hat eine große Macht. Ich befasse mich mit diesem Thema seit 30 Jahren, und ich stehe ehrfürchtig vor der Macht des Denkens. Ich habe Dutzende von Prinzipien entdeckt, die bis 3000 v. Chr. zurückreichen. Lassen Sie mich Ihnen nur vier Prinzipien vorstellen, die sich hervorragend da anwenden lassen, wo Sie jetzt stehen und wohin Sie wollen.

Das erste ist das Prinzip des Glaubens. Es besagt ganz einfach, daß alles, woran Sie leidenschaftlich glauben, für Sie Wirklichkeit wird. Sie glauben nicht, was Sie sehen, sondern Sie sehen, was Sie glauben. Ihr Glaube ist wie ein Vorhang, der die Wirklichkeit filtert und Sie Dinge durch das hindurch sehen läßt, was Sie bereits glauben. Und der Punkt ist: Die meisten Leute haben einen selbstbegrenzenden Glauben. Sie glauben, sie können dieses nicht und jenes nicht, sie können nicht soviel verdienen und jenes nicht erreichen. Sie stehen mit dem Fuß auf der Bremse ihres eigenen Potentials. Und diese Selbstbegrenzung müssen Sie überwinden. Also programmieren Sie diesen Glauben in Ihr Unterbewußtsein: Sie sind fähig, in Ihrem Leben etwas Wunderbares zu erreichen. Wenn Sie fest glauben, daß Sie für den großen Erfolg bestimmt sind und nichts Sie aufhalten kann, wenn Sie das tief im Innern glauben, dann wird es für Sie wahr werden. Ihr Glaube wird Wirklichkeit für Sie.

Das zweite Prinzip ist das Prinzip der Erwartungen. Das Gesetz der Erwartungen ist hundertfach von Psychologen und Forschern getestet worden, und es besagt, daß Ihre Erwartungen selbsterfüllende Prophezeiungen sind. Sie bekommen nicht, was Sie wollen, sondern was Sie erwarten. Wenn Sie wirklich zuversichtlich erwarten, daß etwas mit Ihnen passieren wird, und die Betonung liegt auf zuversichtlich, dann wird es auch passieren. Und wenn Sie für Ihr Leben, Ihre Arbeit, Ihre Mitarbeiter, Ihre Familie, Ihren Ehepartner und Ihre Freunde gute Dinge erwarten, dann wird das zu einer selbsterfüllenden Prophezeihung, denn Sie werden nicht nur diesen Erwartungen entsprechend handeln, sondern auch andere Menschen mit der Qualität Ihrer Erwartungen beeinflussen. Alle wirklich erfolgreichen Menschen haben eine positive Erwartungshaltung. Sie erwarten einfach, daß sie Erfolg haben werden und daß gute Dinge geschehen werden. Und wissen Sie was? Sie werden nur selten enttäuscht.

Das dritte Prinzip ist das Prinzip der Anziehung. Über das Prinzip der Anziehung wird schon seit Tausenden von Jahren geschrieben. Es besagt, daß Sie als Person ein lebendiger Magnet sind, der ständig Schwingungen aussendet. Ihr Denken sendet Schwingungen aus, durch die Sie Menschen und Umstände anziehen, die mit Ihren vorherrschenden Gedanken harmonieren. Alles, was Sie in Ihrem Leben umgibt, haben Sie durch Ihre Persönlichkeit angezogen. Wenn Sie Ihr Leben verändern wollen, müssen Sie Ihre Persönlichkeit ändern. Sie müssen die Gedankenwellen ändern, die Sie in die Wirklichkeit hinaussenden. Wenn Sie nicht zufrieden sind mit den Menschen um Sie herum, Ihrer Gesundheit oder Ihrem Einkommen, dann ändern Sie es, indem Sie Ihr Denken ändern. Und dann werden Sie anfangen, neue Menschen, neue Umstände, neue Möglichkeiten in Ihr Leben zu ziehen.

Und das vierte Prinzip ist das Prinzip der Korrespondenz, eine Art Grundlagengesetz. In der ganzen Geschichte ist darüber geschrieben und geredet worden, und es besagt folgendes: Ihre Außenwelt ist eine Spiegelung Ihrer Innenwelt. In Ihrer Außenwelt spiegelt sich, was in Ihnen vorgeht – was Sie denken, wünschen und wovon Sie träumen. Wenn Sie ändern wollen, was draußen vorgeht, müssen Sie ändern, was drinnen geschieht. Wohin immer Sie gehen, da sind Sie. Jeder Teil Ihres Lebens ist eine Spiegelung Ihrer vorherrschenden Gedanken. Der Schlüssel zur Veränderung in Ihrem Leben ist also: Ändern Sie Ihr Denken, und Sie ändern Ihre Wirklichkeit. Ändern Sie Ihr Denken, und Sie ändern

Ihr Leben. Alles hat seine Ursache in Ihrem Denken, und Ihr ganzer Erfolg hängt von der Qualität Ihrer Gedanken ab.

Vor vielen Jahren sagte Ralph Waldo Emerson, daß ein Mensch zu dem wird, woran er die meiste Zeit denkt. Sie werden zu dem, woran Sie immer denken. Ich nenne Ihnen sieben Wege, Ihr Denken zu steuern, damit es mit dem übereinstimmt, was Sie äußerlich erreichen wollen. Sie sind alle miteinander verwoben.

1. *Die positive Beteuerung.* Viele merken es nicht, aber wie schon gesagt, die Art, wie Sie mit sich selbst reden, bestimmt Ihre Gefühle. Wenn Sie positiv mit sich selbst reden, wenn Sie sich die Welt positiv interpretieren, dann fühlen Sie sich positiv und zufrieden. Also sagen Sie sich Dinge wie, „ich mag mich", „ich fühle mich großartig", „ich bin der Beste", „ich schaffe es", oder „ja, ich kann". Reden Sie positiv mit sich, was auch immer schiefgeht. Wenn etwas falschläuft, sagen Sie etwas Richtiges. Zeigen Sie Ihre Selbstbeherrschung, indem Sie sich das sagen, was Sie wollen, nicht das, was Sie fühlen. Affirmation ist der Anfang.

2. *Positive Bilder.* Visualisieren Sie sich selbst so, wie Sie sein möchten. Ihr Unterbewußtsein wird stark durch die Bilder beeinflußt, die Sie in Ihrem Kopf sehen. Wenn Sie positive Bilder von sich selbst haben, wie Sie in Übereinstimmung mit Ihren Idealen reden und handeln, dann wird Ihr Unterbewußtsein das akzeptieren. Und Ihr Unterbewußtsein steuert Ihre Körpersprache. Es steuert Ihren Tonfall, Ihr Handeln, Ihr Verhalten, Ihre Gefühle und Gedanken und alles andere. Und bedenken Sie, was Sie zu sich selbst sagen, löst Bilder aus. Und was Sie sich bildlich vorstellen, löst die Worte aus, die Sie zu sich selbst und zu anderen sagen.

3. *Positive geistige Nahrung.* Das heißt, achten Sie darauf, was Sie lesen, was Sie sich im Fernsehen anschauen und was Sie sich im Radio oder auf Kassetten anhören. Die Nahrung, mit der Sie Ihre Gedanken füttern, hat eine ungemein starke Wirkung auf Ihr Denken und Fühlen, auf Ihr Reden und Handeln und auf das, was mit Ihnen passiert.

4. *Positive Menschen.* Umgeben Sie sich mit positiven Menschen. Halten Sie sich von negativen Menschen fern. Sie können nicht mit den Adlern fliegen, solange Sie noch mit den Hühnern scharren. Warum sollen wir keinen Ringkampf mit einem Schwein machen?

Weil Sie beide dabei schmutzig werden, aber dem Schwein gefällt's. Ihre menschliche Umgebung hat eine enorme Wirkung auf Ihre Gefühle. Umgeben Sie sich mit positiven Menschen, mit Gewinnern, und seien Sie selbst ein positiver Mensch, so daß Sie ein positives Magnetfeld um sich haben, das andere positive Menschen anzieht.

5. *Positive Lebensgewohnheiten.* Das bezieht sich auf das, was wir bereits über Energie, Vitalität und Gesundheit gesagt haben. Halten Sie ein vernünftiges Gewicht. Ernähren Sie sich richtig, treiben Sie Sport, schlafen Sie ausreichend. Und natürlich gehört dazu auch positives Denken. Positive Lebensgewohnheiten und wie Sie sich fühlen, wirken sich aus auf das, was Sie sagen, auf Ihre inneren Bilder, auf das, was Sie lesen und womit Sie Ihre Gedanken füttern.
6. *Positives Training und Entwicklung.* Auch das ist ein Weg, um Ihr Denken mit Dingen zu füttern, die mit der Person, die Sie sein wollen, und den Dingen, die Sie erreichen wollen, übereinstimmt. Positives Training und Entwicklung ist das, was Sie im Augenblick machen, Fort- und Weiterbildung, Workshops, immer mehr lernen. Denn je mehr Sie lernen, je mehr Selbstvertrauen Sie in den wichtigsten Dingen haben, die Sie tun, desto positiver, optimistischer und fröhlicher sind Sie, desto mehr sehen Sie Möglichkeiten, wo andere nur Probleme sehen.
7. *Positives Handeln.* Letzten Endes müssen Sie sich in Bewegung setzen. Sie müssen loslegen und durchstarten, das ist der Schlüssel. Alle erfolgreichen Leute sind ständig aktiv. Je positiver Sie handeln, desto mehr Energie haben Sie. Und all das hängt miteinander zusammen. Leben Sie jeden Tag von morgens bis abends positiv. Hören Sie nie auf entmutigende Worte. Reden Sie immer positiv, visualisieren Sie Ihre positiven Bilder, lesen Sie positives Material, umgeben Sie sich mit positiven Leuten, pflegen Sie positive Lebensgewohnheiten, und handeln Sie positiv. Machen Sie sich klar, daß Sie ein Bündel von Ressourcen sind.

Um an die Spitze zu kommen, müssen Sie erkennen, daß Sie auf die Welt gekommen sind, um etwas Wunderbares aus Ihrem Leben zu machen, daß Sie ein besonderes Bündel von Ressourcen sind, das es Sie in der Welt nicht noch einmal gibt. Hier sind einige der Fragen, die Sie sich immer stellen müssen.

- *Was sind Ihre einzigartigen Talente und Fähigkeiten?* Was fällt Ihnen leicht, das anderen Leuten schwerfällt?
- *Was ist zur Zeit Ihr starkes Gebiet?* Worin sind Sie besonders gut? Und wenn Sie im Moment objektiv nicht in irgendetwas sehr gut sind, fragen Sie sich, worin könnten Sie sehr gut sein? Das ist eine der wichtigsten Fragen für die zukünftige Richtung Ihres Wachstums und Ihrer Entwicklung. Worin sollten Sie sehr gut sein, um auf Ihrem Gebiet an die Spitze zu kommen, um finanzielle Unabhängigkeit und Respekt und Achtung und Beförderungen zu erreichen? Welche Schritte können Sie von heute an tun, um dorthin zu kommen? Denken Sie daran: Was andere geleistet haben, das können Sie auch leisten.
- *Betrachten Sie sich als Selbständigen.* Sehen Sie sich als Chef Ihrer eigenen Firma. Tun Sie so, als ob Ihnen der Laden gehörte. Die erfolgreichsten Leute sehen sich alle als Selbständige. Selbst wenn Sie Ihr ganzes Leben lang für jemand anderes arbeiten, behandeln Sie die Firma so, als ob sie Ihnen gehörte. Und denken Sie daran: Alle beobachten Sie. Und wenn Sie die Firma so behandeln, als ob sie Ihnen gehörte, dann werden auch die anderen die Firma als etwas ganz Besonderes behandeln.
- *Was sind Ihre Kernkompetenzen?* Was können Sie besonders gut? Damit meine ich nicht Ihre Talente und Fähigkeiten. Ihre Talente und Fähigkeiten sind angeboren, aber Ihre Kernkompetenzen sind die Techniken, die Sie sich durch Lernen, Ausbildung, Übung, Disziplin und so weiter angeeignet haben. Sie sind vermutlich die Gründe, warum Sie auf der Gehaltsliste stehen.
- *Was tun Sie am liebsten?* Was verschafft Ihnen die größten Erfolgserlebnisse? Was verschafft Ihnen die Momente des Tages und der Woche, die Sie am meisten genießen? Denn diese Antwort ist der Schlüssel dazu, immer mehr davon zu tun und alles zu erreichen, was Sie im Leben erreichen wollen.
- *Was ist Ihr „Limiting Step“?* Was hält Sie in diesem Moment davon ab, Ihr Ziel zu erreichen? Was bestimmt die Geschwindigkeit, mit der Sie Ihr Ziel erreichen? Was in Ihnen oder außerhalb von Ihnen bestimmt die Geschwindigkeit, mit der Sie von A nach B gelangen?
- *Worin müssen Sie wirklich gut sein, um all Ihre Ziele zu erreichen?* Sie werden übrigens feststellen, daß das meist nur eine oder zwei Fähigkeiten sind. Erinnern Sie sich an die Federal Express-Werbung,

wo es heißt, „Wenn es absolut, definitiv morgen früh da sein muß“. Also, worin müssen Sie absolut, definitiv gut sein, um alle Türen zu öffnen, um all Ihre Ziele zu erreichen und natürlich um zufrieden und glücklich zu sein?

Damit sind wir bei den letzten sieben Punkten, die entscheidend sind, um in unserer Informationsgesellschaft an die Spitze zu kommen. Der Schlüssel ist: Leben heißt Bewegung, leben heißt Lernen. Lebenslanges Lernen öffnet die Türen zu allen Möglichkeiten.

1. *Um mehr zu verdienen, müssen Sie mehr lernen.* Sie können nicht mehr verdienen als bisher, wenn Sie nicht etwas Neues lernen und einüben, wie das, was Sie in diesem Buch gelernt haben.

2. *Investieren Sie drei Prozent Ihres Einkommens in sich selbst.* Die gewinnträchtigsten Unternehmen investieren mindestens drei Prozent ihrer Bruttoumsätze in die Schulung und Entwicklung ihrer Mitarbeiter. Und da Sie der Chef Ihres eigenen Unternehmens sind, müssen Sie ständig in sich selbst investieren. Einer der größten Fehler, die Menschen in der Berufswelt heute machen, ist, zu denken, daß ihre Fortbildung Aufgabe ihrer Firma sei. Aber das stimmt nicht. Sie sind absolut selbstverantwortlich. Ihre Fortbildung ist Ihre Sache. Nehmen Sie alles mit, was Ihre Firma an Fortbildung zu bieten hat, aber investieren Sie in Bücher, Kassetten, Kurse, lernen Sie, wachsen Sie, arbeiten Sie fanatisch an Ihrer Weiterentwicklung.

3. *Lesen Sie eine Stunde pro Tag über Ihr Fachgebiet.* Eine Stunde pro Tag macht Sie zu einem Experten, zu einer Autorität. Es bringt Sie an die Spitze Ihres Berufs. Eine Stunde pro Tag ergibt ungefähr ein Buch pro Woche. Das sind 50 Bücher im Jahr und 500 Bücher in zehn Jahren. Die amerikanische Buchhändlervereinigung hat kürzlich ausgerechnet, daß 80 Prozent der amerikanischen Haushalte im letzten Jahr kein einziges Buch gekauft oder gelesen haben. Der durchschnittliche erwachsene Amerikaner liest weniger als ein Buch pro Jahr. Die Hälfte aller erwachsenen Amerikaner liest nie wieder ein Buch, nachdem sie die High School verlassen haben. Wenn Sie eine Stunde pro Tag lesen, werden Sie mit einer Geschwindigkeit, die Sie verblüffen wird, an die Spitze Ihres Fachgebiets kommen.

4. *Hören Sie beim Autofahren Kassetten.* Im Durchschnitt verbringen wir 500 bis 1 000 Stunden pro Jahr im Auto. Und wenn Sie Fahrzeiten in Lernzeiten verwandeln, wenn Sie Ihr Auto in eine

Universität auf Rädern verwandeln, können Sie zu einem der gebildetsten und fähigsten Manager im ganzen Land werden.

5. *Besuchen Sie alle drei Monate ein Seminar.* Seminare sind eine der wertvollsten Lernmöglichkeiten. Ich arbeite seit 20 Jahren in der Erwachsenenbildung, und ich kann Ihnen eines sagen: Sie können Hunderte, ja Tausende sparen, indem Sie auf ein Seminar gehen, denn der Referent hat vielleicht fünf, zehn, 15 oder 20 Jahre damit verbracht, Dutzende von Büchern zu lesen, hat zu Tausenden von Menschen gesprochen und so lange verfeinert, daß Sie in einem solchen Seminar die erste Sahne der Information bekommen, und zwar innerhalb weniger Stunden für ein paar Mark. Gehen Sie auf soviele Seminare wie möglich, aber mindestens einmal in drei Monaten.

6. *Investieren Sie Zeit und Geld, um besser zu werden.* Sie erinnern sich, daß wir über Hebelwirkung sprachen. Der Schlüssel zur Hebelwirkung ist, daß Sie in Ihren wichtigsten Aufgaben immer besser werden. Wenn Sie Zeit und Geld investieren, um besser zu werden, wird der Ertrag unglaublich sein. Der Ertrag kann bis zu 30 Mark für jede investierte Mark betragen. Und es erspart Ihnen zahllose Stunden, Wochen, Monate, sogar Jahre, um sehr gut auf Ihrem Gebiet zu werden, und das bringt uns zum letzten Punkt, der hinter allem steht, worüber wir gesprochen haben.

Er ist die Basis dieses Buches. Er lautet: Seien Sie der Beste. Werden Sie gut, werden Sie besser, werden Sie der Beste. Verpflichten Sie sich zur Exzellenz, seien Sie nicht nur gut, sondern exzellent. Egal, woher Sie kommen. Egal, was Sie bisher erreicht haben. Egal, wer Ihnen voraus ist oder wie Ihre Situation ist. Teddy Roosevelt sagte: „Tu, was du kannst, mit dem, was du hast, da, wo du bist."

ÜBUNGEN

1. Was sind Ihre selbstbegrenzenden Überzeugungen? Wie werden Sie sie verändern?

2. Nennen Sie ein Beispiel, wie Ihre Erwartungen Wirklichkeit wurden.

3. Gibt es negative Leute in Ihrem Leben? Wie werden Sie sich von ihnen lösen?

4. Was sind Ihre einzigartigen Talente? Listen Sie mindestens drei auf.

____

____

____

____

____

5. Was sind Ihre „Limiting Steps“? Wie werden Sie sie überwinden?

____

____

____

____

____

6. Worin müssen Sie unbedingt sehr gut sein?

____

____

____

____

____

Zum Schluß

Lassen Sie uns zum Schluß noch einmal etwas wiederholen. Selbstdisziplin ist die wichtigste Charaktereigenschaft für den Erfolg. Alles, worüber wir in diesem Buch gesprochen haben, wird nicht funktionieren, wenn Sie nicht daran arbeiten, und dazu müssen Sie sich disziplinieren, Ihre Willenskraft gebrauchen, um zu tun, was Sie tun müssen. Vielleicht die beste Definition für Selbstdisziplin: Selbstdisziplin ist die Fähigkeit, sich dazu zu bringen, zu tun, was man tun sollte, dann, wann man es tun sollte, ob einem danach ist oder nicht. Und wenn Sie das tun, wird Ihr Erfolg nicht mehr aufzuhalten sein. Es liegt an Ihnen.

Wir danken Ihnen, daß Sie Ihre wertvolle Zeit in dieses Buch investiert haben, in dieses Bestreben, besser und klüger und fähiger zu werden. Wir bewundern Sie als Menschen, die etwas bewegen und hoffen, daß Ihnen diese Anregungen eine Hilfe waren, der Kraftstoff, den Sie brauchen, um vorwärts auf Ihre Ziele zuzugehen. Wir wünschen Ihnen von ganzem Herzen Glück und Erfolg und hoffen, Sie werden einer der besten Verkaufsmanager Ihrer Generation.

Ihr Brian Tracy
Präsident
Brian Tracy International

Ihr Frank M. Scheelen
Direktor
Tracy College AG (Europe)

SHERLOCK BONES

L'ENIGMA DEI GIOIELLI DELLA CORONA

Testi di Tim Collins
Illustrazioni di John Bigwood

EDICART

Con alcune illustrazioni di
Stracioni e Alan Brown

Benvenuto!

Sherlock Bones e la dottoressa Jane Catson sono famosi in tutto il mondo per le loro doti investigative. Catson annota ogni singolo caso, regalandoci un resoconto tutto da leggere delle loro avventure.

Sherlock Bones

Sherlock Bones è il più grande detective di tutti i tempi. Non si tira mai indietro di fronte a un enigma e risolve sempre i casi.

Jane Catson

La dottoressa Jane Catson è immancabilmente al fianco di Sherlock Bones nella lotta al crimine.
È sempre pronta a balzare in azione davanti a un subdolo criminale.

E tu sei pronto ad aiutarli a risolvere il loro caso più difficile? Nel corso della storia troverai tanti enigmi in cui mettere alla prova le tue abilità di detective. Se rimani impantanato, niente paura: trovi tutte le soluzioni alla fine del libro, a partire da pagina 169. Oppure, se preferisci, puoi semplicemente leggere la storia e goderti l'avventura, e a risolvere gli enigmi ci penserai dopo. Buona fortuna!

Capitolo Uno

«Mi serve un caso che mi metta alla prova» disse Sherlock Bones. «Un enigma su cui scervellarmi per bene.»

Il mio amico se ne stava afflosciato sulla poltrona con la testa appoggiata alle zampe, circondato da giocattoli di gomma masticati e vecchie confezioni di biscotti per cani. Quando è alle prese con un crimine da risolvere, Bones è inarrestabile. Sfreccia da una parte all'altra con il tartufo nero fremente, a caccia di indizi senza posa. Ma quando le sue doti non sono richieste, se ne sta seduto per giorni, mogio mogio, e a malapena si muove.

«Qualcosa arriverà, ne sono certa» dissi.

Cercavo di infondergli un po' di ottimismo, ma dovevo ammettere che ultimamente regnava una calma piatta. Tutti sanno che, in caso di questioni spinose, ci si rivolge all'agenzia investigativa di Sherlock Bones e della dottoressa Catson. Ma era quasi una settimana che non ricevevamo visite. Scorsi la cronaca nera sulla *Gazzetta del Mastino*. Sulle prime pagine c'erano fotografie di reali cagnetti e volpi del mondo delle celebrità, ma più avanti trovai qualcosa di interessante.

Riesci a capire quale notizia ha attirato l'attenzione di Catson? Riordinandole, le lettere del rompicapo qui sotto formeranno una parola che fungerà da indizio.

La Gazzetta del Mastino | Venerdì 17 settembre

ANGOLO ENIGMISTICO

ROMPICAPI PER L'ORA DEL TÈ

TROVA LA PAROLA

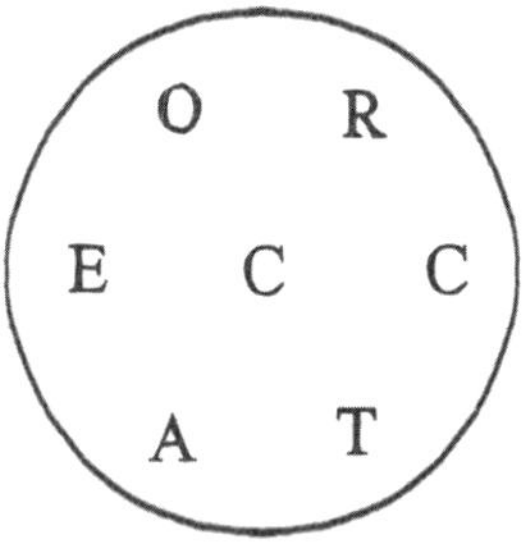

NOTIZIE DA PALAZZO

Da Ashley Sloper, il nostro corrispondente sui reali

Gira voce a palazzo che un certo cucciolo abbia fatto il monello. Proprio così: il piccolo principe Rex, il nipote della Regina, è stato sorpreso con una calzatura molto preziosa tra i denti.

Le reali pantofole, tramandate di generazione in generazione dai tempi di re Charles lo Spaniel, erano state riposte ai piedi del letto di Sua Maestà dal fedele maggiordomo Jenkins. Ieri pomeriggio, il principe Rex è scappato con la pantofola sinistra e ha iniziato a rosicchiarla.

Pare che il danno alla malcapitata babbuccia sia ormai irreparabile, e i nostri informatori confermano che il principino è stato spedito a cuccia senza cena.

RUBATO CIMELIO DAL VALORE INESTIMABILE

Un residente di Canington Heights ha subito il furto di un cimelio di famiglia. Butch Rover, falegname specializzato in cucce per cani di taglia grande, ha riferito che mercoledì sera gli è stato portato via il suo orologio da taschino.

Butch Rover, falegname e vittima del furto

L'orologio da taschino rubato, cimelio di famiglia

Appartiene alla mia famiglia da generazioni ha detto il cane. Ora che non c è più, mi sento perso.

Alla domanda se avesse visto il ladro, Butch è scoppiato in lacrime e non ha più voluto parlare. Una volta terminati i singhiozzi, il cane ha dichiarato che è stata un'esperienza talmente terrificante da non volerci più ripensare.

Nelle scorse settimane, la zona di Canington Heights, solitamente tranquilla, ha registrato un'ondata di criminalità. È stata denunciata la sparizione di una fede nuziale, di due spille d'argento e di una medaglietta d'oro.

Abbiamo la situazione sotto controllo» è stato il commento dell'ispettore Bloodhound. Potete stare tranquilli, abbiamo affidato i casi ai nostri migliori agenti junior.»

Reportage di Ginger Bauson

METEO

Venerdì	Sabato	Domenica
Molto nuvoloso	Sereno	Pioggia/ Possibili temporali
Max 21° Min 12°	Max 28° Min 21°	Max 4° Min -2°

Sarà una limpida mattinata di sole; si prevedono quindi disagi sui ponti dovuti alle lontre in coda per tuffarsi nel fiume.

Nel pomeriggio il clima si farà più fresco e in serata calerà la nebbia, perciò si raccomanda particolare attenzione a chi si arrischierà a uscire.

La giornata di domani porterà ancora più caldo, perciò si consiglia di tenere le finestre aperte durante la notte.

MISTERO AL PORTO DI LONDRA

Un considerevole quantitativo di carote è scomparso dal porto. Il carico si trovava su una nave cargo svedese in attesa dei controlli da parte degli agenti.

Non è che l'ultimo di una lunga serie di furti di carote avvenuti in città nelle scorse settimane. Che siano legati alla "Tassa sulle carote", il sovrapprezzo introdotto l'anno scorso dal governo? Secondo il ministro Rocky Walker, non è così.

"Dubito che la nuova tassa c'entri qualcosa» ha riferito Walker. I conigli capiranno che sono tenuti a contribuire come tutti. Io pago le tasse sui giocattoli che suonano e sui collari; non vedo perché loro non debbano pagarne sulle carote. E ora, se volete scusarmi, devo riportare un bastone.» L'imposta, tuttavia, continua a riscuotere malumori tra i conigli. Dal nostro sondaggio di settimana scorsa è emerso che un buon 50% degli intervistati prenderebbe in considerazione l'acquisto di carote illegali per aggirarla.

COLLEZIONE DA RECORD PER UNA TALPA DEL POSTO

È ufficiale: il signor A. F. Gibson possiede la collezione di souvenir reali più grande del mondo. Gli ispettori dell'Associazione dei Record Mondiali hanno visitato il suo negozio a Kitten Mews, attestando che ha l'assortimento di gadget più grande che abbiano mai visto.

"Ho sempre avuto il sospetto che la mia fosse la migliore raccolta di souvenir reali» ha detto Gibson. E averne souvenir reali» ha detto Gibson. E averne la conferma è semplicemente meraviglioso.»

Per festeggiare il record, oggi il signor Gibson sconterà i portarotoli di carta igienica reali del 20% a chiunque si presenti nel suo negozio con una copia di questo articolo.

"Anzi, sapete che vi dico?» ha aggiunto. Con l'acquisto di tre asciugamani per cani in una volta sola, ve li sconterò del 25%.»

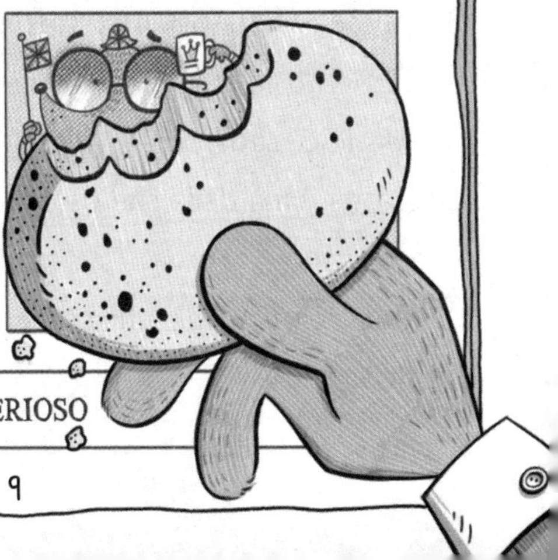

AVVISTATO RATTO MISTERIOSO

«Guarda qua» dissi, alzando il quotidiano. «Un carico di carote svedesi è scomparso dal porto. Magari potremmo indagare su questo.»

Bones lanciò un'occhiata alla notizia e fece spallucce. «Le avrà rubate una banda di conigli combinaguai mentre i guardiani dormivano. Tanto, se salterà fuori che si tratta di un caso importante, la polizia si rivolgerà sicuramente a noi.»

Continuai a leggere, alla disperata ricerca di un mistero più intrigante. Mi fermai alla fotografia di un grosso Dobermann.

«Guarda qui» dissi. «A questo cane di Canington Heights hanno rubato un orologio da taschino. A quanto pare, era un cimelio di famiglia.»

Bones afferrò il giornale e scorse l'articolo. «Quel povero meticcio l'avrà calciato per sbaglio sotto la sua cesta» disse. «Io voglio un crimine degno di finire in prima pagina, non a pagina otto.»

Bones mi rilanciò il giornale e si mise a zampe conserte. Io proseguii a sfogliarlo: speravo ancora di trovare qualcosa che lo entusiasmasse.

Alzai lo sguardo e vidi Bones sporgersi in avanti sulla poltrona. Una delle sue cadenti orecchie nere si era drizzata.

«Lo senti?» mi chiese. «Pare un'ottima notizia.»

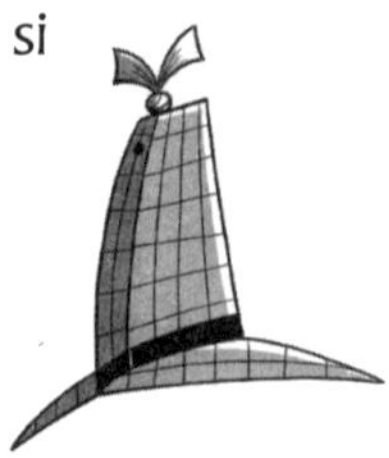

Mi misi in ascolto.

All'inizio non udii altro che i soliti rumori, come lo sferragliare delle automobili e la famiglia di ermellini dall'altra parte della strada che litigava. Poi, però, udii un tonfo di zampe che si avvicinavano e un ansimare che si trasformava in un ringhio basso.

«Arriva qualcuno» dissi. «Ma come fai a sapere che è una buona notizia?»

«Mia cara Catson» fece Bones. «È molto semplice. Dalla pesantezza dei passi possiamo dedurre che sta arrivando un cane di taglia grande. Dal respiro ansimante, sappiamo che il cane ha il fiatone. Eppure non sta correndo. Perciò, è partito a gran velocità, ma a un certo punto del tragitto ha dovuto desistere e mettersi a camminare, perché aveva coperto una distanza notevole. E che cosa possiamo capire dai ringhi tra un ansito e l'altro? Che per lui già venire qui è una seccatura. Magari perché non voleva proprio passare a trovarci, ma ora si sente in dovere di farlo.»

Il tonfo delle zampe si arrestò fuori dalla porta, e io udii l'animale riprendere fiato.

«Ma certo!» esclamai. «È l'ispettore Bloodhound, è venuto qui per chiederci aiuto. Sembra tutto così semplice, una volta che lo spieghi.»

Dalla porta riuscivo a intravedere la sagoma del cagnone.

Riesci a capire dalla fotografia quale silhouette è quella dell'ispettore Bloodhound? Si assomigliano tutte, ma solo una corrisponde fino al minimo dettaglio all'Ispettore.

L'Ispettore fece irruzione in casa. Le guance cascanti gli fremevano e le spalle erano ricurve.

«È successa una cosa terribile» disse, ansimando ancora. «Ci serve il vostro aiuto.»

«Eccellente» disse Bones, sfregandosi le zampe. «Sembra fare proprio al caso mio, ci speravo!»

L'Ispettore ringhiò. «Non c'è niente da festeggiare» latrò. «La questione non potrebbe essere più grave di così. Riguarda nientemeno che la Regina!»

Trasalii. In vita nostra ci era capitato di imbatterci in criminali terribili, ma mai in qualcuno che osasse commettere un reato ai danni di Sua Maestà.

«Si tratta dei gioielli della corona» disse l'Ispettore a voce bassa. «Ieri sera, prima di coricarsi, la Regina li ha riposti sul loro cuscino di velluto. Questa mattina, quando si è svegliata, non c'erano più.»

Avevo visto la Regina con indosso i gioielli un anno prima, durante un corteo fuori da palazzo. Erano una corona d'oro tempestata di rubini e smeraldi, un anello di zaffiro e una collana d'argento, a tre fili pendenti, di diamanti dal valore inestimabile.

Erano i gioielli più preziosi del paese. Chiunque li avesse rubati era per forza un pericoloso criminale.

Bones balzò in piedi e iniziò a fare su e giù, con le mani

strette dietro la schiena. Scodinzolava.

«C'erano segni di effrazione a palazzo?» domandò. «Per esempio, una serratura forzata o una finestra in frantumi?»

«No» disse l'Ispettore. «Era come se non fosse passato nessuno.»

Provai a immaginarmi la Regina allo scoprire che i suoi gioielli erano scomparsi. Era un carlino dalla bocca cadente, e nel migliore dei casi aveva un'aria imbronciata. Sarà sembrata più cupa di una nube temporalesca rendendosi conto che tutto quanto, corona, anello e collana, era svanito.

«E i cani di guardia?» chiese Bones. «Hanno sentito qualcosa?»

«Nulla» disse l'ispettore Bloodhound. «E sono stati di vedetta attorno al palazzo per tutta la notte.»

Bones fermò il passo, e la coda rimase immobile. «Quando ha saputo tutto questo?»

L'Ispettore abbassò gli occhi a terra, evitando lo sguardo di Bones. «Alle sette di stamattina» disse.

Bones lo guardò come se gli avesse appena sgraffignato dalla ciotola un'intera fila di salsicce.

«Sono passate quattro ore!» latrò.

«Lo so, adesso mi dirà che avrei dovuto presentarmi prima» disse l'Ispettore, alzando le zampe. «E forse ha ragione. Ma prima volevo dare una possibilità agli agenti junior.»

«E, mi faccia indovinare,» disse Bones «hanno passato tutto il tempo ad abbaiarsi addosso e a rincorrere scoiattoli.»

«Non tutto, solo una parte» precisò l'Ispettore. «In realtà, hanno trovato la bellezza di tre indizi. Ci serve soltanto un aiutino per capire che cosa significhino.»

L'Ispettore gonfiò il petto e si diede una pacca all'uniforme.

«Primo, la talpa che gestisce il negozio di souvenir di Kitten Mews ha segnalato un rimbombo cupo» disse. «Secondo, gli agenti junior hanno rinvenuto strani segni su un albero nel parco di fronte a palazzo. E, terzo, hanno trovato una serie di impronte che si allontanano da una pozzanghera del cortile.

Bones sfrecciò per la stanza in cerca del cappello e della lente d'ingrandimento. «La prego, mi dica che quei cuccioli hanno lasciato intatte le impronte invece di calpestarle tutte.»

Riesci ad aiutare Bones a trovare il cappello e la lente d'ingrandimento in mezzo al disordine di casa sua?

«Ecco, potrebbero essersi lasciati prendere un po' troppo dall'entusiasmo» disse l'Ispettore. «Ma, dato che erano stati così bravi a trovare gli indizi, non ho avuto il cuore di fermarli.»

«Andiamo, Catson!» guaì Bones, precipitandosi fuori dalla porta. «Non c'è un minuto da perdere!»

Presi cappello, sciarpa e cappotto e gli corsi dietro. Per il detective migliore del mondo era giunto il momento di entrare in azione.

Capitolo Due

Le cupole grigie del Palazzo di Canington incombevano di fronte a noi mentre attraversavamo svelti il parco. Era l'edificio più imponente di tutta la città: contava cinque piani e più di cento cucce. Trenta tra cameriere e maggiordomi esaudivano con prontezza ogni singolo desiderio della Regina, e le guardie, feroci pastori tedeschi, pattugliavano la proprietà.

Avvicinandoci, scorgemmo i segugi junior che giravano per il cortile. Le orecchie e le guance flosce dei cani sbattevano mentre correvano in tondo.

Si chiamavano Benedict, Bartholomew, Benjamin, Bibi e Bessie. L'Ispettore li aveva assunti qualche mese prima ed era deciso a dar loro l'opportunità di condurre indagini reali, sebbene fossero troppo giovani per farlo.

Tutte quelle corse avevano ridotto l'erba a fango. Quegli sciocchi cuccioloni avevano trasformato in una poltiglia informe proprio la zona che eravamo venuti a esaminare.

«Li porti via da qui!» abbaiò. «Le ho già detto di non far avvicinare questi imbecilli iperattivi al luogo del reato!»

«Basta così, agenti!» gridò l'ispettore Bloodhound. «D'ora in avanti subentriamo noi.»

Estrasse dalla tasca una palla di gomma e la lanciò nel parco. Gli agenti junior si lanciarono all'inseguimento agitando la coda e con la lingua fuori.

Io e l'Ispettore facemmo un passo indietro, mentre Bones esaminava con la lente d'ingrandimento quel che restava della scena del crimine.

«Questa era una pozzanghera fangosa, prima che i suoi agenti decidessero di usare il prato come parco giochi» disse, indicando un punto accanto a sé. «Riesco a individuare una serie di orme che si allontanano. È possibile che il ladro le abbia lasciate mentre fuggiva da palazzo.»

Attraversò con attenzione il prato fino al marciapiede sul lato sud dell'edificio.

«La pista prosegue in questa direzione» disse. «Catson e io la seguiremo e torneremo a fare rapporto.»

«Appena trovate un altro indizio, fatemelo sapere» disse l'Ispettore. «Così porto gli agenti ad aiutarvi.»

Bones procedeva con gli occhi fissi a terra. Sul selciato c'erano altre serie di orme, e dovette osservarle da molto vicino per seguire quella giusta. Per poco non andò a sbattere contro un'anziana donnola, che fece un forte verso indignato.

Riesci ad aiutare Bones e Catson a trovare la serie di impronte che portano al fiume?

«Scusi tanto» dissi. «Perdoni il mio amico.»

Le impronte ci condussero giù al fiume.

Seguimmo la pista lungo la riva e sul grande ponte di ferro che collega il nord con il sud della città. Era gremito di porcospini in bicicletta, palle con criceti dentro ed enormi famiglie di conigli stipate nelle proprie automobili.

Bones si fece strada tra la folla con gli occhi sempre fissi a terra. Davanti a noi vedevo la ripida collina di Canington Heights. Era il quartiere più caro di tutta la città, dove su prati in pendenza si ergevano edifici giganteschi con portici immensi e grandi finestre.

Scansai un gruppo di lontre per tornare al passo con Bones.

«Il nostro criminale non può certo vivere a Canington Heights» dissi. «Di tutta la gente rispettabile che vi abita, nessuno deruberebbe mai la Regina.»

«Dentro quelle magioni immacolate si trova altrettanta malizia che nei vicoli più malfamati della città» replicò Bones. «Se non di più.»

Dall'altra parte del ponte, intorno a una bancarella di vermi era accalcata un'enorme folla di tassi, e Bones vi passò in mezzo travolgendoli, quasi facendoli cadere. Molti ci ringhiarono contro.

«Chiedo scusa» dissi. «È una faccenda importante!»

Le impronte ci condussero su per la ripida strada che girava intorno a Canington Heights, oltre un palazzo di tre piani davanti al quale si ergeva una statua di re Charles lo Spaniel. Nonostante le parole di Bones, mi riusciva difficile credere che chiunque vivesse qui potesse commettere un crimine del genere.

La velocità a cui Bones correva su per la collina non contribuiva a migliorarmi l'umore. Quelle settimane passate a far pisolini e a mangiare troppi biscotti si stavano facendo sentire. In pochi minuti ero stravolta e senza fiato, mentre il mio amico sembrava disporre di energie inesauribili.

Usa questi indizi per capire davanti a quale edificio si è fermata la pista:

- Non ha il ponte levatoio, bensì un portone.
- Ha più di cinque bandiere, ma meno di nove.
- Ha una bandiera rettangolare che sventola verso destra.

Stavo per proporre una pausa quando mi accorsi che si era già fermato. La pista era giunta al termine appena fuori da un enorme edificio rosa costruito come un castello, con tanto di bandiere che sventolavano dalle torrette.

Bones bussò sulla lustra porta di legno. Dall'interno giunse un fruscio, e una barboncina dal manto immacolato l'aprì. Sulla testa aveva il pelo lungo e riccio, su cui era posato con cura un diadema d'argento, e pompon tondi sulle zampe. Una sfera perfetta di pelo bianco si muoveva sulla punta della coda che si agitava.

Cercai di riprendere fiato per fare le presentazioni. Quando indagava su un caso, Bones aveva l'abitudine di intromettersi sgarbatamente in casa d'altri, e la cagnolina non sembrava il tipo da prenderla troppo bene.

Ma prima che potessi aprir bocca, quella si fece da parte e ci invitò a entrare.

«Sherlock Bones e la dottoressa Catson» disse. «Speravo proprio di incontrarvi. Presumo dunque che abbiate ricevuto il mio messaggio.»

Capitolo Tre

La barboncina ci guidò in un ampio salone dalle pareti bianche arredato con antichi mobili di legno.

Sulle pareti c'era qualche sbiadita locandina di vecchi spettacoli, come Romeo e Fufetta o Gatbeth. In alcuni si vedeva proprio la barboncina, che si rivelò essere un'attrice di nome Molly Woffington. Quel nome non mi suonava familiare. Se era stata famosa, doveva essere stato tanto tempo fa.

Un'enorme teca di vetro che occupava la parete in fondo alla sala conteneva decine di diademi, tutti lussuosi quanto quello che portava Molly. In certi erano incastonati opali e pietre di luna, mentre altri erano ornati con intricate rose realizzate con diamanti rosa e bianchi. L'intero espositore era pieno, con l'eccezione di uno spazio vuoto nell'angolo in alto a destra.

Trova i seguenti gruppi di diademi nella collezione di Molly:

A.

B.

C.

Nella sala c'erano due lunghi divani viola. Su uno di essi si sedette Molly, mentre io mi appoggiai appena all'estremità dell'altro, terrorizzata all'idea di riempire di peli di gatto un mobile così costoso.

«Temo ci sia un equivoco» spiegai. «Non abbiamo ricevuto messaggi da Lei.»

«Oh.» disse. «Stamattina ho consegnato un biglietto per voi all'ermellino della posta. Magari gli è caduto. Ricordo che avevo letto di come avete ritrovato il medaglione scomparso della Contessa di Munchester, e ho pensato che poteste essere proprio gli investigatori che fanno al caso mio.»

Bones si buttò giù a quattro zampe ed esaminò con la lente d'ingrandimento i piedi di Molly. Quest'ultima mi scoccò un'occhiata imbarazzata.

«In realtà, siamo qui per indagare su un caso molto grave» disse Bones, senza alzare lo sguardo. «Temo di doverle riferire che la corona della Regina è stata rubata.»

Molly si passò sulla fronte il dorso della zampa, e ululò. «Ma perché al mondo esistono creature tanto malvagie?» domandò. Con zampa tremante, indicò lo spazio vuoto nella sua teca. «Anche a me è stato rubato un oggetto molto importante. Ieri sera, mi è stato portato via il mio diadema di diamanti, il vanto della mia collezione!»

Molly seppellì il muso tra le zampe e cominciò a singhiozzare.

«Stia tranquilla» disse Bones. «Glielo riporteremo.»

«Ma come farete a trovare il tempo per ricercare questo scassinatore, se state dando la caccia al ladro della corona?» chiese.

Bones si alzò e si portò le zampe dietro la schiena. «Potrebbe essere più facile di quanto si immagina» disse. «Perché io sono convinto che possa trattarsi di una persona sola, la stessa.»

Molly sussultò.

Ripensai alle orme che avevamo seguito. Era possibile che lo scassinatore avesse rubato i gioielli della corona dal palazzo per poi decidere di continuare a darsi alla furia criminale a Canington Heights. Doveva essere un malvivente davvero mostruoso.

«È riuscita almeno a intravedere il delinquente?» domandò Bones.

«No...» disse Molly. «Quando è successo, io ero uscita per la mia passeggiata serale. Tornata a casa, ho trovato una serie di impronte fangose che andavano dalla porta alla teca.»

Bones si abbassò di nuovo al pavimento e lo esaminò con la sua lente.

«Le ho lavate via» disse Molly. «Capirete che non posso soffrire il disordine e la sporcizia.»

«Sicuramente è quello che avremmo fatto tutti» disse Bones.

Sicuramente noi no. Il nostro appartamento di Barker Street era un caos di giornali, spago, pupazzi a forma d'anatra e lettiera per gatti. Bones ritiene le pulizie uno spreco di tempo e intelligenza, e se lui non pulisce, mi rifiuto di farlo io.

Bones stava osservando la teca, le poltrone e le pareti con la lente d'ingrandimento, così toccava a me riempire quel silenzio imbarazzante.

«Stia tranquilla» dissi. «Le riporteremo il suo diadema in men che non si dica. Non ci è mai capitato di non riuscire a risolvere un caso.»

«Lo spero tanto» disse Molly. Raggiunse a grandi passi la porta d'ingresso e la aprì. «Siete stati gentilissimi.»

Uscii. Bones lo fece a quattro zampe, guardando ancora con la lente d'ingrandimento. Esaminò il vialetto in giardino e continuò a procedere così sul selciato.

«Grazie infinite» disse Molly, chiudendo la porta.

Bones svoltò a destra, e io lo seguii, lanciandomi un'occhiata intorno per controllare se qualcuno avesse notato quel suo strano comportamento. Non c'era anima viva, a parte l'ermellino della posta, che le stava consegnando lettere dalla sua sacca.

Era straordinario quanto a Canington Heights ci fosse più silenzio rispetto alle trafficate vie cittadine. Quassù tutto era anche più pulito. Potevi respirare senza sentirti dentro una canna fumaria, e sui marciapiedi non c'era sporcizia. Se la pista di impronte fangose fosse proseguita, l'avremmo vista. Ma non c'era nulla.

«A quanto pare abbiamo finito gli indizi» dissi.

«Non proprio» disse Bones. Indicò un foglietto di carta caduto sul pavimento. Mostrava la fotografia di un Dobermann accigliato che stringeva un orologio a carica manuale. Sotto c'era scritto:

Riordina i pannelli per formare la fotografia di Butch il Dobermann! Inizia dal pannello A, che è nella posizione giusta.

A. B. C. D. E. F. G. H.

Bones si rimise in piedi e si lanciò a percorrere la strada. Io gli andai dietro di corsa. La pendenza diventò ancora più ripida, e fui ben felice della pausa che avevamo fatto a casa di Molly.

La strada saliva a spirale intorno alla collina, e io guardai l'ampio fiume e l'intrico di vie giù, lontano, sotto di noi. Distinguevo chiaramente il palazzo e il parco, ma la maggior parte delle strade erano nascoste da una nuvola di smog che fuoriusciva dalle fabbriche.

Davanti a me, Bones si era fermato. Il numero 134 era un grosso edificio con uno spesso portone di quercia. Rabbrividii al pensiero della bestia feroce che vi abitava. Avendo passato anni a dare la caccia a pericolosi criminali, non c'è molto che mi spaventa. Ma perfino a me si rizza il pelo quando un Dobermann inizia a latrare.

Bones salì i gradini e bussò al portone, mentre io me ne rimasi indietro, pronta a tagliare la corda nel caso in cui la situazione avesse preso una brutta piega.

Un cane di taglia grande con un grosso muso aprì la porta e ci puntò gli occhi neri addosso. Portava una tuta da lavoro blu e dalla tasca laterale gli spuntava un fazzoletto rosso.

«Che cosa volete?» ringhiò.

«Riguarda il suo orologio da taschino scomparso» disse Bones. «Mi duole dirle che non l'abbiamo ritrovato. Ma vorremmo chiederle se sa qualcosa del ladro.»

Il Dobermann ululò e crollò a terra, coprendosi gli occhi con le zampe. «Non tornerà, vero?» guaì. «Vi prego, non fatelo tornare!»

Capitolo Quattro

Rassicurammo Butch sul fatto che il ladro non si trovasse nelle vicinanze, e lui ci accolse in casa. Nel salotto c'erano una cassettiera, un tavolo e quattro sedie, tutti realizzati con il medesimo legno spesso del portone.

Ci accomodammo, e Bones estrasse il suo taccuino.

«A quanto pare, Lei ha visto il furfante» disse Bones. «Può darcene una descrizione?»

Butch si rannicchiò sulla sedia e ci sbirciò attraverso le zampe. «Non ce la faccio» disse con voce stentata. «Era troppo orrendo.»

Mi domandai che razza di mostro fosse quello che stavamo cercando. Se un cane possente come questo Dobermann ne aveva paura, allora quel ladro doveva essere davvero un bestione temibile.

«Faccia del suo meglio» dissi. «Noi possiamo catturarlo solo se ci aiuta.»

«D'accordo» disse Butch. Abbassò le zampe. «Mercoledì sera, verso le otto, ero in camera da letto quando dal piano di sotto ho sentito uno scalpiccio. Sono sceso e ho trovato quella cosa terrificante proprio in questa stanza.»

Bones scribacchiò sul taccuino.

«Aveva la pelliccia impastata di fango e piccoli occhi malvagi» disse Butch. «Aveva una spessa coda nera, grandi orecchie e denti aguzzi da lupo. Ha afferrato il mio preziosissimo orologio da taschino dalla cassettiera ed è fuggito da quella finestra.»

Bones girò la pagina e fece qualche schizzo del criminale seguendo la descrizione del Dobermann.

Bones ha fatto qualche schizzo del possibile aspetto del ladro. Collega a ciascun sospettato i particolari visti attraverso le lenti d'ingrandimento!

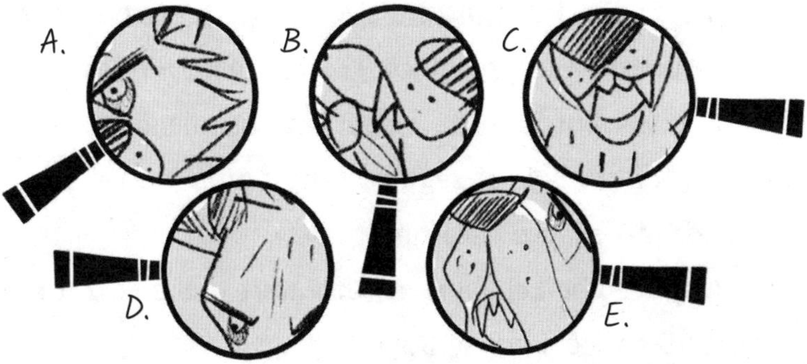

«Non ha provato a fermarlo?» gli domandai io.

«L'ho supplicato di restituirmelo» disse Butch. «Ma avreste dovuto sentire quei latrati. Erano ferocissimi.»

Bones smise di disegnare e alzò gli occhi verso il cane.

«E la polizia?» chiese. «Non l'ha chiamata?»

«Sì» disse Butch. «Ma l'Ispettore ha mandato solo un mucchio di cuccioli di segugio, che non hanno fatto altro che sfidarsi a saltare dalla finestra.»

«Mi spiace che Lei abbia dovuto avere a che fare con quel branco di sciocchi» disse Bones.

«Non sono stati di grande aiuto nemmeno a Carol e Pat» aggiunse Butch. «Né alla signora Woods né ai Taylor.»

«Intende dire che prima di Lei ci sono state altre vittime?» guaì Bones. «Perché l'Ispettore non mi ha detto niente?»

Ora che Butch ne parlava, avevo letto diversi articoli sul giornale riguardo ai furti a Canington Heights. Ritenni più saggio non rivelarlo a Bones mentre era arrabbiato.

«Mi dica tutto quello che sa di questa serie di crimini» disse Bones, sporgendosi sul taccuino. «Ogni dettaglio può essere importante.»

«Be', prima è toccato a Carol e Pat» disse Butch. «Sono i vombati del numero 166. Sabato scorso, alle otto, stavano mettendo a letto i loro piccoli quando hanno udito un rumore dal piano di sotto. Si sono precipitati giù per le scale e hanno scoperto che la fede nuziale di Carol era scomparsa.»

«Ma non hanno visto il ladro in faccia?» domandò Bones.

«Non credo» disse Butch. «Il giorno dopo ho provato a parlarne con Carol, ma era veramente sconvolta. Erano venuti da lei gli agenti junior a indagare, ma avevano passato il tempo a inseguire i piccoli vombati in giardino.»

«Idioti» borbottò Bones.

«Il ladro ha colpito ancora alle otto di domenica» disse Butch. «Ha rubato una medaglia d'oro per la corsa alla signora Woods, la levriera del numero 121. La signora ha intravisto per un attimo una creatura feroce dal pelo infangato.»

Lanciai un'occhiata alla strada sonnecchiosa. Mi sembrava stranissimo che una zona così tranquilla potesse essere stata teatro di tanti crimini orrendi.

«Poi, lunedì, alla stessa ora, il ladro ha rubato due spille d'argento di proprietà della signora Taylor, l'arvicola del

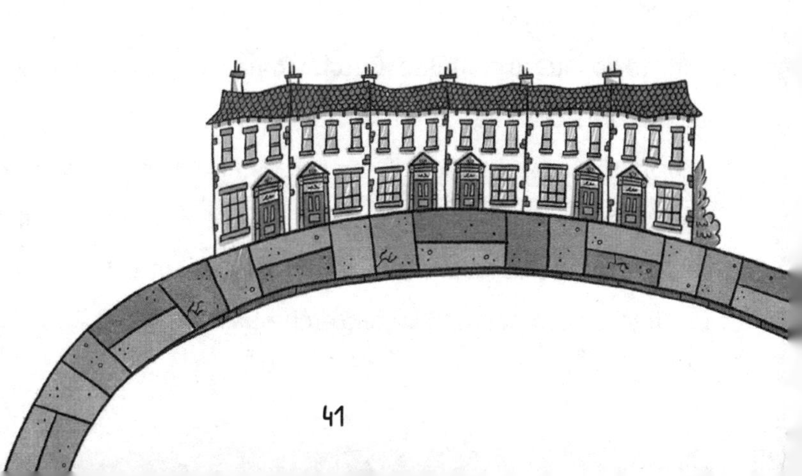

numero 148» continuò Butch. «La signora ha visto bene il delinquente, e ne ha anche fatto un disegno per gli agenti junior. Quelli però hanno cominciato a bisticciare su chi dovesse riportarlo alla centrale, e così è finito strappato in mille pezzi.»

Bones ringhiò e scosse la testa.

«Temevamo tutti che martedì avrebbe colpito ancora» disse Butch. «Imperversava un fortissimo temporale, e i tuoni avrebbero coperto egregiamente ogni misfatto. Invece, non è successo nulla.»

«Interessante» disse Bones, prendendo nota sul taccuino.

«Abbiamo pensato che forse i furti erano finiti» disse Butch. «Ma poi... è venuto qui...» Butch scoppiò di nuovo a singhiozzare, e Bones andò a grandi passi verso di lui e gli posò una zampa sulla spalla.

«Grazie» disse. «Lei è già stato di grande aiuto. Con un po' di fortuna, presto dovremmo riuscire ad acciuffare quel terribile criminale.»

«Me lo auguro» disse Butch. «Non voglio che a nessun altro capiti ciò che ho passato io.»

Bones rimase in silenzio mentre scendevamo a piedi dalla collina e attraversavamo il ponte. Sapevo che non era il caso di interromperlo quando si arrovellava su un crimine, perciò mi divertii a osservare la gente che passava.

Era quasi ora di pranzo, e le bancarelle di lumache e millepiedi stavano facendo ottimi affari. Una scoiattolina striata sfrecciava su una bicicletta cigolante senza curarsi della velocità, obbligando tutti a buttarsi da parte quando si avvicinava. E un gruppetto di lontre facevano a turno per tuffarsi giù nel fiume, sollevando enormi spruzzi d'acqua.

Una volta tornati a Barker Street, Bones aprì il suo cassetto degli ossi da masticare e tirò fuori il più grosso. Quello era sempre il segnale che ci trovavamo nel bel mezzo di un caso difficile e che gli serviva del tempo per pensare.

Devo ammetterlo, per me non aveva molto senso. Un cane folle aveva preso a rubare dai ricchi di Canington Heights e si era lasciato prendere la mano al punto da arrivare a rubare i gioielli della corona.

Ma quali elementi avevamo? Era un cane grosso e sudicio, ma negli innumerevoli vicoli tortuosi della città ce ne sarebbero stati centinaia che avrebbero corrisposto a quella descrizione. Aveva commesso i furti ogni sera

Riesci a riordinare gli ossi da masticare di Sherlock dal più piccolo al più grande?

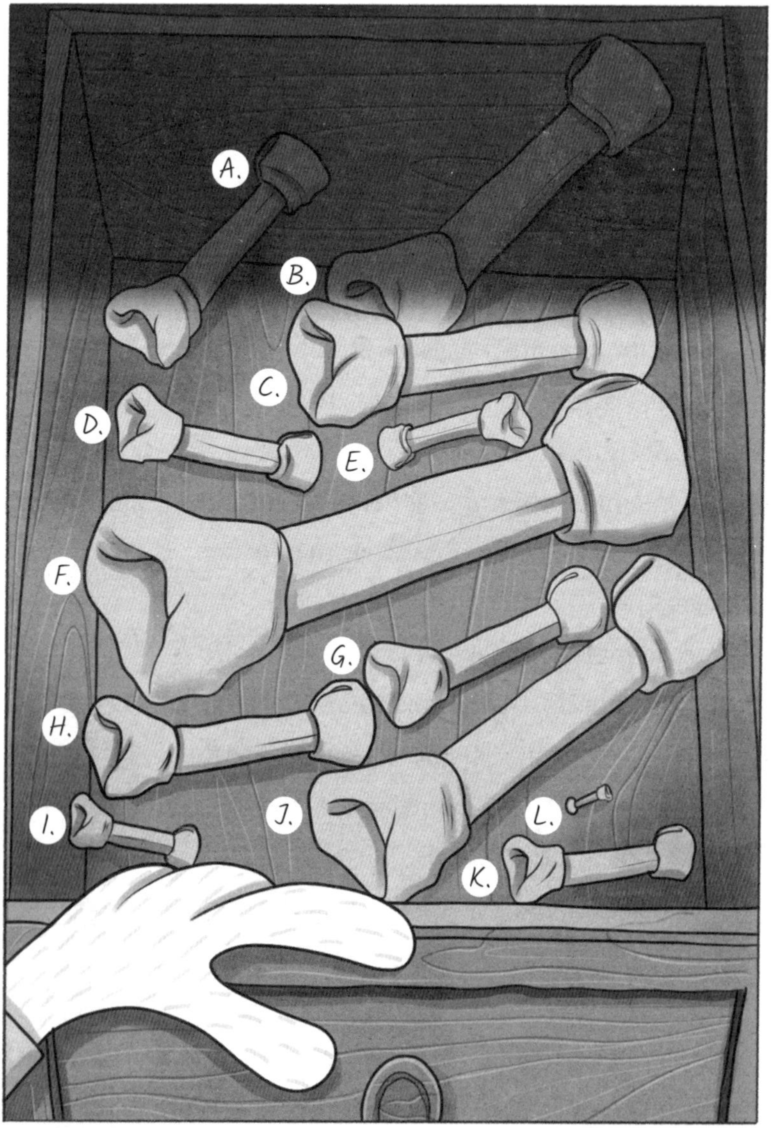

alle otto in punto, eccetto martedì, quando aveva piovuto. Questo a Bones sembrava interessante, ma io non riuscii a ricavarci nulla.

Non appena fuori iniziò a farsi buio, Bones balzò in piedi, afferrò il violino e suonò alcune note. Capita spesso, quando fa un grosso passo avanti in un caso, perciò misi subito giù il giornale.

«Le sette e mezzo» disse, indicando l'orologio sulla parete dietro di me. «Non c'è tempo da perdere.»

Corse in bagno e riemerse trasportando un secchio ricolmo d'acqua.

«Dove andiamo?» chiesi, balzando in piedi e prendendo le mie cose.

«Torniamo a Canington Heights» disse. «Sono convinto che il ladro stia per colpire di nuovo!»

Capitolo Cinque

Bones fermò un taxi. Saltammo su e il rospo autista ci portò lungo le strade.

Bones mi aveva detto di stare attenta al secchio pieno d'acqua, e io cercavo di tenerlo fermo mentre la vettura sferragliava sulle strade lastricate. Quando ci avvicinammo al fiume, si alzò una densa nebbia, perciò rallentammo. Io ne fui ben felice, perché era più facile gestire il secchio, invece Bones continuava a ringhiare e ad agitarsi.

«Diamoci una mossa» abbaiò.

«Non con questo tempaccio» gracchiò il rospo. «Forse Lei vuole rischiare di investire qualcuno, ma io no.»

Come a riprova di quanto aveva detto, dalla nebbia di fronte a noi emerse una donnola con l'impermeabile, e il rospo dovette inchiodare.

Guida il taxi del rospo lungo strade sicure tra la nebbia, evitando gli ostacoli, fino a raggiungere Canington Heights.

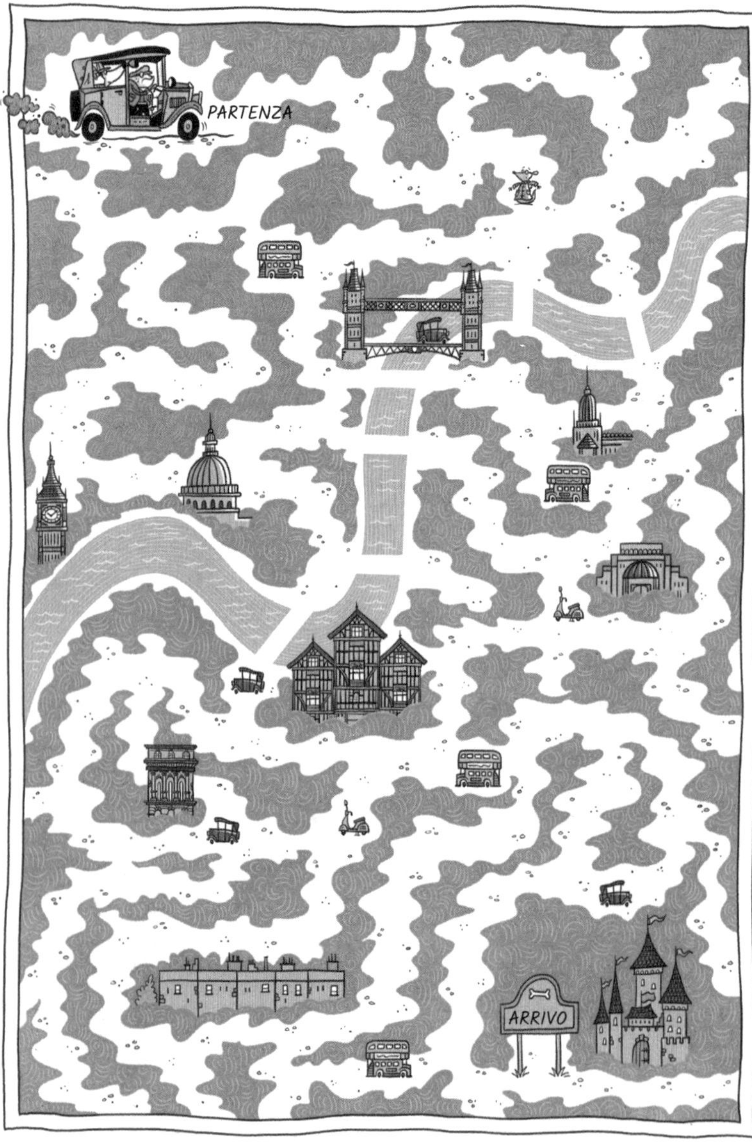

Dopo un'accesa discussione con la donnola, il rospo ripartì, e raggiungemmo l'altro lato del ponte per poi inerpicarci lungo la via a spirale di Canington Heights.

Bones chiese al rospo di fermarsi, gli lanciò una moneta da una sterlina e saltò giù.

Lassù la nebbia era spessa quanto sul ponte, e io faticavo a capire dove ci trovassimo. Bones procedeva a grandi passi davanti a me, e io gli stavo dietro, trascinando il secchio.

La strada era deserta, e non udivo altro rumore a parte l'eco dei nostri passi. Eppure non riuscivo a trattenermi dall'immaginare l'orrenda bestia fangosa che Butch aveva descritto. Poteva starsene in agguato ovunque, nella nebbia, in attesa di divorarci con i suoi denti da lupo mannaro.

Mi ripetevo che ero una gatta tosta, che non avevo nulla da temere. Eppure percepivo la mia coda irrigidirsi mentre immaginavo i piccoli occhi della bestia che mi fissavano dal fitto di ogni ombra.

«Eccoci qui» disse Bones.

La nebbia si alzò un po', e io vidi che eravamo di nuovo davanti a casa di Molly.

«Secondo te il rapinatore tornerà qui?» domandai. «Non dovremmo entrare per avvertire Molly? Gli altri suoi diademi sono in pericolo.»

«No» rispose Bones. «Non dobbiamo ancora interferire.»

Il mio cuore batteva all'impazzata al pensiero di quella povera barboncina che se ne stava nella sua cuccia mentre la bestia si avvicinava. Che Bones la stesse usando come esca?

Stetti in ascolto per cogliere il rumore di passi che avanzavano, ma non sentii nulla a parte lo scoppiettio lontano delle automobili giù in città.

Poi, udii un rumore molto più vicino. Un profondo ringhio rantolante. Mi lanciai occhiate tutt'intorno, nel terrore che il sudicio criminale fosse acquattato da qualche parte alle mie spalle. Ma, a quanto pareva, eravamo sempre completamente soli.

Davanti a noi si udì uno scricchiolio. La porta di Molly si aprì e ne uscì un cane infangato.

«Lo scassinatore» sibilai. «È entrato in casa di Molly. Dobbiamo verificare che lei stia bene.»

«Non servirà» sussurrò Bones. Afferrò il secchio pieno d'acqua e si lanciò alla carica.

La bestia ci vide e rantolò. Sentii il pelo che mi si rizzava. Era orribile proprio come aveva detto Butch. Aveva uno sguardo crudele, feroce, e i lunghi denti erano aguzzi come spilli.

Bones, tuttavia, non si spaventò. Si limitò a far ondeggiare all'indietro il secchio pieno d'acqua e poi lo rovesciò sul ladro.

Lo scassinatore si lanciò di corsa su per la collina, ma Bones gli agguantò la coda.

Io mi precipitai in suo aiuto, ma avvicinandomi vidi qualcosa che mi fece fermare di colpo. Ora che l'acqua aveva lavato via il fango dal muso del ladro, lo riconobbi.

Il ladro non era altri che Molly.

La barboncina scattò in avanti, lasciando in mano a Bones solo la lunga coda di lana nera che faceva parte del travestimento. Io le balzai addosso e riuscii ad afferrarle le zampe posteriori. Ma lei divincolandosi si liberò, e si lasciò dietro due stivaloni.

Ecco le suole degli stivali che indossava Molly.
Riesci a individuare le impronte che hanno lasciato?
Ricordati che le orme saranno al contrario!

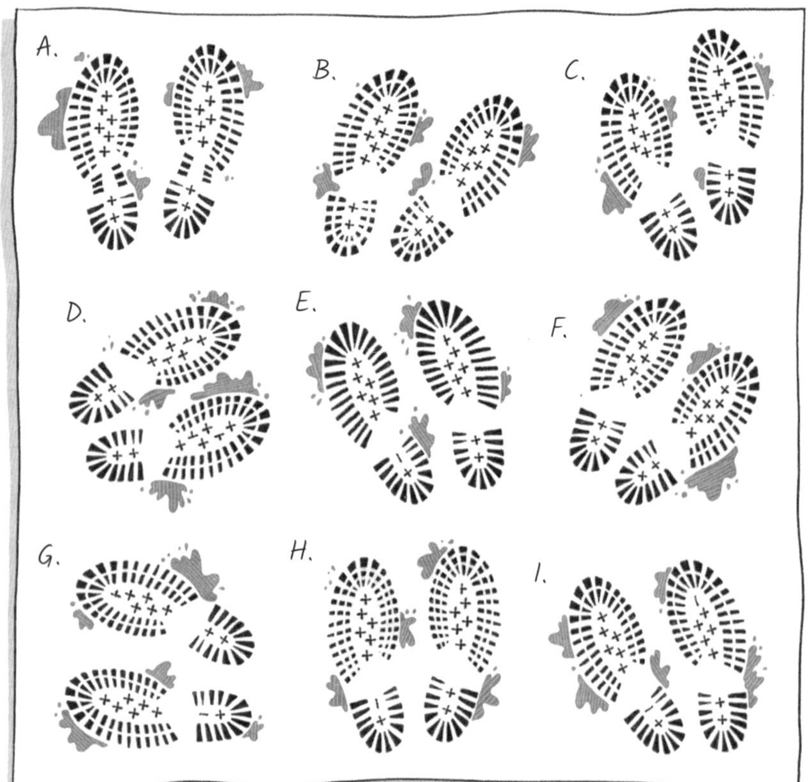

Molly si lanciò di corsa su per la collina. Io fui ben felice che stavolta avessimo preso un taxi, perché così avevo energie sufficienti per inseguirla.

Nelle case si stavano accendendo le luci e una famiglia di formichieri in pigiama si era affacciata alla finestra per capire che cosa stesse succedendo.

Io stavo raggiungendo Molly, perciò azzardai un assalto. Lei si scansò, ma io riuscii ad afferrarle l'orecchio sinistro. Si strappò, e mi ritrovai nella zampa una spessa striscia di lana nera a cui era stata data una forma allungata e a punta.

La gettai e continuai a correre su per le curve lastricate. Le arrivai di nuovo vicino e stavolta non mi lasciai sfuggire l'occasione. Saltai e sprofondai gli artigli nei fianchi di Molly, immobilizzandole il corpo a terra.

Quella voltò la testa di scatto e mi azzannò il braccio. Mi aspettavo che i forti denti aguzzi mi perforassero la pelle, invece percepii soltanto qualche punta smussata. Abbassai lo sguardo e vidi dei fiammiferi che erano stati verniciati di bianco. Ma certo! Anche i denti facevano parte del travestimento.

Molly tentò di divincolarsi, ma la tenni ferma.

«Fine dei giochi» dissi. «Il tuo malefico spettacolo finisce qui.»

Capitolo Sei

Bones emerse dalla nebbia.

«Bella mossa, Catson» commentò. Estrasse dalla tasca il fischietto e vi soffiò. Io mi voltai e vidi che eravamo ritornati davanti alla casa di Butch. La porta si aprì leggermente e dallo spiraglio emerse il suo muso.

«Sì?» chiese con voce stentata. «C'è nessuno?»

«Siamo noi» disse Bones. «Deve aiutarci. Vada alla centrale di polizia a chiamare l'ispettore Bloodhound.»

Butch uscì con le zampe che gli tremavano. Drizzò le orecchie e si guardò intorno da sinistra a destra.

«E se lo scassinatore mi attacca?» chiese.

«Eccolo qui, il suo ladro» disse Bones.

Butch si avvicinò piano e pungolò Molly con una zampa tremante. Quella gli ringhiò, e lui si ritrasse.

«Un momento» disse Butch. «Ma Lei non è Molly Woffington?»

«Ebbene sì» disse lei. «Suppongo che mi abbia riconosciuta per una delle mie interpretazioni a teatro.»

«No» disse Butch. «L'anno scorso, per sbaglio, hanno

inviato a me un pacco per Lei, e io gliel'ho portato a casa. Si ricorda?»

Butch si erse in tutta la sua altezza e spinse il petto in fuori mentre si girava verso di noi.

«Ah, certo, ho capito» disse. «La storia dello scassinatore non era altro che un travestimento. In effetti non avevo così paura.»

«In ogni caso, ormai non c'è più nulla da temere» disse Butch. «E ora, vada.»

Butch corse via, giù per le curve della strada.

Aiuta Butch ad arrivare alla centrale di polizia calpestando solo i ciottoli con cinque lati posizionati uno accanto all'altro. Parti dal ciottolo nero vicino a Butch.

POLICE

«A teatro so convincere gli spettatori più intelligenti di qualsiasi cosa» disse Molly. «Come hanno fatto due sprovveduti come voi a riconoscermi nella mia interpretazione più brillante?»

«È stato piuttosto semplice» disse Bones. «Mi sono insospettito appena ho visto che la serie di impronte finiva davanti alla porta di casa sua, ma le orme non corrispondevano alle sue scarpe, per cui all'inizio ho creduto che dicesse la verità. Tuttavia, ho notato che i pompon di pelo che ha in fondo alle zampe avevano una forma bizzarra, come se fossero stati schiacciati. Così mi sono domandato se di recente non avesse indossato stivali molto più grossi.»

Molly si contorse sotto le mie zampe, ma io tenni salda la presa.

«Poi, ho notato le locandine sulle pareti» spiegò Bones. «Risalivano tutte a molti anni fa, e questo mi ha fatto ipotizzare che il lavoro di attrice fosse fermo. Eppure, non aveva avuto bisogno di vendere nessuno dei suoi preziosi diademi. I conti semplicemente non tornavano.»

«Mi stavo riposando tra due incarichi!» guaì Molly. «Il pubblico mi ama!»

«Gli unici incarichi dai quali si riposerà da qui in avanti saranno lavare i pavimenti della cella e svuotare il cestino del bagno» dissi io.

Molly ringhiò.

«Ha anche accennato al fatto di aver mandato a chiamarci l'ermellino della posta» proseguì Bones. «Però, quando siamo usciti da casa sua, ho notato che il postino aveva appena iniziato il giro. Perciò, non gli ha mai chiesto di venire a cercarci. Lei ci ha semplicemente visti arrivare e ha nascosto uno dei diademi per inventarsi la storia che le era stato rubato. Presentandosi come una vittima, sperava di sviarci dalla verità, e cioè che il criminale in realtà era Lei.»

Molly era davvero una spregevole bugiarda. Quando, tra i singhiozzi, ci aveva raccontato del furto subito, l'idea che si stesse inventando tutto di sana pianta non mi aveva nemmeno sfiorata.

Bones indicò la casa di Butch.

«L'indizio definitivo è arrivato quando abbiamo parlato con il Dobermann» disse Bones. «Aveva detto che nell'unica sera in cui il ladro non aveva colpito c'era stato un temporale spaventoso. Sul momento non riuscivo a spiegarmi che genere di ladro potesse farsi scoraggiare dalla pioggia. Poi ho capito: qualcuno che non voleva che il camuffamento venisse cancellato dall'acqua.»

«Be', può darsi che abbia preso in prestito qualche oggetto dai miei vicini» disse Molly. «Anche se avevo intenzione di ripagare tutti non appena la mia carriera nella recitazione si fosse risollevata. Ma se credete che mi azzarderei mai a rubare la corona della Regina, vi sbagliate! Nutro un rispetto troppo profondo nei confronti di Sua Maestà per commettere un'azione simile.»

Sembrava che stesse dicendo la verità, ma ora sapevo che era meglio non crederle.

«Sciocchezze» dissi. «Abbiamo seguito le sue impronte da palazzo fino a casa sua!»

«Sono passata davanti al palazzo reale mentre tornavo dal Corgi Bar, dove ho venduto l'orologio da taschino di Butch a un alano per venti sterline» disse Molly. «Ma non ci sono entrata e non ho portato via niente.»

Udii il forte scoppiettio di un motore sotto di noi. Una grossa vettura si stava inerpicando su per la strada di Canington Heights.

«Non darle retta» dissi. «Sta mentendo di nuovo.»

«Può darsi» disse Bones. «Ma abbiamo altri due indizi da seguire. Non arriverò a una conclusione finché non avrò in mano tutte le prove.»

Dalla nebbia emerse il furgone dell'ispettore Bloodhound. Era seduto davanti, accanto a Butch, mentre dietro c'erano gli agenti junior, che sporgevano la testa tra le sbarre dei finestrini.

L'Ispettore arrestò il motore e i cuccioli saltarono giù, rincorrendosi in cerchio. Scese dal furgone e avanzò lento fino a Molly.

«Dunque, sarebbe questa la ladra che ha derubato la Regina?» domandò.

«Che sia una ladra non c'è dubbio» disse Bones. «Se abbia derubato la Regina resta ancora da vedere. Trattienila alla centrale, noi verremo a prenderla quando saremo pronti.»

Tirai Molly su in piedi e la scortai al furgone.

«Lasciala pure, ora, Catson» disse l'Ispettore. «Da qui in avanti se ne occuperanno gli agenti junior.»

Non gli diedi retta. Sapevo che, se avessi dato ai cuccioli anche la più piccola responsabilità, Molly sarebbe scappata. La spinsi personalmente nel retro del furgone e osservai l'Ispettore che chiudeva la portiera a chiave.

Capitolo Sette

La mattina seguente, ci alzammo presto. Bones mangiò la sua solita frittatina di cibo per cani, e io stavo per gustarmi un piatto di salmone affumicato quando il mio socio afferrò il cappello e si diresse alla porta.

«Non c'è tempo da perdere» disse. «Passiamo subito al prossimo indizio. Andiamo a indagare sul rimbombo che ha sentito il negoziante.»

Io mi affrettai a seguirlo, deglutendo il pesce tra un passo e l'altro. Sfrecciammo giù fino alla fine di Barker Street e ci incamminammo nel parco. Invece di proseguire verso il palazzo, stavolta ci dirigemmo a nord, attraversammo Corso Principe Rex e svoltammo in Kitten Mews.

Era una vietta con una serie di negozi su un lato e una tavola calda sull'altro. Il negozio di souvenir di cui ci aveva parlato l'Ispettore era il primo alla nostra destra. Si chiamava "A. F. Gibson Souvenir & idee regalo" e aveva finestre alte da ciascun lato di una porta rossa. In vetrina erano disposti piatti e tazze che ritraevano tutti il muso imbronciato della Regina.

Bones aprì la porta con una spinta e si udì uno scampanellio.

A. F. GIBSON'S
& CO.
SOUVENIRS
& IDEE REGALO
DAL 1832
ALL'INGROSSO
E AL DETTAGLIO
A. F. GIBSON SOUVENIR & IDEE REGALO
129
A.F. GIBSON

Una piccola talpa con gli occhiali tondi e giacca e gilet marroni ci salutò da dietro il bancone. Sugli scaffali erano allineati altri prodotti con la faccia di Sua Maestà, tra cui cucchiai, ditali e calamite da frigo.

Io mi avvicinai al bancone, mentre Bones esaminava il negozio.

«Salve, signora» disse la talpa. «Come posso aiutarla?»

«Sto indagando su una rapina» dissi. «Stando agli agenti junior, nella scorsa settimana Lei avrebbe sentito un rimbombo sospetto.»

La talpa schizzò fuori dal bancone e balzò davanti a un tavolo ricolmo di statuette di porcellana della Regina.

«Quegli agenti junior non torneranno qui, vero?» domandò. Tremava tanto che dovette spingersi di nuovo gli occhiali sul muso. «Avranno distrutto merce per un valore di centinaia di sterline. Continuavano a saltare sui servizi da tè, a masticare le cartoline e a strappare i tappetini per il bagno. Uno mi ha perfino buttato giù la lampada dalla scrivania, ma sono riuscito a prenderla al volo mentre cadeva.»

Indicò una piccola lampada con una serigrafia del muso imbronciato della Regina sul vetro.

«Stia tranquillo» dissi. «Quei piccoli disgraziati non ci raggiungeranno.»

«Grazie al cielo» disse il signor Gibson. Zampettò di

Una cartolina del negozio del signor Gibson costa 30 penny. Sfruttando questo dato, riesci a calcolare i prezzi dei prodotti qui sotto?

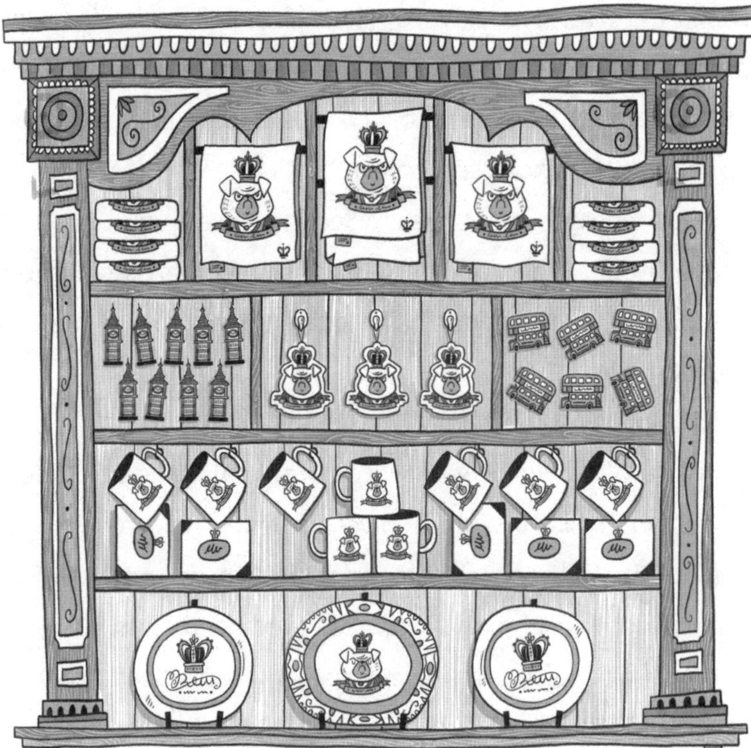

- Una calamita costa quanto otto cartoline.
- Un asciugamano per cani costa quanto due calamite.
- Una tazza costa quanto tre asciugamani per cani meno due cartoline.
- Un piatto costa quanto il prezzo di una tazza più tre cartoline.

nuovo dietro al bancone e si accasciò sulla sua sedia.

«Ecco, sarà cominciato una settimana fa» disse. «Non un rumore e basta, ma un rimbombo vero e proprio. Faceva tremare tutto. Ho dovuto rimettere nelle scatole alcuni portarotoli di carta igienica perché avevo paura che andassero in frantumi. Ne vuole uno? Le posso fare uno sconto se compra anche un accappatoio.»

«No, adesso no» dissi. «Secondo Lei, che cosa ha provocato il rimbombo? Può essere stato un grosso furgone che passava sferragliando? O magari un gruppo di orsi che correvano?»

La talpa scosse la testa.

«No» disse. «Ho già avuto problemi di quel genere, ma stavolta era una cosa diversa. Sembrava provenire da sottoterra. Mi sono chiesto se non si fosse trattato di un terremoto, ma sui giornali non ne avevano parlato.»

Puntò un indice oltre la mia spalla, verso Bones che stava osservando un ditale con la lente d'ingrandimento.

«Ehi!» esclamò. «Lei è Sherlock Bones, dico bene? Le spiace mettersi in posa per una foto? Posso ritrarla su asciugamani, piatti, portarotoli, e chi più ne ha più ne metta. Sarebbe

popolare quasi quanto il mio assortimento reale. Le darei perfino il dieci per cento dei ricavi.»

«No, grazie» disse Bones. «Ma è stato di grande aiuto. Buona giornata.»

Ci affrettammo a tornare fuori, per strada.

«Il quindici per cento?» gridò la talpa mentre chiudevo la porta.

Bones esaminò con la lente d'ingrandimento i mattoni dell'edificio.

«Io continuo a cercare indizi» disse. «Tu va' a verificare se anche gli altri negozianti hanno sentito quel rimbombo.»

Annuii e continuai a camminare verso il negozio successivo, che si chiamava Biciclette Baxter. All'interno c'era un vasto assortimento di bici che riempiva quasi ogni centimetro di spazio. Si andava da quelle enormi, a misura d'orso, a quelle minuscole per criceti e arvicole.

Una giovane suricata, che stava sistemando una scatola di viti e bulloni dietro al bancone, alzò lo sguardo.

Aveva la pelliccia quasi annerita dall'olio lubrificante.

«Buongiorno» disse. «Immagino che stia cercando una delle nostre nuove biciclette per felini.»

Si alzò e raggiunse un piccolo veicolo con il telaio avvolto nello spago.

«Questa è appena arrivata» disse. «La parte posteriore ha tanto spazio per la coda, il corpo centrale funge anche da tiragraffi e sul davanti c'è perfino una rete per catturare i topi.»

«È splendida, non c'è che dire» commentai. «Ma in realtà io sono venuta a chiederle se di recente ha sentito un rimbombo.»

«Oh, sì» disse lei. «Ormai è un po' che va avanti, ma di recente è diventato più forte. È difficile lavorare sulle biciclette, quando tremano così tanto.»

Poi, provai ad andare da Insect Grill, sull'altro lato della strada. Il locale era vuoto, a parte un gruppetto di ricci giardinieri dagli aculei infangati, che stavano mangiando involtini di bruco fritti.

Una scoiattolina rossa con un grembiule bianco si fece avanti e scostò una sedia per me.

«Posso proporle un involtino di forbicette?» chiese. «O

delle uova di millepiedi? Che ne dice di una bella fetta di pane tostato spalmata di marmellata di lumache?»

Alla descrizione di quei piatti sentii lo stomaco che mi si rivoltava, ma mi costrinsi a sorridere.

«Mi sembra tutto delizioso» dissi. «Ma in realtà sono venuta per chiederle se di recente in questa tavola calda si è sentito un rimbombo.»

«Eccome» rispose lei. «All'inizio credevo che il forno stesse per esplodere, come quella volta che ho lasciato dentro i pasticci di mosca per troppo tempo.»

L'ultimo negozio della via si chiamava Da Toby – Un Mondo di Carote. Era pulito e luminoso, con un parquet lucido e un'alta finestra laterale che dava su un vicoletto. C'erano cesti di carote su tutto il pavimento e scaffali ricolmi di vasetti di marmellata di carote, crema alle carote e dentifricio alla carota.

Toby si rivelò essere un grosso coniglio marrone dalle lunghe orecchie. Era seduto dietro al bancone intento a ripulirsi le zampe dalla terra.

Trova i seguenti prodotti nel negozio di Toby!

Tre vasetti di marmellata di carote Tre tubetti di dentifricio alla carota Due pacchetti di biscotti alle carote Una bottiglia di bagnoschiuma alla carota Un pacchetto di carotine

«Venti carote a una sterlina» disse. «Non trova prezzo migliore in città. Con una sterlina in più effettuo la consegna a domicilio, se dà una festa a base di carote.»

«Mi sembra molto conveniente» dissi io. «Ma in realtà sono venuta a verificare se nell'ultima settimana ha udito un rimbombo.»

Toby fissò per un attimo il soffitto e poi fece spallucce.

«Non credo» disse.

«È sicuro?» domandai. «Tutti gli altri negozianti della via l'hanno sentito.»

Toby reclinò la testa e si tirò la punta dei baffi.

«Nah, non è successo niente» disse. «Gli altri avranno sentito solo qualche grosso tasso che passava di corsa. Non ci vuole molto per farli lamentare.»

«Non importa» dissi. «La ringrazio per il Suo tempo.»

Tornai in strada e trovai Bones che esaminava il vicoletto che costeggiava il negozio di carote.

«Tutti hanno sentito il rimbombo, a parte il coniglio che gestisce quest'attività» dissi. «D'altronde, ha le orecchie piuttosto flosce. Forse non ha un udito eccezionale.»

«Può darsi» disse Bones. «Ma io ho la sensazione che faremmo meglio a tenerlo d'occhio.»

Menu
INSECT
grill
TOBY'S
131
CA ROTS
INSECT
Grill
INSECT Grill

Capitolo Otto

Bones controllò l'orologio da taschino e scribacchiò qualcosa sul taccuino. Eravamo seduti da Insect Grill da tutta la mattina, a fissare il negozio di carote dall'altra parte della strada. Ogni tanto, Toby chiudeva il negozio, caricava di carote il furgone e stava via a far consegne per circa mezz'ora.

«Che cosa abbiamo notato finora del nostro amico coniglio?» domandò Bones.

«Che vende un mucchio di carote» dissi io. «Non c'è da stupirsi. Fa ottimi prezzi.»

Udii il rombo di un motore. Toby spuntò di nuovo alla vista, parcheggiò il furgone fuori dal negozio e tornò dentro.

«Sì» disse Bones. «Questo è certo. Ma io non riesco a fare a meno di chiedermi come faccia a effettuare tutte queste consegne senza che le sue scorte diminuiscano mai. Finora ha portato via quattro furgoni pieni, sufficienti a svuotargli il negozio due volte. Eppure la merce che si vede dalla vetrina non è diminuita per niente.»

Bones aveva ragione. Vedevo chiaramente che le ceste sui tavoli erano ancora piene.

Per consegnare una cesta di carote, Toby impiega dieci minuti. Quanto tempo occorrerebbe a Toby per consegnare tutti i cesti fuori dal negozio, compreso quello che sta trasportando?

«Ehm-ehm.»

Mi voltai e vidi la scoiattolina rossa, gestrice della tavola calda, intenta a fissarci con le zampe sui fianchi.

«Lungi dal voler interrompere la conversazione, signore e signora» disse. «Ma ormai sono tre ore che siete seduti qui, e sarebbe il caso che ordinaste qualcosa.»

Bones si tolse il cappello e chinò la testa.

«La prego di scusarci» disse. «Prendiamo la specialità del giorno, qualunque cosa sia.»

«Finalmente» disse la scoiattolina. Zampettò via oltre le porte saloon della cucina.

«Ora, rifletti bene» disse Bones. «Ricordi di aver visto nel negozio una qualche porta sul retro che conducesse a un magazzino?»

«No» dissi. «Lungo il muro non c'era niente, né una porta per la cantina, né scale o elementi che indicassero un sottotetto.»

Toby stava spostando grossi sacchi di carote per il negozio.

«Devo andare là dentro a dare un'occhiata...» disse Bones. «Intrufoliamoci di nascosto mentre il coniglio fa la prossima consegna. Chiude a chiave la porta, ma la finestra laterale no.

Pensi di riuscire a saltare dentro?»

Annuii. La finestra era alta e piuttosto stretta. Ma avevo fiducia nelle mie doti di saltatrice ed ero abbastanza sicura di potercela fare.

Una zaffata umida e stantia mi invase le narici. La scoiattolina si stava avvicinando a noi con due grossi pasticci che sembravano muoversi leggermente.

«Ecco a voi» disse, posandoli. «Due specialità del giorno. Ditemi pure se avete bisogno della senape di forbicette o del sale aromatizzato ai centopiedi.»

Feci una smorfia e punzecchiai il pasticcio con il coltello. Un bruco fece capolino e poi strisciò di nuovo dentro.

«Sono ottimi, appena sfornati» disse la scoiattolina dall'altra parte del locale. «Gustateveli tutti.»

Lanciai uno sguardo a Bones, che si stava infilando un tovagliolo nel colletto della camicia.

«Fa' come dice» sibilò. «Non dobbiamo fare nulla che attiri l'attenzione su di noi.»

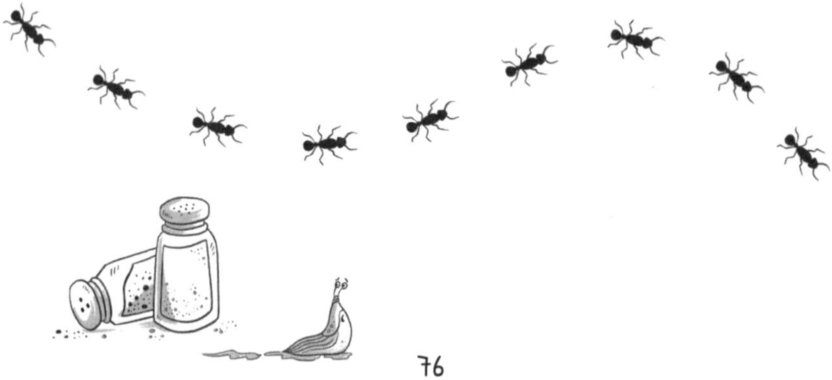

Raccolsi con la forchetta un bruco insieme a un po' di crosta e di sugo, e me la infilai in bocca. Sentii quella disgustosa creaturina contorcersi mentre mi scendeva in gola.

Bones tagliò un angolo del pasticcio e ne fuoriuscì una lumaca. La infilzò con la forchetta, la masticò e arricciò il naso.

«Ho provato di peggio» disse. «Una volta, in Himalaya, sono sopravvissuto per un mese mangiando muschio. Allora, avrei ucciso per una lumaca.»

Tagliai il mio pasticcio più a fondo, liberando un esercito di formiche, scarafaggi e forbicette. Al bancone, la scoiattolina ci sorrideva con le zampe conserte sul grembiule. Era palese che si fosse impegnata parecchio a cucinare, e io mi sentivo in colpa per il fatto di non poterlo apprezzare quando lei avrebbe desiderato.

Quale dei pasticci qui sotto è il più gustoso, secondo la scoiattolina? Per scoprirlo, conta tutti gli insetti in ciascun pasticcio e poi fai la somma dei rispettivi punteggi.
Il più buono sarà quello con il risultato più alto.

1 2 3 4 5 6 7

«Guarda» disse Bones indicando fuori dalla finestra. «Toby sta uscendo di nuovo. È la nostra occasione.»

Lanciai un'occhiata fuori e vidi Toby risalire sul furgone. Lasciai cadere sul piatto la forchetta brulicante di orrori e feci un sospiro di sollievo.

«Era delizioso» disse Bones, allungando due sterline alla scoiattolina. «Ma temo che dobbiamo andare a sbrigare faccende urgenti.»

«Sicuri che non volete che vi prepari due confezioni da asporto?» domandò la scoiattolina mentre scappavamo via.

Per strada, attesi che il furgone di Toby svoltasse sulla via principale prima di sgattaiolare nel vicolo sul lato del negozio. Non c'era nessuno, così decisi di rischiare.

Fissai lo sguardo sull'alta finestra aperta e mi acquattai. Alzai la coda e feci ondeggiare le anche da una parte all'altra. Poi mi lanciai, allungando le zampe sopra la testa.

Disegnai un ripido arco, attraversai lo stretto spiraglio nella finestra aperta e atterrai su una cesta di carote. Ne sentii un paio rompersi sotto il mio peso, e sperai che Toby non se ne sarebbe accorto al suo ritorno.

Appeso a un anello di metallo sul retro del bancone c'era un mazzo di chiavi di riserva. Lo presi, andai alla porta e la aprii.

Quale di queste chiavi si inserisce nella serratura della porta del negozio? Osserva con attenzione il profilo della serratura: così capirai quale chiave vi entrerà perfettamente.

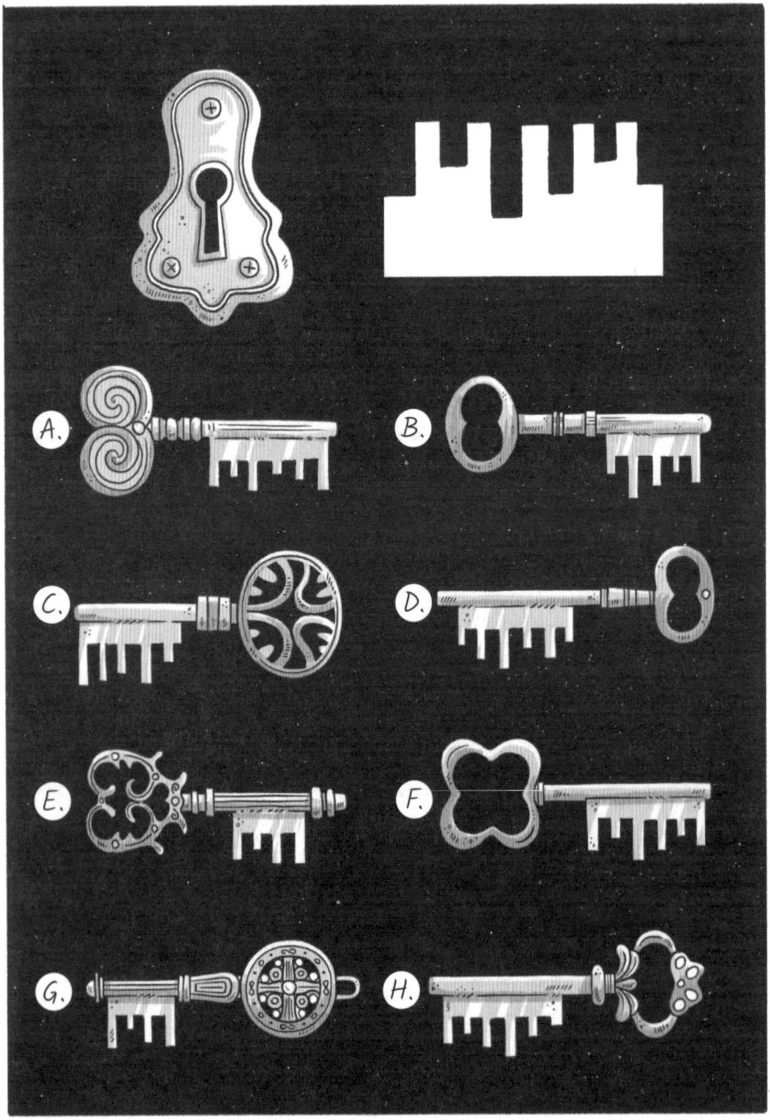

«Balzo eccellente, Catson» disse Bones. «Mentre tu stai di guardia, io esamino il negozio.»

Bones si diresse alla parete di fondo e la batté con le zampe.

Io uscii per strada e mi diedi un'occhiata intorno. Una coppia di castori in giacca da marinaio stavano venendo verso di noi, e io feci loro un cenno di saluto.

Temevo che fossero diretti al negozio di carote, invece girarono verso la tavola calda.

Dopo alcuni minuti, udii un motore che scoppiettava sulla via principale e corsi all'angolo per controllare chi fosse.

Ebbi un sussulto. Toby stava tornando. Questa consegna doveva essere stata più veloce di tutte le altre.

Mi si rizzò il pelo e per un attimo fui così spaventata da non riuscire a muovermi. Poi mi riscossi e mi precipitai nel negozio.

Bones era a quattro zampe accanto a un grande armadio sulla parete di fondo.

«Sta arrivando!» gridai.

Stavo per dire a Bones di correre fuori, ma sentivo il furgone avvicinarsi. Se fossimo usciti subito, Toby ci avrebbe visto.

«Dobbiamo nasconderci!» urlò Bones.

Capitolo Nove

Chiusi a chiave la porta e appesi di nuovo le chiavi al gancio dietro al bancone.

«Entra qui» sussurrò Bones.

Stava tenendo aperta l'anta dell'armadio e mi faceva cenno di entrare. Io riuscii a saltare dentro e a chiuderla proprio mentre Toby faceva girare la chiave nella serratura.

Trattenni il respiro e rimasi completamente immobile nel buio. Toby fischiettava e passeggiava sul pavimento. Accanto a me, Bones si agitava, e io volevo dirgli di smetterla, ma avevo paura di fare rumore.

Il fischiettio si interruppe e io udii Toby che frugava tra i cassetti del bancone. Sembrava che stesse cercando qualcosa. Temevo che, dopo, avrebbe guardato nell'armadio.

Bones sfregò contro le mie gambe. Si era inginocchiato e stava rovistando sul pavimento. Io ero sicura che avrebbe urtato l'anta dell'armadio e ci avrebbe fatti scoprire. Poi, si udì un leggero scatto e un tonfo sommesso.

Mi mossi verso il punto dove credevo si trovasse Bones, ma non c'era nessuno. Ero sola in quel minuscolo spazio.

Udivo i passi di Toby avvicinarsi all'armadio. Stavo per essere scoperta. Il coniglio si sarebbe infuriato, e io non sarei stata in grado di spiegare che cosa ci facevo lì.

All'improvviso, qualcosa mi toccò la caviglia. Abbassai lo sguardo e vidi quella che sembrava un'ombra scura emergere dal pavimento. Era la zampa di Bones, che spuntava da una botola. Ecco dov'era sparito.

Sgusciai anch'io là sotto, dietro di lui, e atterrai su un morbido cumulo di terra. Bones richiuse la botola proprio mentre l'anta dell'armadio sopra di noi si apriva.

Avevo il terrore che Toby ci avesse sentito. Invece, poco dopo, chiuse l'anta e si allontanò facendo scricchiolare il pavimento. Mi sfregai gli occhi e mi guardai intorno. Eravamo all'imboccatura di una galleria che piegava verso il basso. Non c'erano luci, ma lungo le pareti c'erano macchie verdi fosforescenti.

«Be',» disse Bones «a quanto pare, nel caso del nostro coniglio, le apparenze ingannano. Vediamo che cosa nasconde qui sotto.»

Bones si incamminò per la galleria e io lo seguii, tastando la parete con la zampa sinistra. Dopo qualche passo, la parete si incurvava bruscamente. Un odore fresco ed erboso si mescolava alla terra.

«Qui c'è qualcosa» sussurrai.

Riesci a contare le carote nel mucchio qui sotto?

Incespicai in un ampio spazio che era stato ricavato dalla terra. Qualcosa mi colpì la scarpa, e io mi chinai per toccarlo. Una forma piccola, compatta, che si restringeva a un'estremità. Una carota.

«Toby qui dentro tiene centinaia di carote» disse Bones. «Questo spiega la sua fornitura inesauribile. Deve procurarsele in maniera illegale, se è costretto a tenerle nascoste.»

Bones tornò nella galleria e proseguì a camminare. «Vediamo che cos'altro nasconde.»

Percepii la mia schiena irrigidirsi al pensiero di scendere ancora più in profondità sottoterra. Avevo sentito parlare di mostruosità inenarrabili in agguato nelle fognature e nei passaggi al di sotto della nostra città. Sapevo che erano soltanto sciocche storielle messe in giro da gattini esaltati, ma facevo fatica a togliermele dalla testa.

«Non faremmo meglio a tornare al negozio?» domandai. «Forse ora Toby sarà ripartito.»

«Io non scappo mai da un mistero» disse Bones. «E neanche tu dovresti.»

Sentii la coda che mi tremava mentre calpestavo il terreno sconnesso, seguendo le strisce verde fosforescente sulle pareti. L'aria si faceva più fredda man mano che ci spingevamo più in profondità.

«Siamo molto al di sotto della città ora» disse Bones. Lo sentii battere sulle pareti della galleria. «Il terreno è più duro e compatto. Toby avrà impiegato molto tempo a scavare.»

La galleria si apriva di nuovo sulla mia sinistra. Un'altra camera. Non era piena quanto la prima, ma c'erano comunque diverse casse e sacchi di tela vuoti.

«Un altro magazzino» dissi. «Interessante.»

Tastando la parete, tornai fuori nella galleria e riprendemmo a camminare. Dopo qualche istante, mi sembrò di udire qualcosa, così mi fermai in ascolto. Mi pareva di distinguere uno scalpiccio sommesso.

«Stammi dietro» disse Bones.

«Ascolta» dissi io. «Lo senti?»

Anche Bones arrestò il passo, ma il rumore si interruppe. Non si udiva altro che il rombo distante delle auto sulla strada, molto al di sopra di noi.

«Fa niente» dissi.

Continuammo, oltrepassando altri lunghi segni verdi sulle pareti. Ben presto, Bones si fermò di colpo, e io per poco non andai a sbattergli addosso.

«Mi sa che avevi ragione» sussurrò.

Il rumore, adesso, era molto più distinto. Passi pesanti, accompagnati da un orribile fiutare. Era proprio davanti a noi.

Il pelo mi si arruffò, e avevo le zampe sudate. Eravamo in

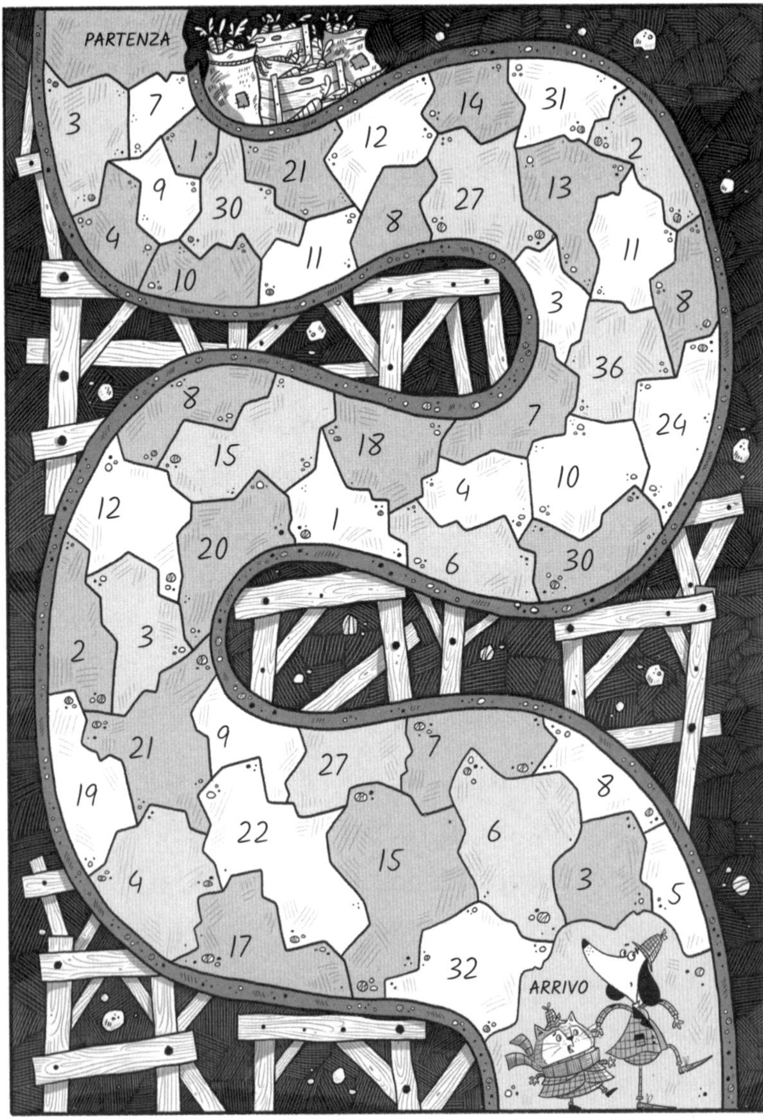

Aiuta Bones e Catson a tornare indietro nella galleria! Devi calpestare soltanto zolle di terra adiacenti che contengono multipli di 3.

trappola, e qualcosa veniva dritto verso di noi.

«Forse faremmo meglio a tornare al negozio» disse Bones.

Nella galleria, molto più avanti rispetto a noi, proprio dove la pendenza riprendeva a salire, emerse una massa verde fosforescente. Mi sfregai gli occhi, nella speranza di essermelo immaginato.

«Lo vedi anche tu?» chiesi.

«Sta' indietro» sussurrò Bones. «Non si è accorto di noi.»

Ebbi l'istinto di voltarmi e continuare a correre fino a raggiungere la botola, ma sapevo che Bones aveva ragione. Qualsiasi movimento improvviso non avrebbe fatto altro che attirare l'attenzione della creatura mostruosa che se ne stava laggiù in agguato, quale che fosse. Camminai all'indietro lentamente, con gli occhi fissi sulla massa informe. Era ferma. Dovevamo solo continuare a indietreggiare fino ad arrivare al negozio, e non tornare mai più in quel luogo orribile. Al passo successivo, atterrai goffamente con il piede su una zolla di terra smossa e persi l'equilibrio. Cercai di tenermi alla parete, ma le zampe vi scivolarono contro. Non riuscii a frenare il tonfo a terra. Rimasi lì in silenzio per un istante, sperando con tutte le forze che la bestia non mi avesse sentito. Mi aveva sentito. Uno stridio echeggiò per la galleria. Il rumore dei passi e del fiuto riprese, ora molto più forte e frenetico.

«Sa che siamo qui» urlò Bones. «Corri!»

Capitolo Dieci

Scappai nel buio della galleria, con il terrore di inciampare di nuovo e finire assalita dal mostro.

Un'occhiata veloce alle mie spalle mi fece scorgere che la massa verde stava guadagnando terreno. Aveva un muso corto e tozzo, e macchie scure dove avrebbero dovuto trovarsi gli occhi e la bocca.

«Vieni» disse Bones, afferrandomi per il gomito.

Mi trascinò di lato in un'ampia zona che doveva essere il secondo magazzino.

«Non possiamo seminarlo» sussurrò. «Ma potremmo riuscire a nasconderci. Questo dovrebbe aiutare a mascherare il tuo odore.»

Mi allungò uno dei sacchi di tela. Me lo infilai dalla testa. Era bitorzoluto e scomodo, probabilmente perché dentro c'era ancora qualche carota, ma feci del mio meglio per coprirmi.

I tonfi della creatura si facevano più forti. Scie di polvere terrosa piovevano

Quale delle tessere in fondo alla pagina non compare nella figura? Riesci a scoprire il punto nel magazzino dove sono nascosti Bones e Catson?

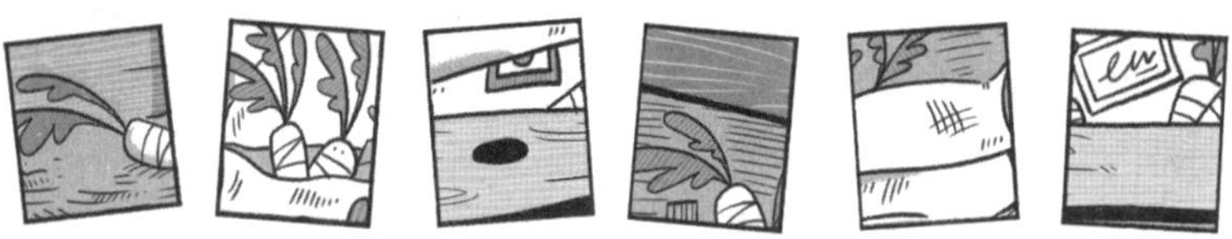

A. B. C. D. E. F.

dal tetto del magazzino. Mi domandai se non sarebbe crollato tutto quanto, seppellendo vivi noi e il mostro.

La bestia si avvicinava, e io sbirciai da sotto il sacco, con il terrore che la massa informe si fermasse e ci assalisse una volta raggiunta l'entrata della caverna.

Invece, non rallentò. Sfrecciò dritta, superando la caverna, in una macchia confusa di verde fluorescente.

«Che cos'era?» sussurrai.

«Non ne ho la certezza,» disse Bones «ma potrebbe essere lo Spettro delle Fogne.»

Ebbi un sussulto. Da gattina, mi avevano raccontato del fantasma bestiale che infestava le tubature nelle viscere della città. Si dice che, a volte, se si guarda bene, lo si può scorgere in fondo agli scarichi. Ma avevo smesso di credere alla sua esistenza non appena avevo tolto i pannolini per gatti. L'idea che quel mostro fosse reale, e che noi fossimo bloccati qui sotto insieme a lui, era insostenibile.

«Dobbiamo uscire da qui!» strillai. «Ci mangerà vivi!»

«Shhh!» fece Bones. «Ora se n'è andato. Ma se urli ancora così, tornerà subito indietro.»

Mi maledissi per aver lasciato che la paura avesse la meglio su di me. Bones rientrò nella galleria, e io lo seguii con le zampe che mi tremavano.

Ci stavamo dirigendo di nuovo nel punto esatto dove

avevamo visto la bestia per la prima volta. Non potei fare a meno di domandarmi se fosse l'unica a girovagare qui sotto. Forse ci saremmo imbattuti in un'intera famiglia di spiriti malvagi.

Il bagliore verde sulle pareti della galleria si fece più intenso, rendendo così la strada più facilmente visibile. Mi accorsi che la galleria di fronte a noi saliva. Ormai di sicuro ci stavamo avvicinando a un'altra uscita. Ci sarebbe bastato proseguire ancora per un po', e l'incubo sarebbe finito.

Alle nostre spalle riecheggiò uno strepitio lontano, e io sentii il cuore riprendere a martellarmi nel petto.

«Sta tornando indietro!» sibilai.

«Corri!» gridò Bones.

Filammo via, nel buio ignoto. Le macchie verdi nella terra ci sfrecciavano accanto da entrambi i lati. Non avevo idea di dove stessimo andando. Saremmo potuti finire in un vicolo cieco o cadere in un pozzo profondo. Ma non avevamo altra scelta se non quella di fuggire dalla creatura.

Aiuta Bones e Catson a trovare la strada nel labirinto di gallerie sotterranee, più in fretta che puoi! Mi raccomando, fa' attenzione ai tunnel senza uscita.

Lo stridore si fece più forte. Ci stava raggiungendo.

Davanti a me si udì un tonfo sordo, e io sentii Bones esclamare "ahia"!

Tentai di fermarmi, ma non servì a nulla. Bones era caduto per terra, io gli inciampai sopra e mi schiantai sulle zampe anteriori.

«Lassù!» gridò Bones.

Indicò il tetto della galleria. Si intravedevano cinque sottili strisce di luce. A un'estremità riuscivo a distinguere la forma scura uncinata di un chiavistello di metallo.

«Una botola» disse Bones. «Aiutami a salire!»

Mi inginocchiai e Bones mi si arrampicò sulla schiena. Mentre armeggiava sopra di me, si spostava con il peso facendomi male.

Le zampe del mostro sbattevano nella galleria. Non ci restava molto tempo.

«Sbrigati!» sibilai.

«È incastrato» sussurrò Bones.

Dal soffitto cadevano grumi di terra mentre la massa informe si muoveva con gran fragore verso di noi. In pochi secondi, ci avrebbe intrappolati. Sentii i battiti accelerare mentre Bones si affannava.

«Fatto!» urlò.

Con una spinta aprì la botola, e la galleria fu inondata di

luce. Dopo tutto quel tempo al buio, era talmente intensa che dovetti strizzare gli occhi.

Avvertii il peso di Bones sollevarsi dalla mia schiena.

«Vieni» gridò.

Sbirciai verso l'alto e lo vidi sporgersi dalla botola con una zampa che penzolava giù. La afferrai, e lui mi tirò su con uno strattone. Ci trovavamo su un terreno fangoso accanto a una fila di automobili.

Bones chiuse di scatto la botola e fece scorrere il chiavistello.

Nella galleria sotto di noi la creatura ululò, ma non poteva uscire. Eravamo salvi.

Mi rialzai in piedi e mi pulii il cappotto dalla terra. Eravamo all'ingresso sul retro di una locanda, su un quadrato di ghiaia dove biciclette e macchine erano parcheggiate in file ordinate.

«Perché mai Toby vorrebbe una galleria per venire qui?» domandai.

«Quello potrebbe c'entrare qualcosa?» chiese Bones. Stava indicando un punto oltre la mia spalla.

In lontananza, sopra le case, si vedevano i piani superiori del palazzo.

«Il luogo perfetto per svignarsela con i gioielli, non credi?» mi domandò.

«Chiamiamo l'Ispettore» dissi. «È ora di fare un'altra capatina dal nostro coniglio.»

Capitolo Undici

L'ispettore Bloodhound parcheggiò il furgone della polizia fuori dal negozio di souvenir, perché non volevamo che Toby ci vedesse e scappasse usando la galleria.

Entrai nel negozio per prima, fingendomi interessata alle marmellate, ma in realtà ero piazzata di fronte all'armadio per tagliargli la via di fuga.

Bones entrò e Toby si guardò intorno con una certa agitazione e il naso che gli fremeva.

«Posso aiutarla, signore?» chiese, con voce stentata. «Non si trovano carote a un prezzo migliore da nessun'altra parte in città.»

«Ne sono certo» disse Bones. «Non c'è da stupirsene, considerato quante ne tiene sotto il negozio.»

Senza dire una parola, Toby superò con un balzo il bancone e scansò Bones zompando verso la porta. Ma fu accolto dall'Ispettore, che lo spinse di nuovo dentro. Anche gli agenti junior varcarono la soglia saltellando, e si misero a correre per il negozio, a rosicchiare le carote e ad arrampicarsi sugli scaffali.

131
58
158
WELCOME

Toby sospirò. «Be', non posso negare l'evidenza. Ma non mi pento di niente.»

«Non si pente di aver rubato la corona della Regina?» chiese Bones.

Toby lo fissò con aria confusa.

«Non ne so nulla» disse. «Sì, uso la galleria sotto il mio negozio come magazzino illegale di carote, e con ciò? Questa nuova tassa sulle carote è indecente. Perché non fanno pagare di più i biscotti ai gatti o gli ossi da masticare ai cani? Sempre con noi conigli se la prendono.»

Bones si avvicinò a Toby e gli studiò la faccia.

«E immagino che non sappia nulla dello Spettro delle Fogne che abbiamo incontrato sotto questo negozio solo mezz'ora fa?»

Toby scoppiò a ridere.

«Lo Spettro delle Fogne?» ripeté. «Lei ha letto troppe favole.»

Incredibilmente, anche l'ispettore Bloodhound cominciò a ridere, e poi si unirono anche quegli irritanti cuccioletti. Mi venne voglia di stiparli tutti quanti nella galleria e chiudere la botola. Così avremmo visto quanto avrebbero trovato spassoso il mostro, una volta faccia a faccia con lui.

«Basta con queste sciocchezze» disse l'ispettore Bloodhound, sospirando e tamponandosi gli angoli degli occhi. «Porterò questo contrabbandiere giù alla centrale. Nel frattempo, Bones, Sua Maestà ha chiesto di vederla.»

«Come desidera» disse Bones.

L'Ispettore staccò le manette dalla cintura e le fece scattare attorno ai polsi di Toby.

«E, Bones...» aggiunse l'ispettore Bloodhound. «Cerchi di non parlare di fantasmi dei sotterranei.»

Fummo accolti alla porta del Palazzo di Canington da un grosso, torvo San Bernardo. Portava un raffinato abito nero con il panciotto e guanti di un bianco immacolato.

«Sua Maestà non accetta visite» disse. «È alquanto turbata.»

«Se non erro, siamo stati convocati» disse Bones. «La stiamo aiutando a risolvere un caso molto importante.»

«Ah, sì» disse il cane. «Perdonatemi per non avervi riconosciuto. Sono Jenkins, il capo maggiordomo.»

Tenne aperta la porta e noi entrammo. Ero passata accanto al lussuoso edificio centinaia di volte, ma non ero mai stata al suo interno. Era stravagante proprio come me avevo immaginato.

Ci trovavamo in un ampio salone con il soffitto alto e una morbida moquette rossa, priva anche del più piccolo pelo di cane o gatto. Dipinti a olio di vecchi re e regine tappezzavano

Quale oggetto della Reale Collezione Jenkins ha dimenticato di spolverare? Da "Partenza", segui le indicazioni (alto, basso, sinistra o destra) secondo il numero di caselle. Per esempio, "A2" significa che devi spostarti di due caselle verso l'alto. L'oggetto su cui arriverai alla fine è quello che ha ancora bisogno di una lucidata.

PARTENZA

INDICAZIONI

Da "Partenza", spostati così: B2, D4, B3, S4, B3, D6, A2, S3, A2, S1 e B2.

le pareti, e dal soffitto scendeva un grande candeliere.

Sperai che l'Ispettore non avrebbe mai portato gli agenti junior, perché nel giro di pochi secondi si sarebbero appesi a quell'aggeggio e senza dubbio ben presto l'avrebbero rotto.

Jenkins ci accompagnò su per una scala a chiocciola dallo scintillante corrimano dorato fino a un'ampia porta di quercia a due battenti. Tirò uno spesso canapone viola e una campana emise un basso rintocco.

Dall'interno si udì un ringhio, e Jenkins aprì le porte.

La Regina sedeva su una cesta per cani dorata con un cuscino di velluto viola e un baldacchino bianco. Per tutta la vita avevo visto il suo ritratto su monete e francobolli, e l'avevo scorta di sfuggita durante le parate, ma incontrarla in carne e pelliccia fu abbastanza sconvolgente.

Era un carlino dalle guance cadenti e un cipiglio severo. Aveva occhi color marrone scuro e le piccole orecchie erano tirate indietro da una corona d'argento. Indossava un vestito nero orlato di pizzo bianco sul colletto e sulle maniche.

«E voi chi sareste?» domandò con voce profonda e rauca.

Sherlock si inchinò. «Io sono Sherlock Bones, e questa è la mia collega, la dottoressa Catson.»

Io sorrisi e feci una riverenza.

La Regina ci fissò senza cambiare l'espressione cupa.

«Vi conviene ritrovare in fretta i miei gioielli» disse. «Senza, non posso uscire a salutare i miei sudditi. E questa malconcia corona d'argento proprio non va bene. Me ne serve una che si addica alla mia beltà.»

Mentre parlava, dalla bocca cascante colava un filo di bava.

«Ecco, Vi assicuro che siamo molto vicini alla risoluzione del caso» disse Bones. «Abbiamo già catturato due dei principali indiziati, e torneremo non appena avremo una risposta definitiva.»

Jenkins estrasse uno straccio dalla tasca e strofinò un lato della cesta della Regina.

«E chi sono questi indiziati?» chiese.

«Un'attrice di nome Molly e un venditore di carote di nome Toby» disse Bones. «In questo momento si trovano in cella alla centrale di polizia.»

Jenkins annuì.

«Be', sembrano proprio il genere di furfanti a cui stiamo dando la caccia» disse lui. «Se fossi in voi, tornerei là a scoprire chi dei due sia stato.»

La Regina stiracchiò le zampe anteriori e vi lasciò cadere sopra la testa corrucciata.

«Vedete voi stessi quanto a Sua Maestà manchino i suoi gioielli» disse Jenkins. «Procedete.»

Noi ci inchinammo e uscimmo dalla reale camera da letto.

Jenkins ci seguì, chiuse le porte e ci precedette trotterellando mentre ridiscendevamo i gradini a spirale. Un altro San Bernardo, che indossava anch'egli un completo nero e guanti bianchi, era a metà scala sotto di noi e stava lucidando il corrimano.

«Desiderate che il giovane Perkins vi accompagni in auto alla centrale?» domandò Jenkins.

L'altro cane interruppe l'attività e fece un inchino.

«È un'offerta molto gentile» disse Bones. «Ma possiamo andarci da soli.»

Tornammo fuori in strada.

La luce del sole era così forte che dovetti ripararmi gli occhi.

Jenkins e Perkins si assomigliano molto. Riesci a trovare le otto differenze tra i due maggiordomi?

«Andiamo direttamente alla centrale?» domandai. «A quanto pare, la Regina vuole che ci diamo una mossa.»

«No» disse Bones. Indicò il parco. «Non abbiamo ancora indagato sugli strani segni sugli alberi che hanno trovato gli agenti junior. E poi, nel mio lavoro io non mi faccio mettere fretta da nessuno, nemmeno da Sua Maestà.»

Capitolo Dodici

Attraversammo il prato davanti a palazzo e la strada fino al parco. C'erano una fila di sdraio e una bancarella di granita di centopiedi; al di là, un filare di querce.

Non fu difficile trovare l'albero che gli agenti junior avevano individuato. Avevano ridotto l'erba tutt'intorno a fanghiglia, ma per fortuna i segni sulla corteccia erano rimasti illesi. Erano troppo in alto perché quei piccoli imbecilli potessero arrivarci.

Bones estrasse la lente d'ingrandimento e si mise a studiare il tronco.

«Secondo te che cosa significano, Catson?» mi chiese.

Esaminai i segni. Erano una strana combinazione di graffi lunghi e corti. Alcuni erano superficiali, mentre altri erano così profondi da intaccare il legno più chiaro sotto lo strato di corteccia.

«Non credo che significhino qualcosa» dissi. «Quest'albero probabilmente è stato usato come tiragraffi da un gatto della zona.»

Bones indicò i segni più in alto, poi quelli più in basso.

«Eppure i segni là sopra sono molto più vecchi di quelli qua sotto» disse. «Come mai?»

I graffi in alto si erano scuriti per via della sporcizia. In uno, un ragnetto aveva perfino fatto la casa.

«Il gatto in questione usa il parco per fare attività fisica» dissi. «Si ferma qui ogni giorno per una pausa graffi.»

«Può darsi» disse Bones. «Ma perché il tuo felino amante del fitness realizzerebbe questo strano mix di graffiate lunghe e corte? E come mai i segni non si sovrappongono mai?»

Indietreggiai di un passo. I segni erano disposti in gruppetti ordinati. Li contraddistingueva un chiaro schema. Sentii il pelo che mi si rizzava quand'ebbi un'idea improvvisa.

«È un codice segreto» sibilai.

«Esatto» disse Bones. «Dunque, chi lo sta usando?»

Indicò i segni più profondi.

«Quelli li ha fatti un animale alto dagli artigli spessi» disse. «In tutta probabilità, un cane di taglia grande.»

Abbassò la zampa verso una serie di segni più sottili.

«Questi, invece, li ha fatti una creatura del tutto diversa» disse. «All'inizio ho immaginato potesse trattarsi di un cane di piccola taglia, ma non sarebbe potuto arrivare così in alto. I felini, in compenso, hanno artigli sottili e sono in grado di allungarsi a livelli sorprendenti.»

Era vero. Quando eravamo gattini, mia zia Ruby, a cena, si

allungava per tutta la tavola per farci ridere.

«Perciò,» disse Bones «quest'albero, a ben vedere, non è coperto di segni casuali, ma di messaggi segreti tra un gatto e un grosso cane. Ora dobbiamo capire che cosa significa il codice.»

Osservai i segni, nella speranza che saltasse fuori un qualche senso. Decifrare il codice prima del mio amico mi avrebbe dato ancor più soddisfazione che catturare un uccellino.

Non vedevo indizi. Bones, invece, aveva tirato fuori il taccuino e vi stava scribacchiando qualcosa.

«Il segno più ricorrente è il singolo graffio breve» disse. «Nella nostra lingua, la lettera più ricorrente è la "e". Perciò, supponiamo che il graffio corto sia una "e". La maggior parte dei messaggi da parte del cane cominciano così...»

Mi mostrò il taccuino. Si leggeva: "– – e – –   – e – – –   – e   – e – – e"

«Il simbolo all'inizio della prima e della seconda parola è lo stesso» disse Bones. «Quale lettera avrebbe più senso all'inizio di queste parole? Io proporrei la "v", così da ottenere v – e – –   v e – – –   – e   – e – – e. La frase è chiaramente "vieni verso le sette". Dunque, abbiamo la "e", la "v", la "t", la "s" e la "r".

Bones continuò così fino a ottenere una lista completa delle lettere corrispondenti ai segni.

Bones ha scritto sul suo taccuino la legenda del codice. Usala per capire che cosa dice il messaggio! Bones ha inserito una / per separare ciascuna lettera dalle altre.

MESSAGGIO:
•••—/••/•/—•/••
•—••/•
•••—/•/•—•/•••/———
•——•/———/•—•/—/—•
•••/•/—/—/•
••/•—••
—•——•/—•/•••—/••/—•/•—••/•
LEGENDA:
A=—•
B=—•••
C=—•—•
D=—••
E=•
F=••—•
G=——•
H=••••
••
———
K=—•—
L=•—••
M=——
N=—•
O=———
P=•——•
Q=——•—
R=•—•
S=•••
T=—
U=••—
V=•••—
W=•——
X=—••—
Y=—•——
Z=——••
1=•————
2=••———
3=•••——

Bones alzò il taccuino per farmi vedere la lista completa di messaggi.

Seguivano tutti lo stesso, strano schema, per cui il cane scriveva qualcosa come: "Vieni alle sei, ho qualcosa" e il gatto rispondeva: "Va bene. Porto i tartufi".

«Molto intrigante» dissi. «Presumo che starai per dirmi che cosa significa tutto questo, facendomi notare quanto sia ovvio.»

«Temo di no» disse Bones. «È un mistero anche per me. Ma ho un'idea su come scoprire altro.»

Premette a fondo l'artiglio dell'indice destro nel legno per ricreare i segni del cane di taglia grande, e graffiando scrisse un messaggio che recitava: «Vieni alle otto. Ho una novità.»

«Per quell'ora sarà già buio» disse. «Il gatto penserà che io sia il cane che ha incontrato finora, e magari così otterremo delle informazioni.»

Tornammo a Barker Street, dove il mio amico selezionò alcuni ossi da masticare annunciando che non avrebbe dovuto essere disturbato per il resto del pomeriggio. Colsi l'occasione per farmi un bel pisolino.

Tornammo al parco appena prima delle otto. Le ultime striature di rosa e arancione stavano scomparendo dal cielo e nel palazzo reale si stavano accendendo le luci.

Bones aveva portato una piccola lanterna e, quando ci

avvicinammo, la sollevò all'altezza dei segni. Il gatto aveva risposto al nostro messaggio con: "Va bene. Porto il caviale."

«A quanto pare, lo incontreremo, allora» commentò Bones. «Chiunque esso sia.»

«Caviale, stavolta, eh?» feci io. «Costa parecchio. Che cosa mai gli dovrà offrire quel cane, per valere così tanto? E perché deve consegnargliela di nascosto?»

«È su questo che ho riflettuto tutto il pomeriggio» disse Bones. «E non ho una risposta. Ecco perché dovremo muoverci in fretta quando arriverà il gatto. Se scappa, dobbiamo acciuffarlo. Nasconditi là nell'erba alta dietro all'albero, così saremo coperti da entrambi i lati.»

Annuii e mi incamminai verso l'erba alta. Sul parco stava calando l'oscurità. Le stradine ora erano deserte e i baretti erano chiusi.

Mi accovacciai e attesi. Finalmente, una sagoma mingherlina si staccò dal marciapiede e venne diretta verso di noi. Teneva tra le zampe una latta di caviale, e mentre si avvicinava mi giunse uno strano odore pungente, che pensai fosse inchiostro.

Bones si levò il cappello in segno di saluto.

«Ti conviene aver portato qualcosa di buono» disse il gatto. «Questo caviale non costa poco.»

«Temo che il suo amico non sia

Il gatto ha fatto la spesa alla Boutique Gastronomica Fuffi's. Sfruttando le somme qui sotto, riesci a calcolare quanto costa ogni prodotto alimentare?

2 ostriche + 3 formaggi = 17£

1 latta di caviale + 2 formaggi = 14£

4 ostriche + 2 latte di caviale = 32£

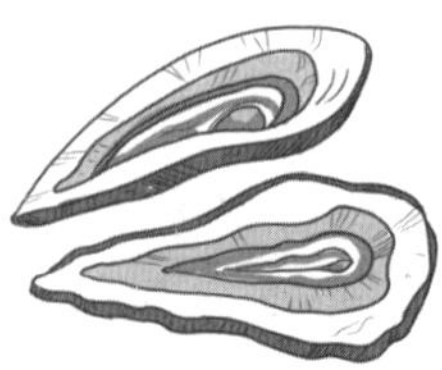

1 ostrica = ?   1 formaggio = ?

1 latta di caviale = ?

potuto venire» disse Bones, avanzando di un passo fuori dall'ombra. «Ma a me interesserebbe molto sapere di che cosa si tratta.»

Il gatto girò sui tacchi e sfrecciò via da dove era venuto. Io mi lanciai all'inseguimento dall'erba alta e in tre balzi raggiunsi il malfattore. Gli bloccai la coda a terra con entrambe le zampe.

Il gatto scattò indietro con la testa e mi soffiò contro. Era un soriano grigio, senza tre denti e con l'orecchio sinistro strappato. Aveva una cicatrice che gli attraversava il muso e piccoli occhi verdi. Ebbi la sensazione di averlo già visto, ma non riuscivo a capire dove.

«Non serve opporre resistenza» disse Bones. «Vogliamo soltanto sapere chi dovevi incontrare.»

Il gatto aprì il caviale e me lo buttò in faccia. Io alzai una zampa per impedire che mi finisse negli occhi, e quello riuscì a liberarsi.

«Svelta!» gridò Bones. «Inseguiamolo! Sta scappando!»

Capitolo Tredici

Il caviale appiccicoso mi era finito tutto sui baffi e sulla pelliccia, perciò dovetti fermarmi a leccarlo via. Così mi accorsi che era buonissimo, ma non avevo tempo per gustarmelo.

Bones indicò la penombra davanti a noi.

«Di là!» gridò. «Vai, io cercherò di starti dietro!»

Mi pulii dal naso l'ultima traccia di caviale, e mi abbassai a terra. Sull'erba c'era una vaga pista dell'odore simile a inchiostro di quel gatto.

La seguii, e mi portò attraverso un gazebo fino a un grande stagno. Udii le papere starnazzare per la sorpresa e vidi la sagoma scura del gatto sull'altra sponda.

Mi fiondai lungo la riva del laghetto, chiedendo scusa a procioni e rospi mentre passavo.

Il gatto saltò dentro un fitto roseto. Mentre si faceva strada là in mezzo, io vedevo solo la punta della coda irsuta.

Lo seguii. Le spine mi graffiavano i fianchi, ma non sentivo dolore. Quando sono concentrata sulla preda, ignoro tutto il resto.

Riemersi su un prato pianeggiante, e vidi il gatto che si arrampicava su un muro più avanti. Gli corsi dietro e scalai la parete in un sol balzo.

Sotto di me c'era una serie di stretti giardini. Vedevo prati ben tenuti, laghetti, e aiuole di lavanda e malva rosa. I giardini sembravano tutti vuoti, e io li osservai uno a uno in cerca del minimo segnale di movimento.

Usa gli indizi qui sotto per aiutare Catson a capire in quale dei giardini nella pagina accanto si nasconde il gatto!

- *Nel giardino in questione c'è un laghetto.*
- *Nel giardino in questione c'è un annaffiatoio.*
- *Il giardino in questione conta più di dieci fiori.*

C'era qualcosa in quello alla mia sinistra. Una coda grigia si muoveva appena dietro uno gnomo nel porticato.

Balzai. Mentre ero sospesa in aria, vidi il gatto arrampicarsi su un albero per poi saltare su un tetto.

Atterrai sullo gnomo, facendolo cadere.

Un vecchio tasso dai cespugliosi baffi grigi spuntò dalla porta in fondo al giardino.

«Ladro di gnomi!» gridò, sollevando un fischietto dalla tasca del panciotto.

«Mi scusi» dissi io, rimettendo in piedi la statuetta. «Il suo gnomo non m'interessa. In realtà, starei tentando di catturare un bieco criminale.»

«Oh» disse il tasso, riponendo il fischietto in tasca. «Se è così, continui pure.»

Mi arrampicai su per il tronco dell'albero, sfrecciai fino all'estremità di un ramo e mi diedi una spinta verso il tetto. Afferrai la grondaia con la punta degli artigli e mi ci issai su.

Il gatto era alla mia destra, che saltava dal bordo del tetto su quello vicino. Le tegole sbatacchiavano sotto le mie scarpe mentre lo inseguivo. C'erano stretti spazi vuoti tra le case, e mentre correvo dovevo saltare con un tempismo perfetto. Se fossi caduta di sotto in uno dei vicoli, avrei perso per sempre quel farabutto, e con tutta probabilità mi sarei fatta un gran male alle zampe.

Il gatto arrivò alla fine della schiera di villette. La distanza che la separava dalla schiera al lato opposto della strada era troppo ampia per essere superata con un salto. Ora avrebbe dovuto fermarsi.

Si girò e mi rivolse un ghigno, poi si lanciò. Non riuscivo a credere che si fosse buttato di sotto, nella strada molto più in basso.

Qualunque fosse l'affare in cui era coinvolto, voleva disperatamente mantenerne la segretezza.

Mi precipitai sul bordo del tetto e sbirciai di sotto. Il gatto in realtà si era aggrappato a un filo per stendere e si stava spostando usando le zampe. Mentre avanzava, il corpo dondolava da una parte all'altra.

Arrivò dall'altra parte, saltò sulle tegole del tetto di fronte ed estrasse un artiglio. Sorrise, tagliò il filo e continuò la fuga.

Il filo ricadde a terra, inutile. Per un istante, presi in considerazione l'idea di provare a balzare sul tetto di fronte. Se mi fosse riuscito, sarebbe stato un salto degno delle Olimpiadi Feline, ma in caso contrario, mi sarei procurata ferite gravi.

In strada sotto di me stava passando un furgone della lavanderia. Lo guidava una lemure, e sul cassone aperto c'era un grosso mucchio di vestiti sporchi. La biancheria aveva un aspetto poco invitante, ma se non altro mi avrebbe garantito di atterrare sul morbido.

Trattenni il respiro e saltai.

Atterrai a muso in giù in un cumulo di mutande per volpi. Il puzzo orrendo mi intontì e, per un attimo, dimenticai chi fossi e che cosa stessi facendo.

«Viaggia pure là sopra se vuoi» disse la lemure, sporgendo la testa fuori dal finestrino. «Ma non mi assumo responsabilità per i danni sulla tua salute.»

Con la vista offuscata, vidi che era sulla mezza età e portava occhiali tondi.

«Gatto» dissi, cercando di non badare al fetore e riordinare le idee. «Inseguire gatto malvivente.»

Sporsi la testa su un lato del furgone finché non riuscii a vedere e a pensare con lucidità. Individuai la preda che scappava sui tetti alla nostra destra.

«Segua quel gatto!» urlai, puntando il dito verso l'alto. «Sto lavorando a un'indagine importante!»

«Io devo fare il mio giro e non lo cambio» disse la lemure. «E a te non converrà trovarti là dentro quando ritirerò le calze della giovane moffetta al numero 39. È un puzzone, perfino per gli standard delle moffette.»

Ci avvicinavamo a una svolta, e se non avessimo girato, il gatto se la sarebbe svignata.

«Si dà il caso che stia svolgendo un incarico segreto per la Regina» sibilai.

«Uh, mi sta simpatica lei» disse la lemure. «Bravissima a salutare. Andiamo, allora.»

Si lanciò nella curva e accelerò. Stavamo guadagnando terreno rispetto al gatto, e io avevo paura che mi vedesse, perciò feci un profondo respiro e seppellii la testa in un mucchio di canottiere per ermellini.

Quando sbirciai di nuovo fuori, vidi il gatto che scendeva dal tetto dondolandosi sulle persiane di metallo delle finestre. Giunse a terra, si guardò intorno e scivolò in un vicolo.

«Grazie» dissi alla lemure. «Se vede un cane con un cappello di tweed e una lente d'ingrandimento, gli dica dove sono andata, per favore.»

Saltai giù dal furgone e sgattaiolai fino al vicolo. Vidi che era una strada senza uscita, chiusa da entrambi i lati da ripidi muri di mattoni. Stavolta, il criminale non avrebbe avuto alcuna via di fuga.

Entrai nel vicolo. Era così buio che non riuscivo a distinguere altro che il profilo di una pila di casse di legno, sopra le quali vidi un paio di occhi verdi.

«A chi scrivi quei messaggi?» domandai. «Perché questa faccenda è così segreta?»

Nessuna risposta.

Riesci a individuare il gatto a cui Catson sta dando la caccia? È quello con l'orecchio sinistro strappato.

Alla mia destra comparve un altro paio di occhi verdi, alla mia sinistra un altro ancora. Le narici mi si riempirono dell'odore acre di una dozzina di gatti sudici.

Un'auto passò con clangore, illuminando per un attimo il vicolo.

Tutt'intorno a me c'erano gatti macilenti ricoperti di morsi e cicatrici. Assomigliavano tutti a quello che stavo inseguendo, e mi ci volle qualche istante per riconoscerlo in mezzo agli altri.

«Prendetela» disse il gatto con voce bassa e roca. «Ci guadagnerete tutti una sterlina a testa.»

I gatti soffiarono e iniziarono a strisciare verso di me con le orecchie appiattite e le code ritte. Sogghignavano, stirando le labbra per mostrarmi i denti gialli e le gengive screpolate.

«Statene fuori, signori» dissi. «Questa non è la vostra battaglia.»

I gatti mi balzarono addosso, e io sentii gli artigli affilati affondare nella mia pelle.

Capitolo Quattordici

Mi scossi con forza da una parte all'altra, riuscendo così a scrollarmi via i gatti che mi erano saltati addosso. Assestai un pugno con la zampa destra a un felino che mi stava aggredendo di petto, e tirai un calcio per colpirne uno che arrivava da dietro.

Mi lanciai in aria e feci due capovolte, per poi atterrare su una cassa appena sotto il gatto che avevo inseguito. Gli animali si radunarono ai miei piedi, soffianti e ringhianti.

«Richiamali» sibilai. «Così ti metterai soltanto in guai più seri.»

«Non ci finirò proprio, nei guai, se nessuno ti troverà mai più» rantolò.

Udii il rumore di passi pesanti lungo la strada e, all'imbocco del vicolo, scorsi il profilo familiare di un berretto da cacciatore.

«Bones!» urlai. «Di qua!»

Quante casse ci sono nel vicolo? Mi raccomando, conta anche quelle nascoste dietro o sotto le casse che vedi. Non fluttuano a mezz'aria!

Sherlock Bones corse nel vicolo tenendo alta la lanterna.

«Eccoti qui!» disse. «La lemure mi ha detto che eri nei paraggi.»

I gatti svanirono come ombre scacciate dalla luce.

Anche quello che avevo inseguito cercò di fuggire con un balzo, ma io lo afferrai per i polsi e lo spinsi contro una delle casse.

Bones mi allungò le manette, e io le feci scattare.

Il detective sollevò la lanterna al muso del gatto. Una porzione di pelo gli era stata graffiata via dal naso e gli mancavano diverse vibrisse.

«Chi sei?» chiese Bones. «E con chi ti incontravi?»

«Non dirò nulla senza il mio avvocato» sibilò il gatto.

Studiai il muso torvo del felino. Non riuscivo a togliermi la sensazione di averlo già visto. Che in passato l'avessimo colto in flagrante mentre commetteva altri odiosi crimini?

Poi, tutto mi si chiarì.

«Tu sei Ashley Sloper» dissi. «Il corrispondente sui reali per La Gazzetta del Mastino. Accanto ai tuoi articoli mettono la tua fotografia.»

Il gatto fissò gli occhi a terra.

«Non ho idea di che cosa stia dicendo» disse.

«Credo proprio che tu abbia ragione» rispose Bones. «Ottimo lavoro, Catson. Forse, dopotutto, non sprechi il tempo quando leggi il giornale.»

La faccia del gatto si afflosciò.

«E va bene» disse. «E se anche fosse? Non avete le prove che abbia fatto nulla di male.»

«In effetti, le abbiamo» disse Bones. «Sappiamo che lasciavi messaggi in codice e offrivi tangenti a qualcuno fuori da palazzo. Sappiamo anche che conosci una via di fuga rapida attraverso il parco. Sei passato di lì, dopo aver rubato la corona della Regina?»

Ashley tremò e sgranò gli occhi.

«La corona?» esclamò. «Non ne so assolutamente niente.»

«Be', magari ci dirai quali oggetti erano tanto preziosi da essere barattati con tartufi e caviale?» domandò Bones.

Ashley sospirò. Il suo alito rancido mi fece trasalire.

«D'accordo» disse. «Ma non ho mai barattato oggetti. Barattavo informazioni. In cambio di tutto quel cibo raffinato, Jenkins mi forniva aneddoti esclusivi sulla famiglia reale. A furia di mangiare gli avanzi della Regina, ha sviluppato gusti ricercati, ma non può permettersi di comprarsi quella roba.

Perciò mi racconta quello che succede a palazzo, e io lo ripago con cibarie da ricchi.»

Ebbi un moto di compassione per la Regina al pensiero che il suo più fidato collaboratore la tradisse.

«Ma io faccio soltanto il mio lavoro» disse Ashley. «La polizia non può arrestarmi.»

«Oh, ma certo che può» disse Bones. «Sei il sospettato principale per il furto della corona, e ti porteremo alla centrale seduta stante.»

Scortammo Ashley fino al parco, e poi verso sud, lungo King's Lane.

Ben presto arrivammo alla centrale, un largo edificio con spesse sbarre di metallo fissate alle finestre.

Aprimmo il portone ed entrammo nell'atrio. L'ispettore Bloodhound stava scribacchiando un verbale mentre gli agenti junior giocavano con un vaso di fiori che avevano rovesciato.

Appena ci vide, l'Ispettore balzò in piedi.

«Tieni d'occhio questo qui» disse Bones. «Noi torneremo

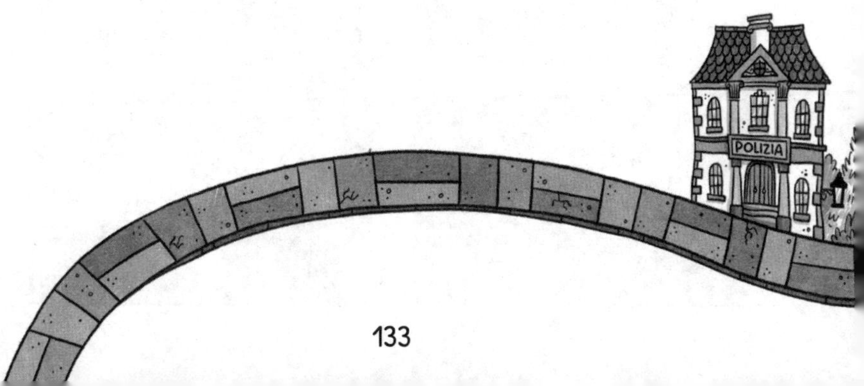

Gli agenti junior non sanno proprio stare fermi! Riesci a capire quale dei cuccioli manca da ogni immagine?

Benedict Bessie Bartholomew Bibi Benjamin

A.

B.

C.

D.

presto, ma prima dobbiamo fare di nuovo un salto a palazzo.»

L'Ispettore afferrò Ashley per le manette e gli agenti junior gli corsero incontro, lo circondarono e si misero a uggiolare.

«State per rivelare alla Regina l'identità del ladro?» domandò Bloodhound. «In tal caso, dovrei essere presente.»

«Purtroppo no» disse Bones. «Anzi, stiamo andando a prendere un altro sospettato.»

L'ispettore Bloodhound sussultò.

«Un criminale nella stessa casa di Sua Maestà» disse. «È più grave di quanto immaginassi.»

Il palazzo, quando arrivammo, era ormai completamente buio. Mentre ci avvicinavamo, un pastore tedesco di guardia ci ringhiò, ma quando ci riconobbe annuì e ci salutò con un cenno.

Bones suonò il campanello, e io udii un rumore di zampe provenire dall'interno dell'edificio.

Venne ad aprire Jenkins. Indossava una veste da camera viola e una papalina bianca.

«Non accettiamo visite durante la notte» disse. «Mi auguro che si tratti di un'emergenza.»

«Direi di sì» affermò Bones.

Si protese in avanti per afferrare i polsi di Jenkins, che io chiusi nelle manette.

«Aiuto!» gridò Jenkins. «Questi bruti mi aggrediscono!»

Perkins si precipitò giù per le scale e ci abbaiò contro. Anch'egli indossava una veste da camera viola e una papalina bianca.

«Temo che dobbiamo portare il suo superiore alla centrale di polizia» disse Bones. «Pensi Lei alle sue mansioni mentre lui sarà via.»

«Alla centrale di polizia?» chiese Jenkins, divincolandosi nelle manette. «Per quale motivo, di grazia?»

«Il nome Ashley Sloper le dice niente?» domandai.

Jenkins chinò la testa ed emise un lieve guaito.

«Oh, cielo» disse. «Sloper ha spifferato tutto, vero? Immagino che ora dovrò trovare lavoro altrove. Non ci sarà modo di recuperare.»

Bones strattonò Jenkins fuori per le manette. Perkins li seguì e stette sulla soglia a guardarci con occhi sgranati mentre trascinavamo via il suo superiore.

«Se la dichiareremo colpevole, lavorerà alla lavanderia della prigione» dissi.

«Colpevole di che cosa?» domandò Jenkins.

«Di aver trafugato i gioielli della corona» rispose Bones.

Jenkins si fermò di colpo, facendo sobbalzare il detective all'indietro.

«Come osate insinuare che io possa fare una cosa del genere?» esclamò. «A prescindere dai reati che ho commesso, non mi ruberei mai a Sua Maestà i suoi beni più preziosi.»

Le lacrime gli scendevano sulle chiazze di pelo scuro sotto i suoi occhi.

«Abbiamo quattro indiziati» disse Bones. «E nessuno di voi ha confessato il furto. Ora andiamo alla centrale a scoprire chi sta mentendo.»

Capitolo Quindici

L'ispettore Bloodhound se ne stava in piedi fuori dalla centrale quando noi ci avvicinammo con l'ultimo sospettato.

«Lei no, Jenkins» disse. «È sempre apparso così affidabile.»

«Giuro che non ho rubato niente alla Regina» disse Jenkins. «L'unica cosa di cui sono colpevole è di aver fatto amicizia con un viscido giornalista.»

«E di aver venduto i segreti della famiglia reale» aggiunsi io.

L'Ispettore ringhiò contro Jenkins, il quale chinò la testa per la vergogna.

Gli agenti junior corsero attorno alle gambe di Jenkins mentre attraversammo l'atrio fino a raggiungere la porta dall'altra parte.

Le lisce pareti bianche lasciarono spazio a una lunga galleria di polverosi mattoni a vista. Lungo il soffitto erano appese piccole lampadine, che spezzavano la penombra.

Alla fine del corridoio c'erano quattro celle. La prima alla nostra destra era vuota. In quella successiva c'era Ashley. Le

manette gli erano state tolte, e si aggirava furtivo avanti e indietro.

Nella cella dopo c'era Molly. Era sdraiata sulla piccola branda dura disposta lungo un lato e si ululava addosso.

Toby era in quella accanto a lei. Stava in ginocchio in un angolo, cercando disperatamente di scavarsi un passaggio verso la libertà. Finora, era riuscito soltanto a smuovere una piccola zolla di terra tra le lastre di pietra.

L'Ispettore prese una chiave dalla cintura e aprì la cella vuota accanto a quella di Ashley.

«Ecco la sua camera» disse. «Non è esattamente una reggia, ma è più di quanto non si meriti.»

Bones vi spinse dentro Jenkins.

L'Ispettore chiuse a chiave la porta, tornò a grandi passi al centro del corridoio e guardò le celle una per una.

«Un bell'enigma, eh?» fece. «Quattro sospettati che hanno confessato le proprie malefatte, ma nessuno che si dichiari colpevole di quella più grossa.»

«In effetti è un vero rompicapo...» disse Bones.

«Che cosa propone di fare?» domandò l'Ispettore. «Mando dentro gli agenti junior e li faccio ululare contro di loro finché non confessano?»

Mi immaginai di essere tenuta sveglia tutta la notte da quei cuccioli irritanti. Sottoposti a una tortura del genere, probabilmente avrebbero confessato tutti e quattro, e noi non ci saremmo avvicinati alla verità.

«Per il momento glielo risparmierei» disse Bones. «Prima mi permetta di raccogliere la dichiarazione di ciascuno.»

Dichiarazione di Molly

Sono uscita di casa con il travestimento addosso e l'orologio da taschino che avevo rubato da quel codardo al numero 134. Sono scesa per la strada di Canington Heights, ho attraversato il fiume e ho oltrepassato il palazzo, poi, al Corgi Bar, ho venduto l'orologio per venti sterline. Dopo essermi liberata della refurtiva, sono tornata a casa.

Anche se sul momento non me ne sono accorta, fuori da palazzo devo aver calpestato una pozzanghera, lasciando così la serie di impronte che vi hanno portato davanti a casa mia. Ma non ho rubato la corona, e non ne sapevo nulla fino a quando voi non siete venuti da me, il giorno seguente.

Dichiarazione di Toby

Ho chiuso il negozio e sono entrato nella galleria dall'armadio. L'ho percorsa fino alla fine, al retro della locanda, dove ho ritirato un bastimento di carote da un coniglio svedese. Era un grosso carico, perciò ho trascinato per la galleria tante casse di carote alla volta. Se avessi fatto un po' più di attenzione, i miei vicini ficcanaso non avrebbero sentito nessun rimbombo, e ora non sarei invischiato in questa faccenda senza senso.

Confesso di aver evitato di pagare la tassa sulle carote, ma tutto ciò che risparmio si riversa sui miei clienti. Se questo significa che una famiglia di conigli con sette piccini riesce a sfamarsi, è davvero un delitto così grave? Non mi sono mai avvicinato ai gioielli della corona, né prenderei mai in considerazione l'idea di rubarli.

Dichiarazione di Ashley

Ho incontrato Jenkins a quell'albero e gli ho consegnato un barattolo di tartufi in cambio dell'informazione che il principe Rex aveva rosicchiato le pantofole preferite della Regina, su cui ho scritto un articolo sul giornale. Sono tornato in ufficio a piedi attraversando il parco e la corona rubata non l'ho mai vista neanche di sfuggita.

Dichiarazione di Jenkins

Ho servito alla Regina la sua cena, che consisteva di due uova di quaglia fritte su un letto di biscottini per cani, e ho incaricato le cameriere di spazzare il salone d'ingresso. Sono uscito di soppiatto per incontrarmi con Ashley e gli ho passato alcune informazioni riguardanti il Principino. Ho riscosso il pagamento in tartufi, sono tornato a palazzo e li ho nascosti nelle mie stanze. Dopodiché, sono andato da Sua Maestà per sapere se avesse bisogno di qualcosa prima di coricarsi. In quel momento, tutti i gioielli della corona erano ancora disposti sul cuscino viola. Ho scoperto che erano scomparsi soltanto il mattino seguente, quando sono stato svegliato dagli ululati di Sua Maestà.

Allora andammo vicino a ognuna delle celle. Bones chiese ai sospettati di dire esattamente dove si trovassero la sera del furto, mentre l'ispettore Bloodhound annotava tutto sul suo taccuino.

Quando tutti ebbero finito, Bones si sedette sulla sedia in fondo al corridoio a sfogliare in silenzio le dichiarazioni.

Jenkins era aggrappato alle sbarre della cella e piangeva sommessamente. Ashley era acquattato in fondo alla sua. Molly era sdraiata nella cuccetta con una zampa sulla fronte. Toby era in piedi dietro le sbarre con le zampe dietro la schiena.

Alla fine, Bones parlò.

«Ebbene, da queste dichiarazioni, credo sia abbastanza evidente chi sia stato» disse Bones. «Controlla tu stessa» disse, passandomi il taccuino.

Rilessi tutte le dichiarazioni, ma continuavo a non avere idea di chi fosse il colpevole. Per me non era evidente, poco ma sicuro.

Bones si rivolse all'Ispettore. «Ha già trovato la soluzione?» domandò.

«Temo di no» disse l'Ispettore.

«Il ladro è proprio qui» disse Bones, balzando in piedi e puntando il dito verso la cella in cui era rinchiuso il colpevole.

Capitolo Sedici

Sherlock Bones stava indicando la cella di Toby. Il coniglio non disse niente. Continuò semplicemente a fissarci aggrottando le sopracciglia.

«Grazie al cielo!» disse Jenkins, asciugandosi le lacrime dagli occhi. «Sapevo che avreste scoperto la verità.»

«Ve l'avevo detto che non ero stato io» borbottò Ashley. «Ora, se magari mi tiraste fuori?»

«Orribile coniglio» disse Molly. «Avrò anche preso in prestito qualche oggetto dai miei vicini, ma soltanto un vero criminale deruberebbe la Regina.»

Bones si diresse verso la cella di Toby.

«Io non capisco» disse il coniglio, spingendo il muso verso le sbarre. «Non ho detto nulla che farebbe mai pensare che il colpevole fossi io.»

«Oh, invece sì» disse Bones.

Congiunse le mani dietro la schiena e si mise a camminare su e giù.

«Per tutto il tempo, ho detto a Lei e agli altri sospettati che era scomparsa la corona» disse. «Non ho mai parlato del resto dei gioielli. E questo era un tranello voluto.»

Annuii, sebbene in realtà non mi fossi accorta per niente di quel dettaglio.

«Nelle loro dichiarazioni, Molly e Ashley hanno parlato soltanto della corona, il che combacia con le informazioni che hanno ricevuto da me» disse Bones. «Jenkins sapeva che erano stati rubati tutti i gioielli, perciò non c'è da stupirsi che li abbia citati.»

Bones si voltò a guardare il coniglio. «Ma Lei ha parlato dei "gioielli della corona", anche se io le avevo detto che era sparita solo la corona.»

Riflettei sulla dichiarazione di Toby. Bones aveva ragione.

«Perciò, come faceva a sapere che erano scomparsi tutti i beni preziosi?» domandò Bones. «Lo sapeva perché è stato Lei a rubarli.»

Non riuscivo a credere di non averlo capito da sola. Non mi sentivo così in imbarazzo da quella volta quando, da gattina, ero saltata addosso al mio riflesso nello specchio.

Toby si allontanò dalle sbarre e si accasciò nell'ombra in fondo alla cella.

«D'accordo» disse il coniglio. «E anche se fossi stato io? Avevo appena finito di trasportare le carote nella mia galleria, quando ho rivolto uno sguardo a palazzo e mi sono accorto che una delle finestre era aperta, perciò mi sono avvicinato per dare un'occhiata. La guardia che pattugliava quell'ala si era addormentata, e io ho pensato che fosse una buona occasione per arrampicarmi ed entrare. Ammetto di essere rimasto sconvolto quando mi sono ritrovato nella camera da letto della Regina, e inizialmente sono stato sul punto di lasciare i gioielli dov'erano. Ma poi mi sono ricordato di quanti soldi avevamo perso noi conigli per colpa della tassa sulle carote. Ho pensato che, se tutti derubavano noi, perché anche noi non avremmo dovuto derubare loro?»

«Lei, con il suo crimine, ha turbato la cagnolina più amata del paese» disse l'Ispettore. «E io la rinchiuderò per molto tempo. Ci dica subito dove sono i gioielli o farò in modo che quel tempo si allunghi.»

Ripensai a quando ci eravamo nascosti nel secondo magazzino per sfuggire allo spettro. Avevo tirato sopra di me uno strano sacco bitorzoluto. Mi resi conto che, senza accorgermene, avevo già scoperto il nascondiglio dei gioielli.

«Credo di sapere dove sono» dissi. «Nel secondo magazzino della galleria di Toby.»

Bones mi guardò con aria confusa.

«Ma se per tutto questo tempo sapevi dov'erano, perché ce lo dici solo adesso?»

«Me ne sono appena resa conto» dissi.

«È difficile riflettere con lucidità con lo Spettro delle Fogne alle calcagna.»

L'Ispettore sospirò e alzò gli occhi al cielo.

«Suvvia, dottoressa Catson,» disse «la prima volta ha fatto ridere, ma è ora di smetterla. Questa è una faccenda molto seria.»

«Temo che stia dicendo la verità» disse Bones. «Là sotto si aggira un orrore senza nome.»

L'Ispettore scosse la testa.

«Sarete anche convinti di aver visto qualcosa là sotto» disse. «Ma, al buio, la mente gioca brutti scherzi, lo sanno tutti. Stavolta porteremo delle torce, e non vedrete nulla di più pericoloso di qualche lombrico vagante. Su, muoviamoci.»

Si incamminò con foga per il corridoio.

Riesci a capire in quale magazzino si trovano i gioielli della corona? Usa gli indizi per scoprire da che parte andare quando incontri ciascun oggetto. La destinazione è il magazzino giusto.

Quando arrivi a un cumulo di rocce, vai a nord. 

Quando arrivi alle stalattiti, vai a sud. 

Quando arrivi a un fossile, vai a est. 

Quando arrivi a un verme, vai a ovest. 

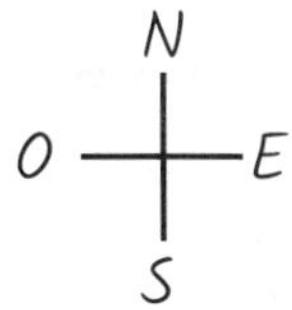

«È vero» sussurrò Toby. «Laggiù c'è una specie di mostro, però non c'entra niente con me. Deve essersi intrufolato da una fognatura vicina. Se fossi in voi, mi terrei ben lontano dalla galleria.»

Ignorammo il coniglio che gongolava e raggiungemmo a grandi passi l'Ispettore, ma io non riuscivo a impedire alle mie zampe di tremare. Comunque la pensasse l'Ispettore, quel mostro era reale. E noi stavamo tornando dritti nella sua tana.

Nell'atrio, l'Ispettore stava distribuendo minuscole lanterne agli agenti junior.

«Non mi dica che verranno anche loro» dissi.

«Certamente» disse l'Ispettore. «Sarà una grande esperienza per questi piccoletti.»

Era più probabile, pensai, che sarebbe stata così terrificante da convincerli a dire addio al lavoro di poliziotti per tutta la vita, ma tanto sapevo che non sarei riuscita a fargli cambiare idea.

Afferrammo anche noi delle lanterne e ci avviammo fuori in strada. Quando arrivammo al negozio di Toby, Bones entrò per primo e aprì l'anta dell'armadio in fondo. Si voltò per parlare agli altri.

«Seguiteci, se proprio dovete» disse Bones. «Ma vi avverto che qui sotto, da qualche parte, sta in agguato un nemico misterioso.»

Dischiuse la botola.

Gli agenti junior vi si fiondarono dentro con guaiti acuti, senza curarsi di ciò che Bones aveva appena detto. Poi entrammo noi, e l'Ispettore ci seguì.

Alla luce della mia lanterna, riuscivo a vedere bene la galleria e notai i solchi incisi sulle pareti, lasciati senza dubbio da quella creatura.

Bones ci condusse al primo magazzino, dove le carote erano ammucchiate in enormi cumuli, con i ciuffi verdi a penzoloni.

«Il carico illegale» sussurrai. «I gioielli sono dentro un sacco in un magazzino simile a questo, a circa 200 metri da qui. Dovremo avanzare con molta cautela per non disturbare la creatura.»

Gli agenti junior ignorarono le mie istruzioni e si lanciarono di corsa giù per la galleria, abbaiando più forte che potevano.

«Li richiami, Ispettore!» sibilai. «Sono in grave pericolo.»

«Sciocchezze» disse l'Ispettore. «Lasciamoli divertire. Non hanno quasi mai l'occasione di visitare una galleria.»

Quali dei seguenti insiemi di pietre preziose corrisponde con esattezza alle gemme che vedi qui sotto sulla corona della Regina?

A.

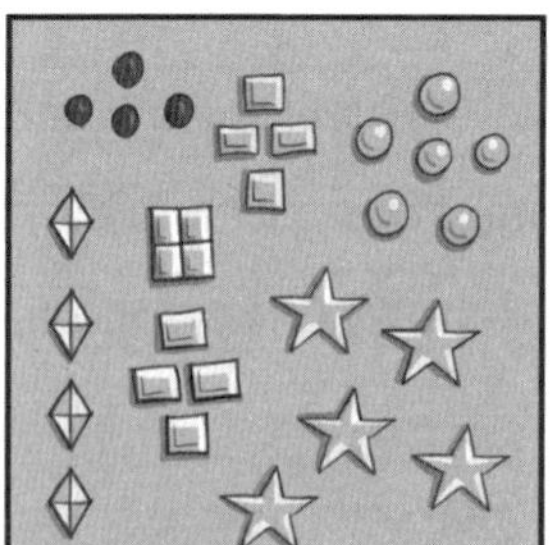

B.

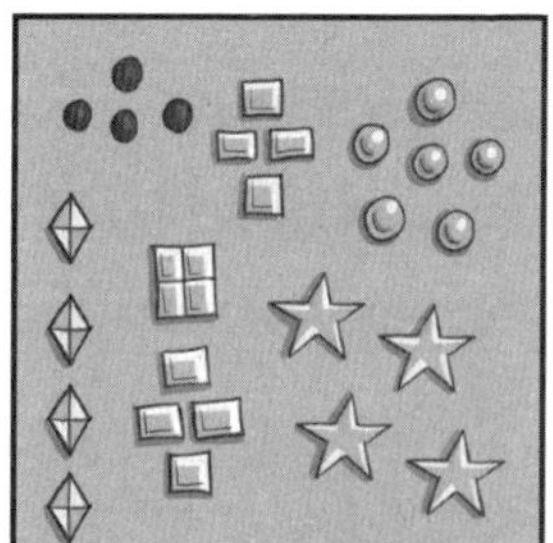

C.

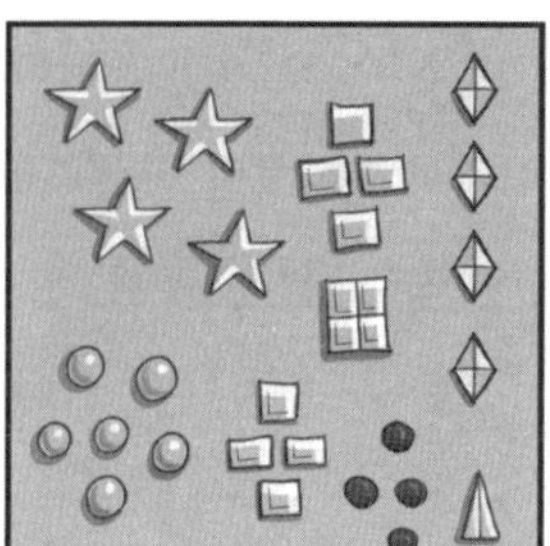

D.

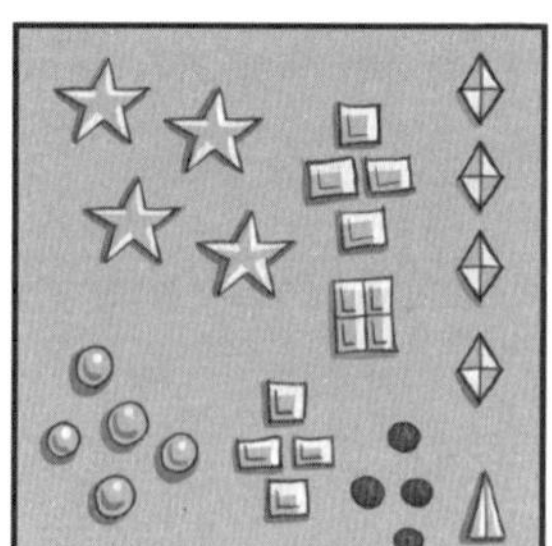

Noi avanzammo lentamente, con i cuccioli che sprecavano energie correndo avanti e indietro. Le nostre lanterne dondolavano mentre ci muovevamo, proiettando ombre tremolanti sulle pareti sconnesse.

Alla nostra sinistra comparve il secondo magazzino. Per terra c'erano una dozzina di sacchi di tela, ma io riconobbi all'istante quello sotto cui mi ero nascosta. Nel centro aveva una grossa protuberanza, che ora vidi chiaramente essere la corona. Da ciascun lato c'erano le protuberanze più piccole provocate dall'anello e dalla collana.

Lo aprii e vi tenni sopra la lanterna per controllare lo stato dei gioielli. Erano tutti completamente integri.

«Eccellente» disse l'Ispettore, prendendo il sacco. Scodinzolava freneticamente. «Alla fine è andato tutto bene, allora.»

Uno stridio acuto riecheggiò dal profondo della galleria.

La coda dell'Ispettore s'immobilizzò.

Mi guardò con occhi sgranati.

«Non può essere...» disse. «Vero?»

Tornai fuori nella galleria e sollevai la lanterna. In lontananza riuscivo a vedere qualcosa, nel punto in cui la pendenza riprendeva a salire. Era la stessa massa informe verde fosforescente che avevamo già visto in precedenza.

Il mostro era tornato.

Capitolo Diciassette

L'ispettore tremava così tanto che la lanterna si agitava, illuminando la galleria a scatti.

«È lo Spettro delle Fogne» sussultò. «Sta venendo a prenderci.»

«Gliel'avevo detto» dissi io. «Vorrebbe averci ascoltato, adesso?»

«Ormai non importa» guaì l'Ispettore. «Dobbiamo uscire da qui! Scappiamo!»

Gli agenti junior obbedirono. Purtroppo, scapparono dalla parte sbagliata. Correvano dritti verso la bestia.

«Tornate indietro!» gridò l'Ispettore. «È pericoloso!»

I cuccioli lo ignorarono, abbaiando mentre correvano. Vidi l'informe massa verde accelerare mentre correva giù per la galleria.

«Dobbiamo andare a prenderli!» disse Bones. «Non possiamo abbandonarli nelle grinfie di quel mostro, per quanto stupidi siano!»

Mi obbligai ad avanzare, dritta incontro alla bestia, quando tutti i miei istinti mi dicevano di mettermi in salvo e scappare.

58
158

La bestia cacciò un altro urlo mentre sfrecciava verso di noi. Sperai che spaventasse i cuccioli, invece quelli continuarono ad andare alla carica, impavidi, come se stessero inseguendo un giocattolino che suona.

«Benedict! Bessie! Bartholomew! Benjamin! Bibi!» gridò l'Ispettore. «Fermi!»

I cuccioli non fecero caso a lui.

La massa informe verde fosforescente e le cinque minuscole lanterne stavano arrivando allo scontro frontale.

La creatura gridò. I cuccioli guairono.

«Li sta attaccando!» urlò Bones. «Presto!»

Mi lanciai ancora di più a correre, anche se sentivo le ginocchia deboli e il sudore mi colava dalla fronte.

I cuccioli e il mostro si scontrarono. Vedevo le loro sagome scure muoversi sopra la massa fluorescente. Se li stava attaccando, loro perlomeno stavano rispondendo ai colpi.

Si udì un altro grido provenire dal mostro. Questo, però, aveva un tono diverso. Sembrava quasi che stesse ridendo.

Mentre mi avvicinavo, alla luce delle lanterne riuscii a vedere meglio la bestia. Aveva il muso corto, il naso nero, occhi piccoli e orecchie tonde.

Bones si precipitò avanti e si inginocchiò accanto alla creatura.

Quali sono i pezzi giusti per completare il puzzle?

A.

B.

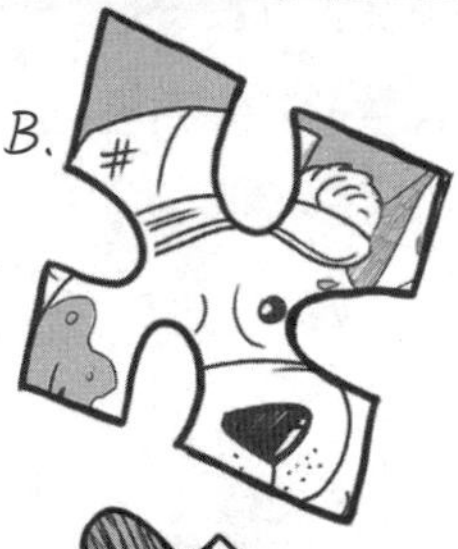

C.

D.

E.

F.

«Questo non è uno spettro» disse. «È un piccolo di orso.»

Bones aveva ragione. L'orsacchiotto era sdraiato sulla schiena e ridacchiava, mentre gli agenti junior gli facevano il solletico sul pancino. Bartholomew gli mordicchiò per gioco la zampa, e l'orso lo scostò via con delicatezza.

«Come sei finito qui dentro?» chiese l'Ispettore.

L'orso continuò a ridacchiare e a scansare i cuccioli.

«È troppo piccolo per parlare» disse Bones. «È solo un cucciolo, in fondo.»

Il verde fosforescente si stava trasferendo sui cuccioli. Evidentemente, Toby aveva tenuto quella povera creatura prigioniera e l'aveva coperta di vernice luminescente per farci credere che lo Spettro delle Fogne sorvegliasse le sue gallerie. L'orso doveva anche aver sfregato un po' di vernice sulle pareti, e questo spiegava le strisce verdi.

Bones porse una zampa all'orso.

«Vieni con noi» disse. «Ti porteremo fuori da qui.»

L'orso guardò verso i cuccioli, che gli sorrisero e annuirono.

Si alzò in piedi e prese la zampa di Bones. Insieme tornarono indietro nella galleria.

Giunti alla centrale di polizia, l'Ispettore ripulì l'orso dalla vernice con un asciugamano, mentre i cuccioli gli abbaiavano festosi.

Il piccolo guaì e si strofinò la pancia. Bessie trotterellò verso la scrivania e tornò con una confezione di biscottini per cani. L'orsetto se ne mise uno in bocca, lo masticò per un istante, sorrise, poi trangugiò il resto.

«Poverino, avrà dovuto vivere di carote per giorni» disse l'Ispettore.

Si udì il cigolio di un motore, e una grande automobile dorata comparve sulla strada lì fuori.

«È la Regina!» abbaiò l'Ispettore. «In riga, agenti junior. E tu metti giù quell'osso, Benjamin.»

Il più piccolo dei cuccioli sputò il suo osso di gomma e si unì agli altri in una riga ordinata accanto all'Ispettore. Io e Bones eravamo in piedi a un'estremità.

La porta si spalancò e apparve Perkins. Portava un cuscino viola e una scatola di legno.

«Sua Maestà, la Regina» annunciò.

La Regina varcò lenta la soglia. Portava la corona d'argento e indossava un lungo abito che strisciava sul pavimento polveroso dietro di lei.

«Suppongo abbiate qualcosa che ci appartiene» disse.

«Certamente, Vostra Maestà» disse l'Ispettore.

S'inchinò, corse alla sua scrivania ed estrasse dal sacco la corona, l'anello e la collana. Li poggiò sul cuscino viola e Perkins li portò alla Regina.

Aveva le lacrime agli angoli degli occhi mentre s'infilava l'anello al dito e si sistemava la collana intorno alle spalle. Si tolse la corona d'argento, la consegnò a Perkins e la sostituì con quella d'oro.

Per un brevissimo istante, stirò la bocca in un sorriso.

«Così va meglio» disse. «Inoltre, abbiamo portato qualcosa come compenso del vostro impegno e del vostro coraggio.»

La Regina fece qualche passo avanti. Perkins si presentò al suo fianco e aprì la scatola di legno. Conteneva tre medaglie d'oro grandi, per l'Ispettore, per Bones e per me, e cinque piccole, per gli agenti junior. La Regina le tirò fuori e ce le appuntò al petto.

Sfruttando le seguenti informazioni, riesci a capire chi tra gli agenti junior ha ricevuto la medaglia per primo?

- Benedict l'ha ricevuta prima di Bartholomew, ma dopo Bibi.
- Benjamin l'ha ricevuta dopo Bartholomew, ma prima di Bessie.

«Potete dire a Jenkins che non è più il benvenuto a palazzo,» disse «ma non sporgeremo denuncia contro di lui né contro quell'orrendo felino giornalista.»

Si voltò per andarsene, e Perkins si precipitò a superarla per tenerle aperta la porta.

Restammo ai nostri posti a guardare dalla finestra, finché l'automobile non fu partita.

«Suppongo che dovremmo rilasciare gli altri sospettati» disse l'Ispettore.

Lo seguimmo oltre la porta in fondo all'atrio e lungo il corridoio polveroso. Tutti e quattro i prigionieri si fecero avanti verso l'ingresso delle loro celle per vederci.

«Pronto?» fece Ashley. «Si è scordato di me? Sarei innocente, ricorda?»

L'Ispettore aprì la porta della sua cella e la tenne aperta.

«Mi auguro che si tenga fuori dai guai e non finisca più qui dentro» disse l'Ispettore.

«E io mi auguro che Lei si tenga fuori dai guai e non finisca sul mio giornale» disse Ashley.

Si ficcò le zampe in tasca e se ne andò via ciondolante.

L'Ispettore si spostò davanti alla cella di Jenkins e aprì anche quella.

«È libero di andarsene» disse. «Sua Maestà non intende

prendere ulteriori provvedimenti.»

«Oh, grazie» disse Jenkins. Si tamponò l'angolo dell'occhio con la manica. «Prometto che non farò mai più niente del genere.»

Si rassettò la camicia da notte e si allontanò lungo il corridoio.

«Ehm-ehm» fece Molly dalla sua cella, sull'altro lato. «Non apre anche la mia?»

«Sì» disse l'Ispettore, avvicinandosi. «Dopodiché, la riaccompagnerò a Canington Heights, dove andremo a trovare tutti coloro che ha derubato per capire quanti diademi dovrà rivendere per risarcirli.»

«Cosa?!» gridò Molly. «La mia collezione no! Sono troppo preziosi per me!»

L'Ispettore fece scattare la serratura e lei uscì dalla cella, singhiozzando nei pompon di pelo intorno alle zampe.

«Le va bene che questa è l'unica pena che dovrà scontare» disse. «Potrebbe finire in prigione come il nostro amico coniglio.»

Le urla di Molly echeggiarono per il corridoio mentre l'Ispettore la portava via.

Era rimasto solo Toby. Stringeva le sbarre della cella e ci squadrava.

«Le conviene farci l'abitudine» dissi, dando un colpetto

alle sbarre. «Le vedrà per molto tempo.»

«Vedo che lo Spettro non vi ha preso, alla fine» borbottò. «Peccato.»

Bones si avvicinò al bordo della cella del coniglio e lo guardò dritto negli occhi.

«Ammetto che camuffare quel povero orsacchiotto da spettro per tenere tutti lontani dai gioielli sia stata una mossa astuta» disse Bones. «Allora, da chi se l'è procurato? Da un altro dei suoi contrabbandieri?»

Toby si spostò vicino alla branda e vi si sdraiò con le zampe dietro la testa.

«A dire il vero, non è stata opera mia» disse. «Ho trovato un compratore per i gioielli, ma non avrebbe potuto portarli fuori dallo stato fino a settimana prossima. Ha messo lui l'orso nella galleria, così da spaventare eventuali intrusi fino ad allora.»

Bones si sporse a tal punto in avanti che il naso gli spuntava dalle sbarre.

«Chi?» domandò. «Chi era questo compratore?»

«Era un ratto» disse Toby. «Aveva un lungo cappotto nero, un cappello a cilindro e orribili denti aguzzi. Credo abbia detto di chiamarsi Professor Moriratty.»

Bones barcollò all'indietro come se fosse stato colpito da

un fulmine. Si puntellò al muro e si afferrò il petto.

«Lui!» gridò.

«Perché, lo conosce?» chiese Toby.

Sentire di nuovo il nome di Moriratty mi fece rizzare il pelo. Era il criminale più brutale che io e Bones avessimo mai incontrato. Era scomparso un anno fa, e speravamo che se ne fosse andato per sempre. Ora, a quanto pareva, era tornato.

«Dove l'ha incontrato?» abbaiò Bones. «Come fa a contattarlo?»

«Si calmi» ridacchiò Toby. «L'ho incontrato alla locanda, e non mi ha dato un indirizzo. Più tardi, quella sera, è venuto al negozio con l'orso e mi ha detto che sarebbe tornato quando fosse stato pronto a prendersi i gioielli.»

Bones si precipitò per il corridoio senza una parola.

«Ops» fece Toby, con un ghigno. «Credo di aver toccato un nervo scoperto. Che ne dice di andare dal suo amichetto a controllare che stia bene?»

Una volta tornati a Barker Street, accesi il fuoco, sprofondai nella mia poltrona e sbadigliai. Dopo aver corso tutto il tempo, ero pronta per un bel pisolino.

Bones, invece, non si sedette. Faceva avanti e indietro con le zampe dietro la schiena, ringhiando tra sé e sé.

«Allegria!» esclamai. «Alla fine, abbiamo risolto il caso.»

«Ma non abbiamo acciuffato Moriratty» disse. «Gli eravamo vicinissimi, e non lo sapevamo. Ora ci saranno centinaia di altri crimini.»

Bones si fermò alla finestra e diede un'occhiata giù, verso la strada buia.

«Da qualche parte, là fuori, quel ratto malvagio se ne sta in agguato» disse. «E non oso immaginare quali piani stia escogitando...»

SOLUZIONI

Capitolo Uno

Pagine 8-9

La soluzione del rompicapo è "Carote". La notizia che ha attirato l'attenzione di Catson è "Mistero al porto di Londra" a pagina 9.

Pagina 12

Silhouette B.

Pagina 16

Capitolo Due

Pagina 21

Pista C.

Pagina 24

Edificio E.

Capitolo Tre

Pagina 28

Pagina 33

L'ordine corretto dei pannelli è: A, F, D, H, C, E, B, G.

b. La fotografia di Butch apparirebbe così:

Capitolo Quattro

Pagine 38–39

A. = 3.
B. = 1.
C. = 5.
D. = 2.
E. = 4.

Pagina 44

L'ordine degli ossi dal più piccolo al più grande è:
L, I, E, K, D, G, A, H, C, B, J, F.

Capitolo Cinque

Pagina 48

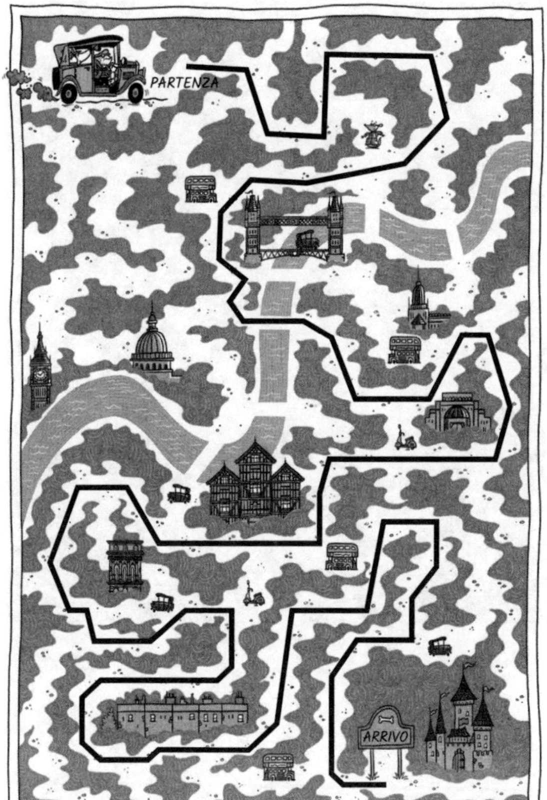

Pagina 52

Gli stivali di Molly corrispondono alle impronte G.

Capitolo Sei

Pagine 56–57

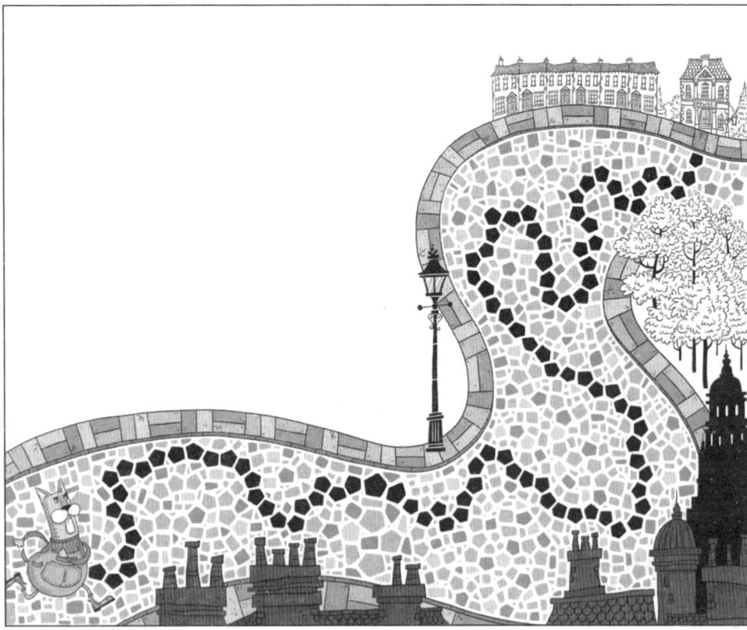

Capitolo Sette

Pagina 65

1 calamita costa 2,40 £ [30 penny x 8 = 2,40 £]
1 asciugamano per cani costa 4,80 £ [2 x 2,40 £ = 4,80 £]
1 tazza costa 13,80 £ [3 x 4,80 £ = 14,40 £. 14,40 £ - 60 penny = 13,80 £]
1 piatto costa 14,70 [13,80 £ + 90 penny = 14,70 £]

Pagina 70

Capitolo Otto

Pagina 74

Fuori dal negozio ci sono 11 ceste, compresa quella che tiene Toby. Per consegnarle tutte, impiegherà 110 minuti (o 1 ora e 50 minuti).

Pagina 78

Il pasticcio A contiene: 4 formiche, 2 bruchi, 1 porcellino di terra, 2 coleotteri, 1 centopiedi, 1 lumaca. Conta in totale 34 punti.

Il pasticcio B contiene: 1 formica, 1 porcellino di terra, 2 forbicette, 3 coleotteri, 1 centopiedi, 1 lumaca. Conta in totale 40 punti.

Il pasticcio C contiene: 3 porcellini di terra, 1 forbicetta, 2 coleotteri, 2 centopiedi, 1 bruco. Conta in totale 37 punti.

Il pasticcio più gustoso, secondo la scoiattolina, è il pasticcio B.

Pagina 80

La chiave in grado di inserirsi nella serratura è la chiave F.

Capitolo Nove

Pagina 85

Nel mucchio ci sono 18 carote.

Pagina 88

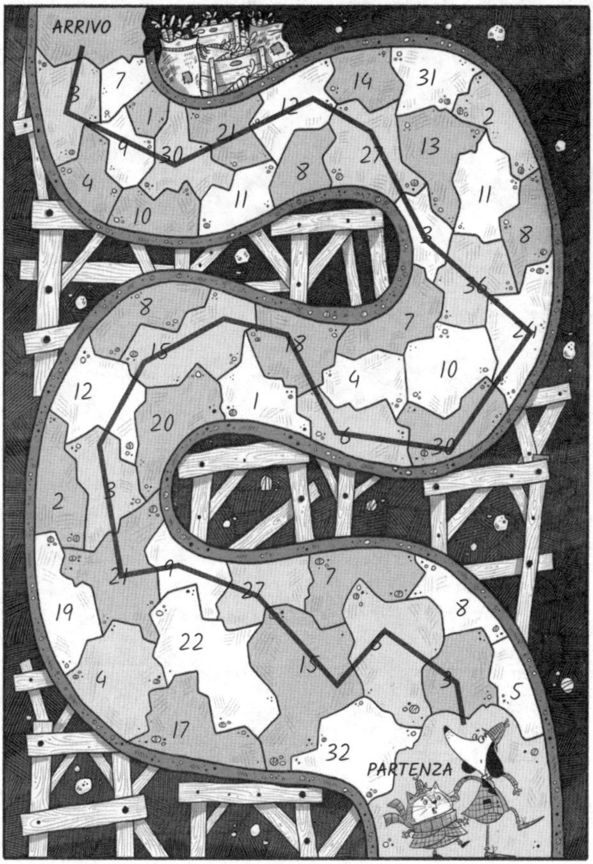

Capitolo Dieci

Pagina 92

Nella figura non compaiono le tessere A ed E. Bones e Catson sono nascosti qui:

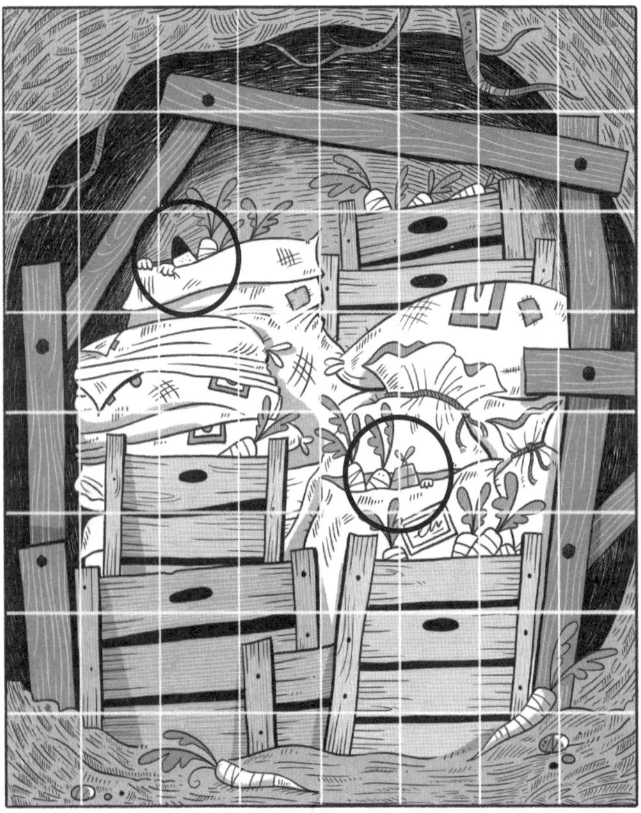

Pagina 95

Capitolo Undici

Pagina 102

L'oggetto che Jenkins si è dimenticato di spolverare è il candeliere a forma di fenicottero.

Pagina 106

Capitolo Dodici

Pagine 112–113

Il messaggio in codice recita:
VIENI VERSO LE SETTE
PORTA IL CAVIALE

Pagina 116

1 latta di caviale costa 8 £
1 formaggio costa 3 £
1 ostrica costa 4 £

Capitolo Tredici

Pagine 120–121

Pagina 126

Capitolo Quattordici

Pagina 130
Ci sono 44 casse da imballaggio.

Pagina 134
A. Manca Bartholomew
B. Manca Bibi
C. Manca Bessie
D. Manca Benedict

Capitolo Sedici

Pagine 150–151

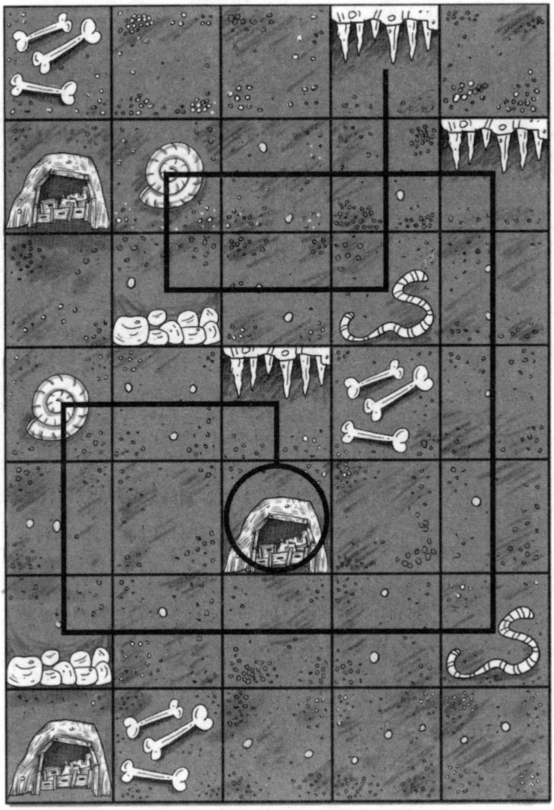

Pagina 154

L'insieme di gemme uguale a quelle sulla corona è l'insieme C.

Capitolo Diciassette

Pagina 159

Completano la figura i pezzi A ed F.

Pagina 163

L'ordine in cui gli agenti junior hanno ricevuto le medaglie è:

Bibi- Benedict - Bartholomew - Benjamin- Bessie

In questa collana

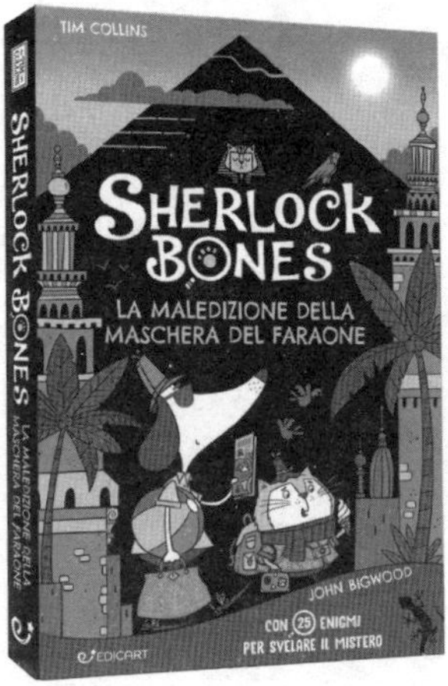

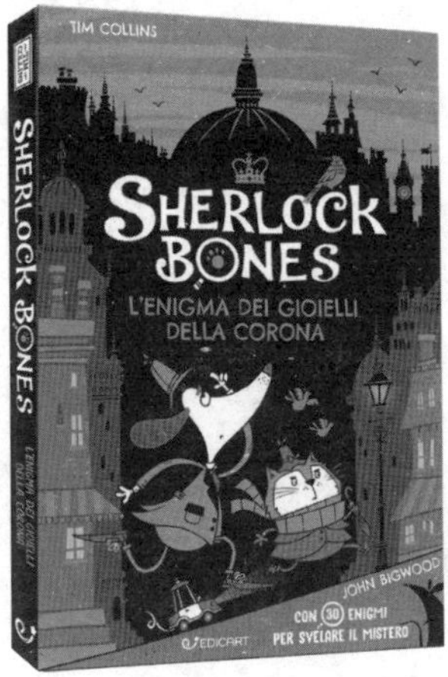

Di prossima uscita...
una nuova avventura rompicapo!

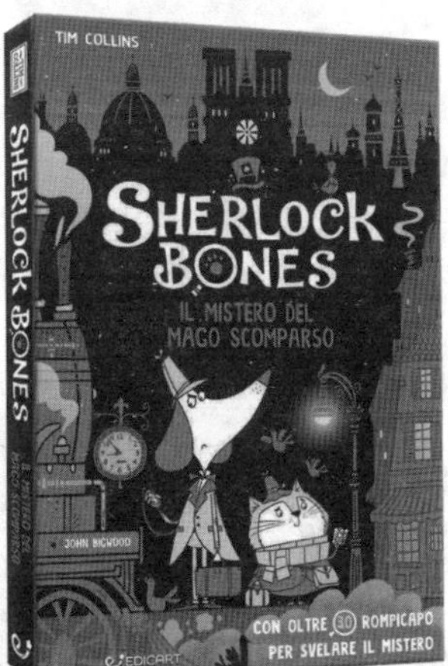